劉守宜著

梅堯臣詩之研究及其年譜

文史哲學集成

文史哲出版社印行

梅堯臣詩之研究及其年譜 / 劉守宜著. -- 初版 --
臺北市：文史哲，民 105.01 印刷
頁; 21 公分（文史哲學集成;36）
ISBN 978-957-547-243-6（平裝）

文史哲學集成 36

梅堯臣詩之研究及其年譜

著 者：劉 守 宜
出 版 者：文 史 哲 出 版 社
http:// www.lapen.com.tw
e-mail：lapen@ms74.hinet.net
登記證字號：行政院新聞局版臺業字五三三七號
發 行 人：彭 正 雄
發 行 所：文 史 哲 出 版 社
印 刷 者：文 史 哲 出 版 社
臺北市羅斯福路一段七十二巷四號
郵政劃撥帳號：一六一八〇一七五
電話886-2-23511028・傳真886-2-23965656

實價新臺幣五四〇元

一九八〇年（民六十九）四月初版
二〇一六年（民一〇五）一月（BOD）初刷

ISBN 978-957-547-243-6 00036

梅堯臣詩之研究及其年譜　目錄

眞宗大中祥符五年壬子（西元一〇一二年）十一歲……一四七
眞宗大中祥符六年癸丑（西元一〇一三年）十二歲……一四七
眞宗大中祥符七年甲寅（西元一〇一四年）十三歲……一四七
眞宗大中祥符八年乙卯（西元一〇一五年）十四歲……一四八
眞宗大中祥符九年丙辰（西元一〇一六年）十五歲……一四八
眞宗天禧元年丁巳（西元一〇一七年）十六歲……一四八
眞宗天禧二年戊午（西元一〇一八年）十七歲……一四九
眞宗天禧三年己未（西元一〇一九年）十八歲……一四九
眞宗天禧四年庚申（西元一〇二〇年）十九歲……一五〇
眞宗天禧五年辛酉（西元一〇二一年）二十歲……一五〇
眞宗乾興元年壬戌（西元一〇二二年）二十一歲……一五一
仁宗天聖元年癸亥（西元一〇二三年）二十二歲……一五一
仁宗天聖二年甲子（西元一〇二四年）二十三歲……一五二
仁宗天聖三年乙丑（西元一〇二五年）二十四歲……一五二
仁宗天聖四年丙寅（西元一〇二六年）二十五歲……一五三
仁宗天聖五年丁卯（西元一〇二七年）二十六歲……一五四

第一種　梅堯臣詩之研究

第一章　西崑之興衰與北宋詩壇

第一節　宋之時代背景

一、承擾攘之餘風

李唐末年，經十數年極大騷亂，維持四百餘年之統一政府，終告傾覆。於是中國黃河流域一帶，先後出現梁、唐、晉、漢、周五朝，史稱「五代」。五代國祚均甚短促，總共延續僅五十三年。後人爲免與前史相混，或稱曰後梁、後唐、後晉、後漢、後周。五代開國之君，率爲先朝藩鎭，其所以取得政權，類多出諸武力脅逼篡奪一途。凡諸王朝，雖有統治政體之名，實皆較爲強大之割據勢力而已。當時另有「十國」者，與五朝代並存於中國，各能控制一隅也。

後周世宗，伐遼返國遽崩，由其七齡幼子嗣位。明年，報稱北漢引遼人犯境，太后乃加掌軍權之禁軍首領趙匡胤以「檢校太尉」與「歸德節度使」（守宋州）銜，令其率軍出戰。兵抵開封東北陳橋驛，因將士擁戴，匡胤乃回京篡立，國號曰宋。

太祖執政之初，本有恢復燕雲十六州之志。惟布衣宰相趙普，以爲卽使收復失地，亦難於久守，太祖從其言，遂不積極進剿，而固守汴京，改採逐步掃蕩之計。是時，又值契丹來使修好，北西兩方乃取守勢，邊塞得以安然無警。太祖對南方用兵，十五年間，次第削平荊南、後蜀、南漢及南唐諸國。不久，吳越王錢俶又親自入朝，接受宋室指揮。

至此階段，太祖認定：東北之契丹（遼人）；北方之北漢；以及西方之西夏，皆爲國家之重大威脅。由於西安洛陽殘破不堪，沿用北周舊都汴梁，又無天險可守，乃於邊疆地區分駐重兵，選派名將以衞京都。因遼人犯境常在東北，於是派兵駐守關南（今河北益津、高陽、瓦橋三關以南地），以及瀛州（今河北河間）、棣州（今山東惠民）、常山（今河北正定）、易州（今河北易縣）等地；因防北漢南侵，乃派兵分駐西山（今河北平山）、晉州（今山西臨汾）、濕州（今山西濕縣）、昭義（今山西長治）等地；爲防守西夏，不能不派兵駐守延州（今陝西膚施）、慶州（今甘肅環縣）、原州（今甘肅固原）、靈武等地，此所謂以兵爲城也。

太祖滅南唐後，曾率大軍親征北漢，因遼人派兵救援，失敗而囘。隨後，再攻太原，亦無功而退。太宗繼位四年。興兵再伐。鑒於前番失敗經驗，乃一面派兵困敵京，一面分兵守石嶺關，以斷燕、薊遼人援救之路。爲期其必成，乃親自率師，北漢疆土乃多入宋軍掌握。而援兵不來，糧道又絕，於是北漢止有開城迎降。迨於此時，自五代以來所形成之割據擾攘局面，終告結束。

二、宋初之太平假象

宋太祖有才略，見唐之衰亡，全因朝廷政權旁落，因命各州郡於度支所需外，餘款悉歸京師；設轉運使理各路財賦，而財政權盡歸中央；以文臣補藩鎮，各州強兵升禁軍，直隸殿前及侍衞馬軍、步軍三衙，而殘弱者始留守本州謂之廂軍，於是軍權亦歸於帝室。尤有進者，歷朝宰相總輔政務，迨於宋代，則中書治民，三司理財，樞密主兵，各不相侵。監察言路之權雖大，但最後裁決必得屬之於上。吾人不難想像，有宋一朝，誠爲王權至尊、極端專制之時代。

如此政治機構，能否產生良好成效，端視君主之良善或昏庸。北宋自太祖太宗以後，經眞宗仁宗之休養生息，餘澤所及，直至徽欽事變以前，一百餘年間，人民安樂，未受干戈之擾，因農工商業大量發展，社會經濟高度發達，進而促成都會興盛，君臣士民追求享樂。及至徽宗時代，娼樓林立，宮廷奢侈，人民宴樂，達於空前未有狀態。當此時也，社會之風氣如此，而詩人墨客之流，倚紅偎綠，淺斟低唱，生活更形奢靡放浪。

宋初，詩家皆染五代蕪陋習氣。祥符間楊億，錢惟演、劉筠，爲詩皆宗李商隱，一以清麗細潤爲貴，競相模倣，號稱「西崑體」。當西崑盛時，雖有王禹偁、徐鉉、寇準、魏野、林逋、潘閬、趙湘、韓琦、范仲淹、石介，或學白體，或學唐體，皆能獨闢蹊徑，一掃西崑雕琢刻鏤之習尚，但諸君子力量微弱，建樹不宏，難當西崑滂薄之勢。宋人之另創詩風，別開詩壇新局面，尚有所等待焉。

第二節　宋詩在詩史上之地位

一、黜宋詩者

顧亭林有言：「三百篇之不能不降而楚辭；楚辭之不能不降而漢魏；漢魏之不能不降而六朝；六朝之不能不降而唐也，勢也。」（註一）自文學史而言，顧氏此說，應爲確論，是唐之降而爲宋者，實亦形勢所趨，不得不然也！

文學爲時代產物，凡優良作品，必能反映時代精神。各朝因政治環境、經濟背景，以及社會型態皆不相類，其文學發展之方向，亦自有所差異。論者每有楚騷、漢賦、六朝駢語、唐詩、宋詞、元曲、明清小說之分。自漢及唐，詩體之發展，已臻成熟。唐爲詩之盛世；宋人建樹在詞而不在詩；元以戲曲爲主流；而明、清兩代造詣最深厚者則爲小說；此皆一代之文學，誠後世莫能繼焉者也。（註二）。

基於此說，古今言詩者莫不推崇唐人。以爲詩之造作，至唐已臻顛峯。自唐以降，雖大家輩出，類皆成就不高，難與唐人有所抗衡也。因而後世之論詩家，每以唐詩爲衡量標準。南宋時，滄浪詩話作者嚴羽（儀卿），即曾包舉唐、宋兩代篇什，作壁壘分明之對比，然後予宋詩以嚴苛之抨擊。以謂

「興趣」爲盛唐之主調，而「以文學爲詩」、「以才學爲詩」、「以議論爲詩」，構成宋詩之特質。如以唐詩繩之，雖不能謂爲不工，但終非古人之詩也。滄浪之言曰：

「詩者，吟咏情性也。盛唐諸人惟在興趣，羚羊掛角，無跡可求。故其妙處，透徹玲瓏，不可湊泊，如空中之音，相中之色，水中之月，鏡中之象，言有盡而意無窮。近代諸公，乃作奇特解會，遂以文字爲詩，以才學爲詩，以議論爲詩。夫豈不工，終非古人之詩也。蓋於一唱三嘆之音，有所歉焉。且其作多務使事，不務興致；用字必有來歷，押韻必有出處，讀之反覆終篇，不知著到何在。其末流甚者，叫噪怒張，迕乖忠厚之風，殆以罵詈爲詩。詩而至此，可謂一反也。」

（註三）

後村詩話作者劉克莊（潛夫），亦曾指斥宋詩。認爲宋人作品或尚理致，或負才力，或逞辨博，要皆文之有韻者。若與唐人相較，亦有非古人詩之斷語。其言曰：

「唐文人皆能詩，柳尤高，韓尚非本色。迨本朝則文人多，詩人少。三百年間，雖人各有集，集各有詩，詩各有體，或尚理致，或負才力，或逞辨博，要皆文之有韻者，非古人之詩也。」

（註四）

嚴、劉二氏之所謂「古人」，蓋指唐詩家而言。二人同認宋詩之特徵在以「文字」、「理致」、「才學」、「辨博」爲詩。其所稱宋詩者，實以蘇（東坡）、黃（山谷）之作爲代表。其所下論斷，於後世之貢獻如何，姑不置論，就宋詩較唐人遜色一點而言，其影響殊爲深遠焉。

明代弘治間，任宰輔、主文柄之李西涯（東陽），以爲宋人於詩一無成就，其所追求者，止字句雕琢，對仗工穩而已。其言曰：

「宋人於詩無所得，所謂法者，不過一字一句對偶雕琢之工，而天眞興致則未可與道。」（註五）

明代初葉，前後七子興。乃倡言復古，力主「沈酣漢魏，摸采盛唐」，主持詩壇者，凡百餘年之久。於此風吹襲之下，宋詩所受之攻訐，尤稱苛刻。前七子以李獻吉（夢陽）與何仲默（景明）爲首。當天下翕然以李東陽爲宗之時，李夢陽獨譏東陽萎弱，因而倡言「文必秦漢，詩必盛唐」。景明與東陽並稱於時，其於宋詩之論評，亦有類似之主張，其言曰：

「近詩以盛唐爲尚，宋人似蒼老疏鹵。」（註六）

此所謂「疏鹵」、「蒼老」，實指文辭枯淡，情致缺乏而言，以其不若唐人之富於「天眞興致」，而能「言有盡、意無窮」也。

後七子以李于鱗（攀龍）、王元美（世貞）爲首。攀龍輯古今詩刪，不錄宋詩一首，而以明詩直承唐人，其於宋詩之貶抑，尤屬顯著。至嘉靖、隆慶間，作詩含吐六朝，於有明一代能獨立門戶之詩家楊升菴（慎），曾以詩經爲標準，比較唐、宋兩代詩人，而後斷言曰：

「唐詩人主情，去三百篇近；宋詩人主理，去三百篇遠。」

並作：「宋詩信不及唐。」之結語。（註七）楊氏之言，與南宋嚴、劉之論點，可謂一脈相承也。

明季自初葉起，更有「漢無騷，唐無賦，宋無詩」之說，如官吏部尚書，晚年召拜國子司業，豫章人宗爲「江西派」之劉子高（崧），有槎翁詩集傳世，曾以一言斷絕宋代曰：宋絕無詩。（註八）迨明代末年，詩問略作者七律大家陳子龍（大樽），亦稱「理重於情」爲宋詩之特徵，因而以偏概全，作宋無詩之論。其言曰：

「宋人不知詩，其爲詩也，言理不言情。終宋之世無詩。」（註九）

宋詩受人鄙視之情形如此，降而至於清初葉，終至宋人詩集「覆瓿糊壁，棄之若不克盡」。（註十）康熙初（十年），吳孟舉（之振）編宋詩鈔時，已有宋集不易購蒐之歎。宋詩受黜風氣之烈，於茲可見。

二、主宋詩者

自宋末以來，黜宋詩之風氣，盛行於世，已如上述。但稱美宋詩者，亦大有人在。如北宋釋惠洪冷齋夜話，稱揚王安石、黃庭堅、蘇軾造語奇妙，變化古今。其言曰：

「造語之妙，至於荊公、山谷、東坡，盡古今之變。」（註十一）

北宋西郊野叟（陳巖肖）庚溪詩話，以爲宋朝詩人可與唐世相亢，其所得亦各有妙處。其言曰：

「本朝詩人與唐世相亢，其所得各不相同，而俱自有妙處，不必相蹈襲也。」（註十二）

劉辰翁（須溪先生）於簡齋詩集序中，有言：

「詩至……近年又厭。謂其和易如流，殆於不可莊語，而學問無用也。蘇公（東坡）妥貼排奡，時出經史，然體格如一。及黃太史（山谷）矯然特出新意，眞欲盡用萬卷，與李、杜爭能於一辭一字之頃。其極至寡情少恩，如法家者流。」（註十三）

迨乎明代，雖受抑於時風，仍不乏主宋詩之士。明洪武中，官國子司業，諸作「苦硬，頗得山谷皮毛」（註十四）之孫大雅（作），與陳檢校詩中以爲：蘇（東坡）、黃（庭堅）之詩，可媲美唐之李、杜，而涪翁（黃庭堅）之造詣，更在東坡之上。其句曰：

「涪翁吐句敵山岳，崿崿本石森劍槊。磨牙咋舌能貌面，以手捫膺就束縛。」（註十五）

天順間，巡撫兩廣之葉文莊（盛），不以詩名，但七言近體逾上，雖精研聲律者無以過之。其水東日記論唐宋詩條，曾鈔錄黃容江雨軒詩序，對北宋蘇、黃、王（臨川）、陳（后山）四家，大加讚揚，認皆傑然無讓古之作者。餘如朱子（熹），亦有佳構，誠難一言斷絕宋代也。其言曰：

「蘇文忠與先文節公（庭堅）獨宗少陵、謫仙二家之妙，雖不拘拘其似，而意遠義該，是以有蘇、黃並李、杜之稱。當時如臨川（王安石）、后山（陳師道）諸公，皆傑然無讓古作者。至朱子則洞然諸家之短長，其感興等作，日光玉潔。近世有劉崧者，以一言斷絕宋代，曰：宋絕無詩。詬天吠日」（註十六）

明代中葉，工古文之唐順之（荊川），屹然爲一世之宗。曾屢稱邵雍（堯夫）之擊壤集（註十七），並於黃山谷詩後中，極力推崇山谷詩，曰：

「眞有憑虛欲仙之意，此人似一生未食煙火食者，唐人蓋絕未見有到此者也，雖韋蘇州（應物）之潔亦須讓出一頭地耳。」（註十八）

其時詩尙盛唐之風正熾，荆川解作此語，眞有過人之識焉。而陳白沙（獻章）詩泛學宋人，不僅一邵堯夫而已。不僅取於江西之法，且復遙襲林（和靖）、王（安石）、陳（后山）諸家之成聯。（註十九）其於次王半山韻詩跋中，旣曰：

「予愛子美（蘇舜欽）、后山，蓋喜其雅健。」

於夜誦康節詩偶成中，又曰：

「無人不羨黃（山谷）、陳（后山）輩，高步騷壇角兩雄。」（註二十）

足以表明陳白沙於后山、康成之偏愛。

嘉靖間，文脈作者王世康（文祿），推重梅、王、陳、朱、謝諸家，其言曰：

「梅聖俞、王介甫、陳后山、朱晦菴、謝臯羽（翺），擇而誦之，豈得曰無詩？」（註二十一）。

此蓋針對劉槎翁等宋無詩之論，表示不苟同也。

明萬曆間，士大夫語詩文者，多宗王（世貞）李（攀龍）。公安袁宗道兄弟力排之，於唐好白居易，於宋好蘇東坡。至於宏道，益以淸新輕俊爲尙，學者多從之，目爲公安派。袁宏道曰：

「故詩之道，至晚唐而益小。有宋歐、蘇出，大變晚唐，於物無所不收，於法無所不有，於情無所不暢，於境無所不取。滔滔莽莽，有若山河。今之人徒見宋之不唐法，而不知宋因唐而有法者也。」（註二十二）時因公安派之倡導，宋詩始漸有起色。

清康熙間，吳孟舉（之振）得呂晚村（留良，字用晦）及其姪吳自牧之助，輯成宋詩鈔。（註二十三）一時文人學士，紛起從事於宋人詩集之蒐集整理。曹庭棟又輯宋百家詩存；厲鶚、馬曰琯更著宋詩紀事，於是宋詩大顯。

呂晚村所著東莊吟稿，屬宋人風格，而宋詩鈔詩家小傳出諸晚村手者，多至八十餘篇。凡江西三宗：山谷、后山、居仁（呂本中）及荊公、廬陵（歐陽修）、東坡、簡齋（陳義興）、誠齋（楊萬里）等家，皆由其評定。（註二十四）

黃太沖（宗羲）與顧炎武、王夫之稱清初三大師。黃氏亦曾參與宋詩鈔之蒐討勘訂工作，（註二十五）雖其詩作枯瘠蕪穢，殊不足取，惟其手法純出乎宋詩，全不沿襲明人風格，殊堪注意焉。

吳之振於宋詩鈔序中，首述宋詩之精神所在，以為「宋人之詩變化於唐，而出其所自得，皮毛落盡，精神獨存」；次言世人不知宋詩源頭在於唐，而以宋詩為腐；並進一步解釋後人之所以「羣奉腐之一字」，「以廢全宋之詩」，此「皆未見宋詩者也」，究其實在，「病不在黜宋，而在尊唐。」實則其人所尊者，乃「嘉隆之所謂唐，而非唐宋人之唐也」。然後更引明末曹石倉（學佺）歷代詩選序宋詩語，謂其取材廣而命意新，不勦襲前人一字，而後作成「詩之不腐，未有如宋者」之結語。

清康熙中，葉星期（燮）巳畦文集所收詩，尖刻瘦仄，顯然宋格。其原詩所論，頗能掃除陳見俗障，其言曰：

「宋詩不亞唐人，譬之石有寶，不穿鑿則寶不出。昌黎乃宋詩之祖，與杜、蘇並樹千古。議論爲詩，杜甫最多。李、杜皆以文爲詩。」（註二十六）

並以謂「嚴滄浪、高廷禮（字彥恢，號漫士）爲詩道罪人。」夫嚴、高二氏，皆力主盛唐詩者也。葉氏之言，可謂予歷年來黜宋者有力之抨擊矣。

迨於清代中葉，宋詩雖一度衰退，但經曾滌生（國藩）等之鼓吹，復又盛行。曾氏以後之「同光體」，盛極一時，實爲宋詩之別稱也。

【註釋】

註一：見顧亭林日知錄。

註二：參見王國維宋元戲曲考序。

註三：見嚴羽滄浪詩話詩辨。

註四：見劉克莊對牀夜話。

註五：見李東陽懷麓詩話（存歷代詩話）。

註六：見何景明與李夢陽書。

註七：並見楊愼升菴詩話（存歷代詩話續編）。

註八：見葉盛水東日記卷二十六「論唐宋詩」條，抄錄黃容江雨軒詩序引語。

註九：見陳子龍與人論詩書（存陳忠裕全集）。

註一〇：吳之振宋詩鈔序語。

註十一：見釋惠洪冷齋夜話（存叢書集成初編，文學類）。

註十二：見宋陳巖肖庚溪詩話（存說郛卷六十九）。

註十三：見四部叢刊初編增廣箋注簡齋詩集劉辰翁序。

註十四：見錢鍾書談藝錄第一六七頁。

註十五：見錢鍾書談藝錄第一六七頁引孫大雅滄螺集卷一與陳檢校七古。

註十六：見葉盛水東日記卷二十六「論唐、宋詩」條。

註十七：唐順之荊川先生文集與王遵巖參政書：「三代以下，文莫過曾子固，詩無如邵堯夫。」

註十八：見唐順之荊川先生文集黃山谷詩後。

註十九：陳白沙晚步「泥筌收郭索，山網落鉤輈」之襲林和靖「草泥行郭索，山木叫鉤輈」，又春陰偶作寄定山「共憐春錯莫，更覺老侵尋」之襲王安石「塞垣春錯莫，行路老侵尋」；又謝惠壺「春事無多花去眼，老形已具雪添鬚」之以陳后山次韻春懷「老形已具臂膝痛，春事無多櫻筍來」爲本；又寄林虛牕「開眼已知眞有益，後來歲月悔無多」之以陳后山題明發高軒過圖「晚知書畫眞有益，卻悔歲月來無多」爲本。

註二十：見陳白沙全集。

註二十一：見王文祿文脈卷二（存叢書集成初編文學類）。

註二十二：見袁宏道雪濤閣集序。

註二十三：宋詩鈔初集凡例：「癸卯之夏，余叔姪與晚村讀書水生草堂，此選之始也。」

註二十四：見呂留良呂用晦文集續集。

註二十五：見宋詩鈔初集凡例。

註二十六：見錢鍾書談藝錄一七〇頁引。

第三節　宋詩之特色

一、以散文句式入詩

宋代詩人如歐陽修、蘇軾等，率有以文入詩之傾向。究其實在，乃受唐代以來古文運動之影響。唐人如李白、杜甫，其古詩不乏散文化句法。至於韓愈，以散文入詩者，例證更夥。歐陽修詩由李、杜、韓三家變化而來，但得之於韓詩者較其他二家多，蓋其仰慕韓氏最深，受其影響亦最多之故也。歐陽修居士集及外集收詩二十一卷，其中古詩佔其大半，共得十五。歐陽氏或因古詩句數無限制，平仄要求不嚴格，押韻、對仗等束縛較近體爲少，用以發抒宦海浮沈、接物待人之感觸較爲便利耳。永叔集中古體，梅聖俞作送白鸝與永叔依韻和公儀一首，原爲七古，歐陽修作答聖俞白鸚鵡雜言，曰：

「㈠憶昨滁山之人贈我玉兔子，㈡粵明年春玉兔死。㈢日陽晝出月夜明，㈣世言兔子望月生。㈤謂此瑩然而白者，㈥譬夫水之爲雪而爲冰，㈦皆得一陰凝結之純精。㈧常恨處非大荒窮北極寒之曠野，㈨養違其性夭厥齡。豈知火維地荒絕，漲海連天沸天熱。黃冠黑距人語言，有鳥玉衣尤皎潔。乃知物生天地中，萬殊難以一理通……況爾來從炎瘴地，豈識中州霜雪寒。渴雖有飲飢有啄，羈紲終知非爾樂。天高海濶路茫茫，嗟爾身微羽毛弱。爾能識身知所歸，吾欲開籠縱爾飛。

俾爾歸詫宛陵書，此老詩名聞四夷。」

全詩㊀句十一字，㊅句九字，㊆句九字，㊇句十三字，自㊈句起，終篇均七言。開篇㊀句「憶昨滁山之人贈我玉兔子」，㊄句「謂此瑩然而白者」，㊅句「譬夫水之爲雪而爲冰」，㊆句「皆得一陰凝結之純精」，㊇句「常恨處非大荒窮北極寒之曠野」，皆顯屬散文句法。

又贈李士寧一首，曰：

㊀蜀狂士寧者，㊁不邪亦不正。㊂混世使人疑，㊃詭譎非一行。㊄平生不把筆，㊅對酒時高詠。㊆初如不著意，㊇語出多奇勁。㊈傾財解人難，㊉去不道名姓。⑪金錢買酒醉高樓，⑫明月空牀眠不醒。⑬一身四海即爲家，⑭獨行萬里聊乘輿。⑮既不採藥賣都市，⑯又不點石化黃金。⑰進不干公卿，⑱退不隱山林。⑲與之游者（一本四字作「世之人」），⑳但愛其人而莫見其術，㉑安知其心。㉒吾聞有道之士，㉓游心太虛，㉔逍遙出入（一本二句作「逍遙太虛」），㉕常與道俱。㉖故能入火不熱，㉗入水不濡，㉘嘗聞其語而未見其人也。㉙豈斯人之徒期？㉚不然，㉛言不純師，㉜行不純德，㉝而滑稽玩世，㉞其東方朔之流乎？

全詩三十四句，以五、七、四言爲主。計：

甲、五言者㊀至㊉、及⑰⑱㉝，共十三句；

乙、七言者⑪至⑯、及㉞，共七句；

丙、四言者⑲㉑㉓㉔㉗㉘㉛㉜，共八句；

丁、六言者㉓㉖㉙，共三句；

戊、二言者㉛，一句；

己、人言者⑳，一句；

庚、十言者㉗，一句。

通篇語氣，與散文極爲相類。①②兩句起筆，與一般散文無殊。⑲⑳兩句，顯屬承轉句法，詩中其爲少見。㉝㉞兩句作結，尤符合散文句法需要。永叔古詩之特點，率以長短不一之散文句式入詩。如古詩加以散文化，自可收抑揚頓挫、變化開闔之效。宋詩之古體，每多語調峻暢，辭句自然，氣勢磅礴之作。或曰：以文入詩紀事，以文入詩爲論，雖有發抒之便，惟影響詩之情致與意境，亦極易構成宋詩之病。

二、以寬廣深遠代狹窄

清人梁玉繩曰：「晚唐詩派病多而善寡，蓋專攻近體，而篇幅狹；專點綴景物，而詩境狹；則詩之內容外貌皆狹矣！」以「狹」字況晚唐詩，可謂中肯之至。

宋初九僧作詩，不出琴、棋、僧、鶴、茶、酒、竹、石範圍，詩而至此，篇章、詩境兩皆狹窄，而詩料取材亦殊爲不廣。

宋詩不同於唐人詩，其特徵之一在題材開濶，篇幅寬廣，詩境深遠。袁宏道雪濤閣集序曰：

「……詩之道，至晚唐而益小。有宋歐蘇出，大變晚唐，於物無所不收；於法無所不有；於情無所不暢；於境無所不取。滔滔莽莽，有若山河。」

如宋之梅堯臣，因其感受敏銳，視野開濶，故其詩得以向各方伸展。其詩集中不乏關心時政之作，如田家語〔註一〕，記康定元年，詔令凡民三丁籍一，用備不虞，但因主司欲以媚上，急責郡吏，遂以屬縣令互搜民口，雖老幼不得免。上下愁怨，天雨淫淫，因作田家之言，既寫水潦蝗害之患，詩曰：「盛夏流潦多，白水高於屋。水既害我菽，蝗又食我粟。」又寫官吏嚴酷，曰：「三丁籍一壯，惡吏操弓韣。州府今又嚴，老吏持鞭扑。搜索稺與艾，唯有跛無目。」更寫農民之苦，曰：「愁氣變久雨，鐺缶空無粥。盲跛不能耕，死亡在遲速。」

至於卷三十四聞進士販茶，諷刺知識分子之墮落。皆欲一味向外注視，擴大視野，增廣題材。但梅氏同時亦十分注意身邊瑣事。如師厚云蝨古未有詩邀予賦之〔註二〕即爲一例：

「貧衣弊易垢，易垢少蝨難。羣處裳袋中，旅升裘領端。藏跡詎可索，食血以自安。人世猶俯仰，爾生何足觀。」

前六句罵蝨之寄生於窮人衣袋，吸血以維生；最後兩句，則轉喻人世。又有鳥啄棗〔註三〕，曰：

「樹頭陽烏飢啄棗，破紅遶地青蠅老。青蠅雨濕驚不飛，殘棗入泥人不掃。西風落盡鳥不歸，晉客齒黃終懊惱。」

除此以外，聖俞更以其敏銳眼光，深入觀察描述日常生活，及朋友間交往情形，可謂筆法細膩，情感深刻，而巨細無遺。例如秀叔頭蝨（註四），寫亡妻所生之子，因乏人照料，髮中生蝨，不免心中有感。其詩曰：

「吾兒久失恃，髮括仍少櫛。曾誰具湯沐，正爾多蟣蝨。變黑居其元，懷絮宅非吉。蒸如蟻亂緣，聚若蠶初出。鬢搔劇蓬葆，何暇嗜梨栗。剪除誠未難，所惡累形質。」、

諸如此類，均為前人甚少嘗試之題材。其他如「孤榻無人膝自搖」（卷七依韻和原甫月夜獨酌）、「癡兒效貓鳴」（卷七同謝師厚宿胥氏書齋聞鼠甚患之）等，是皆前人之所未有。（註五）

【註釋】

註一：見宛陵集卷七。
註二：見宛陵集卷七。
註三：見宛陵集卷三十五。
註四：見宛陵集卷七。
註五：參見聯經出版公司吉川幸次郎著，鄭清茂譯宋詩概說。

三、以話、以理入詩

宋人作詩，大都淺近如話，且不避通俗詞語。如歐陽永叔有愁牛嶺一首（註一），其句曰：

「邦人盡說畏愁牛，不獨牛愁我亦愁。終日下山行百轉，卻從山脚望山頭。」

又如梅堯臣永叔白兔（註二），曰：

「可笑嫦娥不了事，走却白兔來人間。分寸不落獵犬口，滁州野叟獲以還。霜毛筆茸目睛殷，紅絲金鏈相繫環。馳獻舊守作異玩，況乃已在蓬萊山。月中辛勤莫鑄藥，桂滂杵臼今應閑。我欲拔毛為白筆，研朱寫詩破公顏。」

蘇東坡謫居黃州，寓於定惠院。春夏之交，鳴鳥百族，土人多以其聲似者名之。因仿梅堯臣禽言四首作五禽言（注三），兩家之作，皆效禽言而為人語者也，可謂，以話入詩之又一例。

宋詩晚年，受理學語錄體之影響，明白如話之詩歌更將大量出現。宋室南遷後，理學逐漸盛行，影響所及，詩人之造境，常超越文學境界，進而至於哲學範圍。朱熹文集卷二詩奉酬敬夫贈言并以為別其一曰：

「昔我抱冰炭，從君識乾坤。始知太極蘊，要眇難名論。謂有寧有跡，謂無復何存。……勉哉共無斁，此語期相敦。」足為代表。所謂「以理入詩」者，所指之理當不以宋人理學為限。一般儒家、道家、釋氏之理，似亦難屏諸門外。果依是說，以理入詩之風，北宋時已極盛行。蘇東坡全集卷十九息壤一首，即以淮南為依據；全集卷十八送小本禪師赴法雲一首，所言多屬禪家之理；皆足證實斯說。

【註釋】：

註一：歐陽修全集卷一居士集一。

註二：見宛陵集卷五十。

註三：見宛陵集卷四，及蘇東坡全集卷十二。

第四節　西崑之興衰

一、西崑之淵源

晚唐詩壇，一則盛行專學中唐賈島之苦吟詩風；一則有鎔鑄初唐華靡與杜甫雕琢而興之唯美詩派。苦吟詩人每多自狀爲詩之苦，如方干贈喻鳧曰：「才吟五字句，又白幾莖鬚。」杜荀鶴秋夜苦吟曰：「吟盡三更未著題，竹風松雨共淒淒。」及劉得仁夏日卽事曰：「到曉改詩句，四鄰嫌苦吟。」凡此輩詩人，「其詩不過五言律詩，更無古體。五言律起結皆平平。前聯俗語一串帶過，後聯謂之頸聯，極其用工，又忌用事，謂之點鬼簿，惟搜眼前景而深刻思之，所謂『吟成五個字，撚斷數莖鬚』也。……彼之視詩道也狹矣」。須知「三百篇皆民間士女所作，何嘗撚鬚？今人不讀書而徒事苦吟，撚斷肋骨，亦何益哉！」（註一）晚唐時代後來居上，成爲詩壇主流者，止唯美一派而已。

唯美派由中唐之李賀啓其端緒，迨於晚唐，蔚爲風尚而成大家者，當推李商隱、杜牧、溫庭筠等三人。此一詩派，實爲中唐社會派寫實詩之反動，因白居易之主「篇篇無空言，惟歌生民病」，及

「非求宮律美，不務文字奇」，至於晚唐時期，已爲一般詩人所厭棄；因而物極必反，專重形式華麗，文辭雕琢，音律和諧之唯美派興盛。

李商隱字義山，與杜牧齊名，因有李、杜之稱。年方弱冠，以所業文干河陽刺史令狐楚。楚深禮之，令與諸子遊。十九歲登進士第，調補弘農尉。王茂元鎭河陽，愛其才，表掌書記，並以女妻之。會河南尹柳仲郢鎭東蜀，辟爲節度判官、檢校工部郎中。大中末，仲郢左遷，商隱廢罷，還鄭州卒。有李義山詩集傳世。

商隱感時傷事，頗得風人之旨。惜喜用怪僻典故，含蓄言語，襯寫香艷故事。吾人讀之，但覺文字音調俱美，却難知其眞意所在。雖「無一言經國，無纖意奬善」，但不失爲晚唐唯美文學成功之作，影響及於宋初詩壇，前後達半世紀之久。王安石以爲：唐人學老杜而得其藩籬者，唯商隱一人而已。

李商隱曾習道，爲人詭薄無行，與尼姑、宮妃、官家姬妾，以及觀中女道戀愛。月夜重寄宋華陽、碧城、銀河、吹笙、寄永道士等篇，皆與女道士宋華陽之事有關。富平少侯、鸞鳳、春日、楚宮、馬嵬、對雪、謔柳、曲池等作，常言盧家卽指宮娥飛鸞輕鳳（兩女皆姓盧）而言也。蓋以男女秘史，難於明言，故其辭不得不晦澀隱約，後人讀之，有如猜謎。且吟詠題材，類皆風流韻事，因而所用詞藻，必然趨於淸麗纖弱一途。有名於時之錦瑟一詩，卽其代表作品。又如爲有一詩：「爲有雲屛無限嬌，鳳城寒盡怕春宵；無端嫁得金龜壻，辜負香衾事早朝。」情感表達細微，用字深刻獨到，堪稱絕句佳品，其成就當不在李白、王昌齡之下；且其幽細深刻，遠非王李兩氏可比！他若「向晚意不適，驅車登古原。夕陽無限好，只是近黃昏」（登樂遊原），斯於美麗纖弱之中，呈現秋暮冬初之缺月殘花景象，令人神往。

清四庫全書總目提要卷一百八十三曰：

「西崑酬唱集，其詩宗法唐李商隱。」北宋初年，西崑體風靡一時，所謂「時人競學西崑體，祇恨無人作鄭箋」，可見商隱對後世影響深巨之一斑。

宋劉攽中山詩話曰：

「祥符、天禧中、楊大年、錢文僖、晏元獻、劉子儀，以文章立朝，爲詩皆宗尚李義山，號西崑體。後進多竊義山語句賜宴，優人有爲義山者，衣服敗敝，告人曰：『我爲諸館職撏撦至此。』聞者歡受」（註二）

凡此諸語，皆所以說明李義山乃西崑體之淵源。

【註釋】

註一：以上皆見明楊愼升菴詩話。

註二：見清何文煥歷代詩話第五冊，頁一七一。

二、關於西崑之種種

西崑體因西崑酬唱集二卷之成書而得名。西崑集傳本甚夥，葉慶炳先生於其西崑酬唱集雜考中曾爲論列（註一）。今以通行易見之商務印書館縮印江安傅氏所藏明嘉靖本爲據，略事討論如后：

甲、西崑集不著編者姓名，但細察書前楊億序文，當係楊億所編，惟據田況推斷，可以參證。

乙、西崑集輯集詩作，恰成於受詔修書之時。

丙、由楊序「忝佐修書之任，得接羣公之游」數語，知是集之詩人，想多參與修書之人。

丁、全集共分二卷，所收詩作，體裁皆屬「更迭唱和，互相切劘」性質。

戊、參與唱和之詩人，共十八家；所收詩作共二百五十首。

己、集中所收楊億詩多至七十三首；劉筠詩有七十二首；錢惟演詩有五十三首。而詩作原韻，二十皆出於三人手筆，絕無一題例外。其餘十五家，計李宗諤有詩七首；陳越有詩一首；李維有詩三首；劉隲有詩五首；丁謂有詩五首；刁衎有詩二首；元闕有詩一首；張詠有詩二首；錢惟濟有詩二首；任隨有詩三首，舒雅有詩三首，晁迥有詩二首，崔遵度有詩一首；薛映有詩一首；□秉有詩一首；總計亦不過三十九首，尚不敵楊、劉、錢三人中任何一人。

庚、依嘉靖本所附「唱和詩人姓氏」表，諸家之中，有元闕者一人。或「元闕」諧音「原缺」，實無其人，或暗示係後人所補入，亦未可知。所錄和詩出諸何人之手，已無從查考。而最末一人稱「口秉」者，經查應爲「張秉」其人。（註二）如元闕確有其人，扣除楊億、劉筠、錢惟演三人不計，正合楊序所謂十五作家之數。

辛、細察集中作品，有夜意一題，止有原韻，而另無唱和之作，想係後人據他書作品所混入者。因人一題，亦缺和詩之作，與「酬唱」之體例殊不相合，當須剔之於外。舒雅有詩三題，一曰：答內翰；二曰：答錢少卿；三曰：答劉學士。惟所答何人所贈，並未註明，詩題爲何，亦無從查考，似與全集其他詩題全屬唱酬性質略有出入，或係後時補入，亦未可知。果如推想，則現收詩作，止得六十五題，計算其詩，共得二百四十四首。如益以舒雅答詩三首，正合楊序二百四十七首之數。

壬、西崑集十八家中，遣詞用語，一般皆喜纖巧，重視對偶，而一無空靈之神韻。

癸、各家中惟張乖崖一人，詩作清遠飄逸，殊有氣骨，迥異他人。如集外所作雨夜曰：

「簾幕蕭蕭竹院深，客懷孤寂伴燈吟。無端一夜空階雨，滴破思鄉萬里心。」

又寄傅逸人曰：

「當年失脚下漁磯，苦爲明朝未得歸。寄語巢由莫相笑，此心不是愛輕肥。」

一似常語，不用典實，而毫無雕琢之態，亦自有一種妙趣，決非生吞活剝李義山句也。其列名西崑酬唱集中，似有不類也。

【註釋】

註一：見國語日報社書和人第一九五期。

註二：同〔註一〕。

三、西崑之積極面

北宋眞宗景德中，楊億、劉筠、錢惟演三人，因參與詞苑修書，乃相與唱和。後復以詞苑與修者爲中心，廣及十八人，共成唱和之作二百四十餘篇，成書二卷，名曰「西崑酬唱集」。該集不著編者姓名，惟據田況推斷，以爲編者卽爲楊億（註一）。依據玉海及麟臺故事，此集作者類皆參與修書之人。由西崑集序，「忝佐修書之任，得接羣公之遊」數語，得是集之編，恰爲受詔修書之時（註二）。

北宋太祖、太宗，統一天下，五代十國文臣武將，一時皆爲臣虜。宋廷爲求政權永保不替，一以和平手腕，釋兵權於杯酒；一以文臣補藩鎭，而州郡強兵，皆升禁軍，直隸於殿前侍衞馬軍步軍三衙，其殘弱者則留守本州，謂之廂軍，於是軍權歸之帝室。復命各州郡於度支所需外，餘款悉繳京師；更設轉運使理各路財賦，於是財稅度支大權亦屬中央。此外於中央政府之中，將宰輔之權分而爲三：中書治民，三司理財，樞密主兵，各不相侵，互作牽制，廣開監察言路，其最後裁決權必屬之上。吾人不難想像：有宋誠爲王權至尊，極端專制之時代。

宋廷爲軟化十國舊臣，因而開館修書。如衆所知，所修者類皆册府元龜、太平御覽等不急之書。開館之目的，誠如張端義所謂：「太宗作弘文館，十國降臣，半入詞苑，遲其歲月，困其心志，消弭異議，推爲良策。」（註三）胡應麟所謂：「太宗以五代文人失職，慮生意外，故厚其廩祿，俾編集

諸類書也。」〔註四〕

太宗此項「良策」，雖已收部分功效，但時人之「異議」，並未因是而完全「消弭」。錢惟演隨其父吳王俶歸宋，刁衎爲南唐舊臣，薛映之父允中事孟氏，歸宋爲尙書都官郎中，諸人身世處境，彷彿孀婦再醮：前夫臨終，自會傷心痛哭；共新人言笑，未必毫無傷舊之心。

西崑集中，如館中新蟬〔註五〕，劉筠之原韻，曰：

「庭中嘉樹發華滋，可要螗蜩共此時。翼薄乍舒宮女鬢，蛻輕全解羽人尸。風來玉女烏先轉，露下金莖鶴未知。日永聲長兼夜思，肯容潘岳到秋悲。」又鶴詩〔註六〕，劉筠原韻，曰：

「碧樹陰濃釦砌平，華亭歸夢曉頻驚。仙經若未標奇相，琴操何因寄恨聲。養氣自憐雞善勝，全身却許雁能鳴。芝田玉水春雲伴，可得乘軒是所榮。」兩詩雖皆詠物，實則全係詩人身世之敍述。

又淚〔註七〕二首之一，楊億原韻，曰：

「寒風易水已成悲，亡國何人見黍離。枉是荆王疑美璞，更令楊子怨多歧。胡笳暮應三撾鼓，楚舞春臨百子池。未抵索居愁翠被，圓荷淸曉露淋漓。」

而惟演之和詩，其一曰：

「家在河陽路入秦，樓頭相望祇酸辛。江南滿月新亭宴，旗鼓傷心故國春。仙掌倚天頻滴露，方諸待月自涵津。荆王未辨連城價，腸斷南州抱璧人。」

以及劉筠之和詩，其一曰：

「含酸茹歎幾傷神，嗚咽交流忽滿巾。建業江山非故國，霸陵風雨又殘春。虞歌決別知亡楚，宴酒初酣待報秦。欲訴青天銷積恨，月娥孀獨更愁人。」

其中「亡國何人見黍離」、「旗鼓傷心故國春」、「建業江山非故國」等句，可見其人筆下之淚，乃亡國大夫一掬傷心之淚。

再如楊億代意二首（註八），其一曰：

「短夢殘粧慘別魂，白頭詞苦怨文園。誰容五馬傳心曲，祇許雙鸞見淚痕。易變肯隨南地橘，忘憂虛對北堂萱。回文信斷衣香歇，猶憶章臺走畫轅。」

此詩已將詩人所有之複雜情懷，充分予以描繪。詩中首句，所謂「短夢」與「別魂」，所隱現者為亡國之慘狀。而「白頭詞苦」，所譬喻者乃從一而不終。頸聯「易變肯隨南地橘，忘憂虛對北堂萱」，著力全在一「肯」字。由此一「肯」字，既可看作對往事之敘述，隱喻性情隨境遇而有所改變；亦可視為問語，似有不甘作「渡淮之枳」之意。再婚之人，自將回思初夕；有舊恩又得新寵，不免兩相交織於心。

此外，如宣曲二十二韻（註九）劉筠和作，有「吞聲息國亡」；無題三首之二，楊億原韻，有「不管亡國自無言」；未必全為無病呻吟，偶然巧合也。

太宗秉性殘暴，以君主之淫威，曾於綑綁之下，予南唐李後主之小周后以強暴。此事宋元畫曾用作春畫題材。大中祥符中，後蜀二妃，亦曾遭其蹂躪。此等宮廷穢事，西崑詩作者，曾立刻加以揭發。無題三首錢惟演和作，「寧可息侯亡」，當時於威逼之下失身如息夫人者，想亦不少。

陸游跋西崑酬唱集曰：

「祥符中，嘗下詔禁文體浮豔，議者謂是時館中作宣曲詩。宣曲見東方朔傳，其詩盛傳都下，而劉、楊方幸，或謂頗指宮掖。又二妃皆蜀人，詩中有『取酒臨邛遠』之句。賴天子愛才士，皆置而不問，獨下詔諷切而已。不然，亦殆哉！」（註十）

當可作為西崑詩人揭發宮闈陰私之佐證。

七夕五言三首（註十一），詩意皆晦暗不明，但錢惟演和作中，有句曰：「初宵已有穿針樂，欲曙還成弄杼悲。若比人間更斷腸，萬里雲浪寄微辭。」是否影射南唐後主於七月七日牽機藥死之事，頗耐人尋思。

【註釋】

註一：見宋田況儒林公議（存說郛卷二十）。

註二：見西崑酬唱集楊億序。

註三：見宋張端義貴耳集（存說郛卷八）。

註四：見明胡應麟少室山房筆叢九流緒論下。

註五：見西崑酬唱集卷上。

註六：見西崑酬唱集卷上。

註七：見西崑酬唱集卷上。

註八：見西崑酬唱集卷上。

註九：見西崑酬唱集卷上。宣曲詩，今存嘉靖本西崑酬唱集，題下缺作者之名，依各題原韻多出於楊、劉、錢三氏之例，知其當爲楊氏所作。

註十：「取酒臨邛遠」，見同題劉筠和作。陸游跋，見陸放翁全集卷三十一。二十六卷有同題跋一則，惟文字不同。

註十一：見西崑酬唱集卷上。

四、西崑之消極面

眞宗景德中，西崑發軔。其能盛行於一時，蓋與當時文風之盛有關。蘇舜欽於石曼卿集序中，曰：

「國家祥符中，民風豫而泰，操筆入士，率以藻麗爲勝。」（註一）

雖冢冢數語，適足爲其時民風舒泰，文壇萎靡之證。迨於大中祥符二年，眞宗下詔禁止浮辭，以之推算，則崑體之流行，最後僅得三、四年，可謂曇花一現。

此體之戛然而止，或曰與石介怪說一文有關，實則西崑衰時，石介止五、六歲童子，兩事之毫無關涉，不辨自明。吾人於崑體詩病之外，明乎其積極嚴肅一面，或於受抑於朝庭之瞭解，有所助焉。

西崑體之詩，雖屬對仗工穩，詞藻高華，但一般而言，具有三項缺點：

一、用典多。時有詩僅一句，而所用典實故事，多達數事者，此於詩之領會，不免發生阻礙。

二、詩句中辭藻堆砌，常與六朝人之詩作相彷彿。

三、自內涵觀之，西崑集每多內容貧乏，毫無意義之作。

如楊億柳絮一題〈註二〉，止爲有關典故之大量運用，珠玉一皆展示人前，甚難知其欲表現者究屬何事？晚唐李義山，多咏物之詩，惟皆非貧乏之作；盛唐之杜工部，有螢等之吟，如能加以對照而觀，不難發現皆有其詩旨，與西崑相較相去極爲遙遠也。

詩主生命，並非全爲反應現象。詩人所表現者，常爲現象之內在生命。好詩必情景相融，一般而言，陸放翁詩，常寫外景，但常缺乏內涵。西崑止反應物象，而未適當表現意象。總結言之，西崑體之致命傷，與西漢之賦、六朝之駢文、宮體詩，一脈相承，同其缺失焉。

西崑體一受當時政治上之壓力影響，國家亟盼有建設性樸素之文學路線出；一受詩壇崇尙樸素風氣吹襲，不容許只事淺淡之白體專作風花雪月詩酒之九僧詩，多所發展，一反西崑之華靡，而開創宋詩之新風格。或曰：開宋詩面目者，始於梅、蘇二人。或曰：無晚唐詩風之弊者，梅爲之創，而歐爲之繼。吾人如瞭然聖俞之於宋詩建立功勞之巨，豈可不予深切研究焉。

【註釋】

註一：見蘇學士文集卷十三。

註二：見西崑酬唱集卷下。

第二章　從梅堯臣「狀景」「言意」「風雅」之旨論其詩學淵源

宋詩因襲晚唐之敝，其解「敝」歷程概如第一章所述，聖俞突破西崑藩籬，自闢創作蹊徑，既力矯堆垛故實，晦澀難解之偏趨，於是開「平淡」先導，標「深遠」氣體，蔚成「華而不綺，清而不癯」（註一）之詩風。就變革宋詩全貌言，「梅爲之倡，而歐爲之繼」（註二），其摧陷廓清之功，史有定評。其詩法之所宗，容後論之，本章首據宛陵集「論詩」諸作及「六一詩話」等有關資料，試析聖俞詩學淵源及其理論之實踐。

漢魏古詩，傳承周秦以降之韻文餘緒，因風騷「美刺觀」啓廸創作者心靈，使托物寓意方法，使寄慨深遠之造境，輻射面漸次擴大。六朝士人有究心玄智玄理一派，詩之內涵，「稍尙虛談」，然「發幽思」「託諭清遠」者，益傾向於言在象外，意在言外，類此詩格，似略同於晚近之象徵主義，概述微旨，或著力於超越經驗世界，或倡「言已盡而意有餘」（註三）之審美活動，此爲古詩轉型期，「言」「意」「象」三者義界，顯有鎔舊鑄新趨勢。迨至「莊老告退，而山水方滋」（註四），藉「託諭」以投注神思於宇宙生命者，其「感物言志」之深廣度，較既往稍又過之。推其因果關係，均可從詩學傳統及詩史演進上得其梗概。當詩人怡性田園，寄情山水之際，主體心靈與客體自然之間，文學原爲最佳情感外現工具，「直說」或一語道破，自不如「綵女窺簾而未出」（註五）之含蓄爲高妙，古典詩遠離嚴格「分析系統」，據比興、隱諭、寄托，以呈現天人妙契，物我融化，主客合一之文學藝術觀，溯其源頭，其來有自。迄有唐一代，釋皎然倡「重意以上」「文外之旨」於前（註六），司空表聖倡「韻外之致」「味外之旨」（註七）於後，梅聖俞再廣其義爲「狀難寫之景，如在目前；含不盡之意，見於言外」（註八），言意之辨，發展至此，已自遠紹「書不盡言，言不盡意」（註九）、「得意而忘言」（註十）之哲理，更拓深至詩人廣闊靈海之微妙韻律，梅氏此說，有創發且提升其義蘊，後乎此「篇有餘味，句有餘意」之引伸，嚴滄浪在「不著一字，盡得風流」之「獨探玄珠」（註十一），均可循先後脈絡相承以求之。

彥周評梅聖俞詩篇，如「朱絃疏越」，「讀者當以意求之」（註十二）。以「聆樂」喻讀詩，且從悟「意」上立論，言淺而深，確有切中肯綮之見。就創作言，屬詞得「一字之悟」，佈局得「一篇之悟」，均是緊要處。賞析之悟，「小則出乎微罅，大則騰乎天宇」（註十三），倘慧心廣包八表，則言外象外之「意」，均可於悟境中得之。梅氏致力「意新語工」（註十四），所作多有自出機杼者，如魯山山行：

「適與野情愜，千山高復低；好峯隨處改，幽徑獨行迷；霜落熊升樹，林空鹿飲溪；人家在何許，雲外一聲鷄。」（註十五）

此詩素樸無華，自山行托野情野趣，景在目前，平淡而見思致，寂寥之意隱含筆墨之外，霜落林空，僅熊與鹿之生命脈搏，在秋意蕭瑟中隨「升樹」「飲溪」而起伏，至「人家在何許，雲外一聲雞」，則融入自然之豁達心態，表達無遺矣。

「韻語陽秋」舉聖俞詩以證「狀景」「言意」之論者，引例均見於宛陵集：

「飛鵠去江西，秋颸滿桂旗；蘆洲花白處。楓岸葉丹時；沙鳥看來沒，雲山愛後移。高才屬滕閣，家擅子卿詩。」（註十六）

「盡室寄東里，一官辭上都；只應乘小駟，寧肯躡雙鳧；秋雨生陂水，高風落廟梧；梅山爲余訪，還有舊家無。」（註十七）

「晨裝辭北闕，懷紱貳東侯；地本全齊盛，風仍變魯優；危帆淮上去，古木海邊秋；相送江潭客，曾同十載遊。」（註十八）

「鬱鬱東堂桂，常期接袂攀；羽翰殊不及，蓬蓽卻空還；江水幾經歲，鑑中無壯顏；音塵能見問，誰道隔雲山。」（註十九）

「韻語陽秋」據以上各詩篇，就「狀難寫之景」一端，首舉例爲『沙鳥看來沒，雲山愛後移』，次舉例爲「秋雨生陂水，高風落廟梧」，詩本贈別之作，聖俞融「別意」於自然界感官所及之物，狀沙鳥隱沒天際，狀雲山自視野後移，狀陂外秋水，因雨漸增；狀廟上秋梧，因風漸落，自靜觀引發「離緒」「時序」之感，景之難狀，確可想見。著者就「含不盡之意」舉例，一爲「危帆淮上去，古木海邊秋」，一爲「江水幾經歲，鑑中與壯顏」。「古木秋深」承「淮上帆去」，思緒在欲露未露之間，壯顏、江水，隱喻生命短暫與宇宙永恒，讀者自形象語言揣摩妙悟，則怊悵之情了然胸際。聖俞詩學，大力措意於此，其理論結合創作之實踐，亦在於茲。「六一詩話」舉梅語歐，如「柳塘春水漫，花塢夕陽遲」（嚴維），狀景目前，斯爲著例。如「鷄聲茅店月，人跡板橋霜」（溫庭筠）如「怪禽啼曠野，落日恐人行」（賈島），含意言外，斯爲著例。嚴詩寫「天容時態，融和駘蕩」之景，溫詩寫「道路辛苦，羈愁旅思」之意，景近情遙，含吐婉愜，確有「其意曲傳」之妙。聖俞列舉各例以印證其詩論，「覃思精微」（註二十），顯已揭示詩人之創造活動，應從「貴曲忌直」中了悟「言外意」之法門，較「興發於此，而義歸於彼」之說，陳義益見翹達圓通，後世評估詩學奉爲圭臬，允爲浹洽理趣之達見。

聖俞發軔京洛時，錢惟演大爲揄揚，詩名既顯，益勵「精思苦學」（註二十一）之功，西京文壇、英彥薈萃，「泛泛蓮池之賓」（註二十二），朋儕共砥深琢，使梅詩之「清麗」氣格，漸趨向「簡古」「深遠」詩風，其轉化歷程，源於士林唱酬漸多，且得力「日課一詩」之奮勉策勵。與此同時，歐陽永叔亦勤治秦漢經子學，其後主盟文運爲一代宗師，磁實之基，當奠於此。因西京過從，致梅歐訂交日篤，二氏同以韻文論詩，切磋之益，著例彰彰可考。歐評梅蘇，如「梅翁事清切，石齒漱寒瀨」，如「盈前盡珠璣，一一難揀汰」（註二十三）。雖同推聖俞子美，實則歐公譽梅尤多。北宋學術之復古業績，於文當數尹洙佐歐有力，於詩則梅氏佐永叔之功高於蘇舜卿，以一己積久創作經驗，陳輭辟入裏之見於「以詩論詩」中，宋以前誠不多覯，如：

「聖人於詩言，曾不專其中。因事有所激，因物興以通。自下而磨上，是之謂國風。雅章及頌篇，刺美亦道同。不獨識鳥獸，而爲文字工。屈原作離騷，自哀其志窮。憤世嫉邪意，寄在草木蟲。邇來道頗喪，有作皆言空。煙雲寫形象，葩卉詠青紅。人事極諛諂，引古稱辨雄。經營惟切偶，榮利因被蒙。遂使世上人，只曰一藝充。以巧比戲奕，以聲喻鳥桐。嗟嗟一何陋，甘用無言終。然古有登歌，緣辭合徵宮。辭由士大夫，不出於瞽矇。予言與時輩，難用猶篤癃。雖唱誰能聽，所遇輒瘖聾。」（註二十四）

「詩教始二南，皆著聖賢跡。後世竟翦裁，破碎隨刀尺。我輩強追倣，畫龍成蜥蜴。」（註二十五）。

詩崇風雅，亦如文宗秦漢，永叔舉「復古」大纛，所體現者，乃宋代散文簡樸化之創新運動，所復「古文」，並非秦漢風貌。聖俞推崇二雅二南，乃慨於「以巧爲戲奕」及「所作皆言空」之浮靡詩風，力主上溯風騷，從「美刺道亦同」上探索創作典範，「作詩無古今，惟造平淡難」，聖俞倡「平淡」以錘鍊「深遠」功力，而得以到達「美華雅正」之境界，其「復古」詩論，功在「去浮靡於崑體極弊之際，存古淡於諸大家未起之先」（註二十六），後世有「主情主理」之說，謂宋詩長於議論，「故於三百篇遠」，究其實，爲存古淡，必光大風雅之高渾氣體，所以發爲議論以示獨絕衆類之主張，不如此，則「烟雲寫形象，葩卉詠青紅」之詩壇積弊，勢難祛除，聖俞以詩論詩，其立足點在此，就宛陵集之整體詩格言，其創作理想之實踐，均彰顯可資印證，著例多、不及備舉，玆錄三詩如下：

「中流清且平，捨楫任舟行；漸近鷺猶立，已遙鴉覺橫；何妨綠樽滿，不畏晚風生；屈賈江潭上，愁多未適情。」（註二十七）。

「輕雷長陂水，農事乃及辰；茅旌送山鬼，瓦鼓迎田神；青皐暗藏雉，萬木欣已春；桑間偶耕者，誰復來問津。」（註二十八）

「秋雨密無迹，濛濛在一川；孤邨望漸遠，去鳥飛已先；向晚雲漏日，微光人倚船。安知偶自適，落岸逢沙泉。」（註二十九）

「五言居文詞之要」，首見於鍾記室之詩品總論，唐代王（維）孟（浩然）韋（應物）柳（宗元）之五言詩，得和平渾厚、悲愴婉麗詩格者有之；得高閒曠逸、清遠玄妙詩格者有之（胡應麟語）。宋詩承唐之緒而各有所宗，楊（億）劉（筠）以次，宗元白、宗韓孟諸家，窮理寫物得神遺貌者，各擅其長。宛陵集二千七百餘詩篇，五言爲數居多，此聖俞篤意「體被文質、粲溢古今」（註三十）之處，所作篇幅恢張，具見其選體之謹嚴。風月堂詩話謂聖俞專學上擧之韋蘇州（註三十一），確有是處。石洲詩話則謂「天眞蘊藉，非郊寒可比」（註三十二）。此又與歐陽文忠所見未盡相符。究其實，「郊死不爲島，聖俞發其藏」，乃永叔取譬於近之論。就三家詩格而言，梅之於韋，得其平淡，梅之於孟，得其古硬。梅孟均用「險詞」，其「直致處則相同」（註三十三）。聖俞詩「淡而彌永，清而能腴」，尤善於情意之隱約曲傳，正是「眞久味愈在」之得力處，直覿於物象，曲傳於意象，悟於言外者在此。孟郊長於「直致」，稍拙「曲婉」；「梅公之筆，殊於魚鳥洲渚有情，此則孟東野所不能也」（註三十四）。此說確為持平允當之論。

【註釋】

註一：見汪伯彥宛陵集後序。
註二：見宋劉克莊後村詩話。
註三：以上均見鍾嶸詩品。
註四：見梁劉勰文心雕龍明詩篇。
註五：見傅氏中國文學欣賞舉隅引清沈去矜語。
註六：見唐釋皎然詩式「重意詩例」。
註七：唐司空圖與李生論詩書：「噫！近而不浮，遠而不盡，然後可以言韻外之致耳。……今足下之詩，時輩固有難色，倘復以全美為上，即知味外之旨矣。勉旃。」
註八：見宋歐陽修六一詩話。
註九：周易繫辭上：「子曰：書不盡言，言不盡意，然則聖人之意，其不可見乎？」
註十：莊子外物篇：「荃者所以在魚，得魚而忘荃；蹄者所以在兔，得兔而忘蹄；言者所以在意，得意而忘言。」
註十一：見唐司空圖詩品。
註十二：見宋許顗彥周詩話。
註十三：見明謝榛四溟詩話卷四。
註十四：見歐陽修六一詩話。
註十五：見宛陵集卷七。

註十六：見宛陵集卷三、蘇祠部通判洪州。
註十七：見宛陵集卷三、張子野赴官鄭州。
註十八：見宛陵集卷三、馬殿丞通判密州。
註十九：見宛陵集卷五、依韻和陳秘校見寄。
註二十：見歐陽修六一詩話。
註二十一：見宋史卷四四三梅堯臣傳。
註二十二：見歐陽修全集卷四、與西京留府交代推官。
註二十三：見歐陽修六一詩話。
註二十四：見宛陵集卷二十七、答韓三子華韓五持國韓六玉汝見贈述詩。
註二十五：見宛陵集卷五十一、還吳長文舍人詩卷。
註二十六：見胡雲翼宋詩研究引南宋龔嘯論梅詩。
註二十七：見宛陵集卷四十三、泛溪。
註二十八：見宛陵集卷四、野田行。
註二十九：見宛陵集卷三十四、發勻陵。
註三十：見鍾嶸詩品卷上、評「魏陳思王植」。
註三十一：見宋朱弁風月堂詩話卷中。
註三十二至註三十三：均見清翁方綱石洲詩話卷三。

第三章　從梅堯臣之宦遊、際遇評述其名山事業

大地草木榮枯，隨時令更替而循序生滅，人之顯晦則否，有克享盛譽歷萬古而常新者，有炳耀一代而身後寂寞無聞與草木同腐者，燭照生命光炬，其強弱亮度，因人之才命「光源」投射有異，所得之利鈍榮枯自亦不同，此爲理所固然，振於功利境界有魁傑之士，沉潛於道德境界有才高志潔人物，「鳳高翔於千仞，桐孤立於百尋」（註一），生而寡合之士，勢難強己以曲折從衆，其偃蹇困頓者，或即種因於此也。北宋梅聖俞氏，「少達而多窮」（註二），抱道自守，創樸茂詩章，士林沾溉流風者，代有其人。然自名山事業以論宦海之「遇」，則聖俞去相知最深之歐陽永叔遠甚。人受制於命數，「鬼神莫能預，聖哲不能謀」（註三），幸與不幸，可判然矣。聖俞勘唐書之初，嘗自嘲爲「猢猻入布袋」，乃妻則謂「君於仕宦，亦何異鮎魚上竹竿耶」（註四），梅妻之說，具見慧心，而梅氏際遇，確可據此而洞悉一二，試舉詩以例證之：

「嵇康任天性，傲散喜端居；自云安卑者，竊比老莊歟；一月十五日，頭面忘洗梳；危坐恣搔蝨，於時懶作書；一曲情自寄，一杯歡有餘；尙子志所慕，阮生甘不如；黃精可養壽，廣澤宜覩

魚；不堪行作吏，章服裹猨狙。」（註五）章服猿狙，直爲「猢猻入布袋」作進一步解，宦海生涯，書生因性之所近，或能有效適應，反之則否，此「擬王維偶然作」，工於用語，渾於用意，聖俞詩格老而味長者在此，自詩格以論究其人格之鎔鑄，自宦遊、際遇以探討啓廸聖俞性靈生活之因果關係，溯其本源，庶幾得之。

試考古今寢饋百家卓然有成之士，其主觀心態或文學價值取向，均難自外於時代環境及遇合窮達之各項條件之中。聖俞蹭蹬仕途，處「窮愁感憤」（註六）以寄情詩酒，其澹泊頗似靖節先生。「淵明節本高，曾不爲吏屈；斗酒從故人，籃輿傲華紱」（註七）。聖俞慕陶而仍為「生計」作吏，旣不強求一己之超脫悟解，亦未獨抗高標於物外，其「樂道守節」（註八）操持，純「出入於詩書之府」（註九），其性惇行方，素爲時賢所推重。蘇東坡上梅直講書云：「執事名滿天下，而位不過五品，其容色溫然而不怒，其文章寬厚敦朴而無怨言，此必有所樂乎斯道也」（註十）。溫然不怒，休休有容，乃恂恂儒者，自蘇書景慕詞意可想見之。

北宋仁宗朝，君主恭儉仁厚，有太祖遺風，臣下寬恕尙賢，其遴才之公，求才之切，夙爲史家所稱道。聖俞生當盛世，與「韓、范、富、歐諸公遊」（註十一），足爲可資「汲引」之明證，且「大臣屢薦宜在舘閣」（註十二）。然仍不爲當道識拔如故。自補太廟齋郎始，先任德興縣令、知建德、襄城縣，嗣後監湖州稅、監永豐倉，共歷十餘年，「久已厭宦旅」（註十三），諒為不得展布所長而萌生去念，「終日自鮮適，終年長不言」（註十四），自有鬱於心際而未得伸者，宋史列傳記述聖俞

「善談笑」乃自豁達一面而言，就宛陵全集細考之，寫困境詩篇，均意深而情切，如「文章自是與時背，妻餓兒啼無一錢」（註十五），「瘦兒兩脛不赤凍，病婦十指休補縫」（註十六）。一貧至此，仍能「樂道」，知梅如歐，必有據而云然，但形於外之灑脫，似未盡同於內心世界之悒然寡歡，如河陰中寨寒食詩，即云：

「擊柝聲初絕，爲魚夢已殘；幽禽哢清曉，宿雨度餘寒；爨火明千竈，風旗展一竿；歸心漸社燕，自歎此微官。」（註十七）

寒食夢餘，遽聞柝聲初絕，歸心慚於社燕，頓興屈於位卑之感，此乃不能「希世苟合」者之共同命運，梅詩微旨，多寓篇外，又如「思歸賦」云：

「祿有可慕，祿有可去；何則？移孝爲忠，曾無內顧，則祿可慕而可據；上有慈顏，以喜以懼，故祿可去而不可寓。噫！吾父八十，母髮亦素，尙爾爲吏、夐焉遐路。嗷嗷晨烏，其子反哺；我豈不如，鬱其誰訴，……切切余懷，欲辭印綬，固非效淵明之褊衷，恥折腰於五斗。蓋自成人以及今，未嘗一日侍傍而稱壽，豈得不決去於此時，將恐貽恨於厥後。」（註十八）

「思歸賦」所示，聖俞掙脫現實世界枷鎖之主觀願望，「固非效淵明之褊衷」，因「上有慈親」，「未嘗一日侍傍而稱壽」，「嗷嗷晨烏」，欲遂反哺之思，篤孝源於「性惇」，非矯飾者所能道出。聖俞因長期「抑於有司，困於州縣」，自詩國覓得寄托心靈之淨土，既「鬱其所畜，不得奮見於事業」，於是「樂於詩而發之」（註十九）。化痛苦爲愉悅，於困窮中有其一貫之心靈執著，養親故里，切切於懷，然為稻粱謀，仍得肯定物質世界之現實生活，「苦苦著書豈無意，貧希祿廩塵俗牽」（註二十），如月夜與兄公度納涼閑行至御溝：「富貴非可取，田園今尚秋；明當拂衣去，試與問扁舟」（註二十一），偶有敝屣名利語，宛似彭澤掛冠之淵明，與「微帶酸苦意」（註二十二）詩作，迥然不同。鮚埼亭詩集謂梅詩：「皆深情孤詣，拔出於風塵之表」（註二十三）者，據此當可益信其然。

聖俞早歲初任河南主簿時，蹈厲奮發，詩名已游揚於西京，「還思二十居洛陽，公侯接跡論文章；文章自此日怪奇，每出一篇爭誦之」（註二十四）。此際啜飲詩國甘泉，其閃現於翰藻之愉悅，所在常見。因仕途坎坷及科場困頓，使聖俞在創作上之超絕昇華，漸次提升至圓熟之境，而伴隨此境以俱來者，乃「喜飲酒」之任命自如，入醉境可自外於「現實價值」之局限，積久遂成「一士常獨醉」（註二十五）之陶潛。就詩格及氣稟言，偶亦傾向於「傲散喜端居」之「怪奇」，而持躬處世受薰陶於永叔者大，其去「危坐淴搔蝨」之嵇康遠矣。酣飲為常有之，不與世事，則可視為「善談笑，與物無忤，詼嘲刺譏託於詩」（註二十六）也。如「永叔贈酒」：

「貧食尚不足，欲飲將何緣；豈能以口腹，屈節事豪權……誰識我為我，賓主各頹然；始得語且橫，既醉論益堅；曾不究世務，閑氣爭古先…嗟我儒者飲，聒耳無管絃；雖云暫歡適，終久還愁煎……」（註二十七）

聖俞善用比興，所作「隱晦本旨」者殊多，因「罵譏笑譴，一發之於詩」（註二十八），故婉轉附物，堪玩索處必詳推之：

「高秋枕席涼，晝寢還清曠。…豈忘相規言，仍記羣小謗，始知端正心，寐語尙不誑……誦玩自循省，徒爾增怊悵，不能檢細微，遂使言屢觖，雖然甚頑鄙，內顧無過當……」（註二十九）

「似畏羣芳妒，先春發故林；曾無鶯蝶戀，空被雪霜侵；不道東風遠，應悲上苑深；南枝已零落，羌笛寄餘音。」（註三十）

所引「和元之述夢見寄」一首，如「豈忘相規言，仍記羣小謗」及「不能檢細微，遂使言屢觖」，可知聖俞久困州縣而不遇者，或因羣小忌謗而屈居卑位，詩中已直抒胸臆，憤慨處且指爲「吾聞有尸蟲，何惡多相尙」（註三十一），以此印證「梅花」詩之「似畏羣芳妒，……空被霜雪侵」「不道東風遠，應悲上苑深」，詩以寄托出之，仍可推論而知，世有迹相知而心不知者，亦有相知而不能相容者，狹隘官場，常見此象，以「才命論」判「遇」與不遇，似可循此一探究竟。「昔儲說（韓非子）始出，子虛（賦）初成，秦皇漢武，恨不同時。既同時矣，則韓囚而馬輕」（註三十二），韓非、司馬之見知而未能大用，一爲讒而遭戮，一爲狎而見輕，此章學誠之慨嘆（註三十三），亦可爲聖俞之際遇作類比研究也。

宛陵集所錄贈別之作，爲數極多，悼亡詠物，各類題咏悉備，因「老不得志，而爲窮者之詩」（註三十四），唱酬贈別，均爲「日課一詩」中苦吟而成。世之論詩者殊不必以此爲病。歐陽永叔稱聖俞「性淳行方」（註三十五），就詩章呈現之溫煦敦厚而言，梅氏愛妻兒篤故友，「性淳」洵非過譽，「世人重貴不重舊，重舊今見歐陽公」（註三十六），以此印證梅氏之精神風貌，亦甚允當，聖

俞深於情，發於詩，均彰顯接物肫誠，恪守倫常道範，其橫茂詩格之完成，亦可於此印證之，如

「故相方來夢，分明接座隅；只知冠劍是，不道死生殊；西府看如舊，東山詠久徂；遽然興痛歎，不覺淚霑鬚。」（註三十七）

錢惟演逝世，聖俞感懷知遇之零落，「遽然興痛歎」，其悲愴可以想見。

「共是干時者，同為失意人；言趨太原召，如慰宛陵親；笳鼓聽臨塞，琴書未離身；別君無斗酒，當識士安貧。」（註三十八）

贈姻親可牽情以道，因事起意，寫眼前物態，自能沁人心脾，淺易語而寓情玉深者、梅詩中屢見不鮮，如「一日曲」即為評價極佳之作：

「妾家鄧侯國，肯愧邯鄲姝；世本富繒綺，嬌愛比明珠；十五學組紃，未嘗開戶樞；十六失所適，姓名傾里閭；十七善歌舞，使君邀宴娛；自茲著樂府，不得同羅敷；涼溫忽荏苒，屢接朝大夫；相歡不及情，何異逢路衢；昨日一見郎，目色曾不渝；結愛從此篤，暫隔猶恐疏；如何遂從宦，去涉千里塗；郎跨青驄馬，妾乘白雪駒；送郎郎未速，別妾妾仍孤；不如水中鱗，雙雙依緣蒲；不如雲間鵠，兩兩下平湖；魚鳥尚有託，妾今誰與俱；去去約春華，終朝怨日晡……。」（註三十九）

此詩措意重厚，歸於古樸，其精腴雅潔，實承建安詩風。洗盡鉛華、予人「老樹醜花」之感。聖俞詩不惟深於情，抑且深於理，惟能樂於斯道，故為遭遇困頓而唏噓者少，「用以為懽而無怨懟」者多，

仕途輾轉僨伏，所作常見爲「涵泳於仁義之流」（註四十），永叔謂「其感人之至，所謂與樂同其苗裔者邪」（註四十一）。如依韻奉和永叔感興：

「一

既負天下望，必憂天下責；每聞諫諍辭，苦意多矯激；心存義勇赤，氣與虹霓白；所論言必從，豈若水投石；陰邪日已銷，事理頗已得；莫將經濟術，抑鬱向胸臆。

二

日出皆馳趨，皆爲利所迫；秋蟲至微物，役役網自織；古來高世人，林下遺憂責；扛鼎絕臏者，乃自恃以力；積金苟如山，何異魚貪食。」（註四十二）

歐陽文忠事功彪炳，拂逆處偶亦有之，聖俞隨筆傾吐，理勝情勝，語語具見眞摯。道名利之敬，所感自寓其中。又如書哀，則不勝其悲，眞性情從淺近語見之，不出乎言意之表，茲舉其詩如下：

「天既喪我妻，又復表我子；兩眼雖未枯，片心將欲死；雨落入地中，珠沈入海底。赴海可見珠，掘地可見水；惟人歸泉下，萬古知已矣。拊膺當問誰，憔悴鑑中鬼。」（註四十三）

全詩平易不事雕琢，至情所出，無不違之隱，聖俞了悟生死之理，於深沉哀傷處可見灑脫，「從來有修短，豈敢問蒼天」（註四十四），此亦正如仕運多蹇而能中暢天機也。「宣城山川靈秀之所鍾」（註四十五），竟使聖俞「窮」於當世，而「達」於千載百代後之儒林，果眞「才命」有數耶。

宇宙天象之週而復始，卽往古亦可從「盈虛」常理體悟其永恒法則，日月麗天，江河行地，人類從「永恒法則」孕育不朽信念，或據以建偉大事功，或據以創名山事業。聖賢之資，豪傑之氣，其能在艱彌勵者，端賴於斯。聖俞暮年，歷任國子監直講及尚書都官員外郎，寄情詩酒，於困窘中仍持書生本色。「便從冠帶向仕塗，彊顏希祿非貪職……卒章言買羊與酒，雖齒動搖能飫溢」（註四十六），終其一生，熱愛生活而未著意於掙脫名利枷鎖，「辭學優贍」（註四十七），老境益美，因積久擴大「精神自我」，乃益引發靈海潮汐之智慧浪花，此為創作論上可充分理解者。歐陽永叔初編宛陵集時，聖俞年已五十，「猶從辟書，為人之佐」（註四十八），觀其題詠，享譽已徧北宋朝野且遠達蠻荒之地（註四十九），「時無賢愚，語詩者必求之聖俞」（註五十），此際詩壇，梅氏實已駕歐蘇而上之。「韻語陽秋」引張芸叟評梅詩：「如深山道人，草衣捆屨，王公大人，見之屈膝」（註五十一）。元劉性宛陵先生年譜序上亦云：「宛陵梅先生以道德文學發而為詩，變晚唐卑陋之習，啓盛宋和平之音，有功於斯文甚大」（註五十二）。要之，聖俞以詩見重時流，亦因其篤志於此，而得享聲光久遠之身後盛名。若生前俯仰權貴，倖致通顯，則進退出處之間，不免苟合取容於時，於詩而言，能否拓大創作泉源，能否成為開宋詩先河之一代巨擘，則未可知，故曰：窮達或幸與不幸，於此可判然矣。

〔**註釋**〕

註一：清章學誠文史通義內篇四、知難篇云：「鳳高翔於千仞，桐孤生於百尋，知其寡和無偶，而不能屈折以從衆者，亦勢也。」

註二：見歐陽修宛陵先生詩集序。
註三：見文選卷五十四、劉峻辯命論。
註四：見歐陽修全集卷五、歸田錄。
註五：見宛陵集卷三、擬王維偶然作。
註六：歐陽修全集卷二、居士集二、梅聖俞墓誌銘序：「聖俞爲人，仁厚樂易，未嘗忤於物，至其窮愁感憤，有所罵譏笑謔，一發之於詩。然用以爲懽而不怨懟，可謂君子者也。」
註七：見宛陵集卷六、送永叔歸乾德。
註八：見歐陽修全集卷四、奏議集、舉梅堯臣充直講狀。
註九：宛陵集汪伯彥後序：「聖俞公之詩，簡古純粹，華而不綺，清而不癯，涵泳於仁義之流，出入於詩書之府。」
註十：見蘇東坡全集卷二十八。
註十一：見明楊士奇宛陵集跋。
註十二：宋史卷四四三、列傳第二百二、文苑五、梅堯臣傳：「大臣屢薦宜在館閣。召試，賜進士出身，爲國子監直講，累遷尚書都官員外郎。」歐陽修全集卷二、居士集二、梅聖俞墓誌銘序：「其後大臣屢薦宜在館閣。嘗一召試，賜進士出身。餘輒不報。」
註十三：見宛陵集卷八、淮南遇梵才吉上人因悼謝南陽曏昔之遊。
註十四：見宛陵集卷四、新安錢學士以近詩一軸見貺輒成短言用敍單悃。
註十五：見宛陵集卷十、回自青龍呈謝師直。
註十六：見宛陵集卷四十九、永叔贈絹二十四。
註十七：見宛陵集卷二。

註十八：見宛陵集卷六十。

註十九：見歐陽修宛陵先生詩集序。

註二十：見宛陵集卷二十五、答裴送序意。

註二十一：見宛陵集卷三。

註二十二：清翁方綱石洲詩話卷三：「都官詩天眞蘊藉，自非郊寒可比，然其直致處則相同，亦不免微帶酸苦意。」

註二十三：見清全祖望鮚埼亭詩集。

註二十四：見宛陵集卷四十八、依韻答吳安勗太祝。

註二十五：晉陶淵明飲酒詩第十三：「一士長獨醉，一夫終年醒。」

註二十六：見宋史卷四四三、文苑五、梅堯臣傳。

註二十七：見宛陵集卷十一。

註二十八：見歐陽修全集卷三、居士集二、梅聖俞墓誌銘序。

註二十九：見宛陵集卷九、和元之述夢見寄。

註三十：見宛陵集卷一、梅花。

註三十一：見宛陵集卷九、和元之述夢見寄。

註三十二：見梁劉勰文心雕龍知音篇。

註三十三：見清章學誠文史通義內篇四、知難篇。

註三十四：見歐陽修宛陵先生詩集序。

註三十五：見歐陽修全集卷四、奏議集、舉梅堯臣充直講狀。

註三十六：見宛陵集卷四十八、高車再過謝永叔內翰。

註三十七：見宛陵集卷五、夢故府錢公。

註三十八：見宛陵集卷三、外兄施伯侃下第赴并門訟父招。

註三十九：見宛陵集卷六。

註四十：見宛陵集汪伯彥後序。

註四十一：見歐陽修全集卷三、居士外集二、書梅聖俞稿後。

註四十二：見宛陵集卷四十九。

註四十三：見宛陵集卷十。

註四十四：見宛陵集卷十、悼亡三首。

註四十五：見楊士奇宛陵集跋。

註四十六：見宛陵集卷四十八、吳沖卿學士以王平甫言淮甸會予予久未至沖卿與平甫作詩見寄答之。

註四十七：見歐陽修全集卷四、奏議集、舉梅堯臣充直講狀。

註四十八：見歐陽修宛陵先生詩集序。

註四十九：宋史卷四四三、列傳第二百二、文苑五、梅堯臣傳：「有人得西南夷布弓衣，其織文乃堯臣詩也，名重於時如此。」

註五十：見歐陽修宛陵先生詩集序。

註五十一：見宋葛立方韻語陽秋卷一。

註五十二：劉序今附商務印書館四部叢刊本宛陵先生集書後「附錄」。

第四章　梅堯臣之詩材多存史事

聖俞宛陵集，取材廣泛，非僅限於山水田園吟情適志而已。唱和贈答之作，數量甚多，其得在重友誼，當時之賢士大夫與其遊從者，皆北宋政壇偉人，每有餽遺，悉繫以詩，江亭餞別，旅途寄意，聖俞均能一往情深，纏綿悱惻。然其失在濫，率爾酬韻，為文造情，故精緻之作極少。論聖俞之詩，不能於此定價。最有意義者，為其記事與咏物。記事之詩，可以見其時特殊資料；咏物之詩，可以見人言外之意，茲故詳論之：

聖俞喜寫農村社會事物，題材之廣，非同時詩人所及，如傷桑、新繭、廢井、茶竈、黃河（註一）、聚蚊（註二）、植梔子樹、青梅、建德新牆、田家、陶者、猛虎行、野田行、水輪詠（註三）、覩博陽山火、觀放鴿子、夜聞居人喊虎、採白朮、晚泊觀鬭雞（註四）、田家語、汝墳貧女（註五）、農灘（註六）、冬雷（註七）、水次髑髏、花孃歌（註八）、聞賣韭黃蓼甲（註九）、臘酒、臘脯、臘筍、和挑菜、伐桑（註十）、五月七日見賣瓠者、赤蟻辭、采茨（註十一）、風拔三檜、閔尚衣盜袴、水牛拽車（註十二）、觀拽龍舟、淘渠、賣鹿角魚、嫣婦（註十三）、逢羊（註十四）、月蝕（註十五）、代鳩婦言、象戲（註十六）、醜石、歸田樂秋冬二首（註十七）、春鶻謠、蝨、諭烏（註十八）、逢牧（註十九）啼鳥、詠癭、頭蝨、稺子獲雀雛（註二十）、野鴿、鶻擊蝙蝠、釣蟹、取蝛、打魚、自採枸杞子、黃鮫（註二十一）、種藥、魦魚皮膾、觀新水磑（註二十二）、觀理蔬、捫蝨得蚤、（註二十三）、會稽婦、牽船人、田人夜歸、夜漁、寒菜、和民樂、聞進士販茶、烏毁燕巢、五月十三日大水（註二十四）、汴渠、烏啄棗（註二十五）、晨興如厠有雅啄蛆、種胡麻、放鶡、聞西山虎（註二十六）、讀月石屏詩（註二十七）、秋蟲、陌上二女（註二十八）、新開墳路（註二十九）、盧氏石詩（註三十）、力漕篇（註三十一）、倡嫗歎、祭猫（註三十二）、農具十三首、蠶具十五首（註三十三）。以上僅就最為明顯之題材而言，其屬於詠物之作，凡農家之種植、用品、飛禽走獸，鉅細畢載，描寫詳盡，研究聖俞之詩，當自此等處着手，較諸流連光景之詩，為具意義。

聖俞之記事詩，有二特色：一可以見其事實之眞貌；二可以見其時代之問題。其詠「聞集士販茶」詩（註三十四）曰：

「山園茶盛四五月，江南竊販如豺狼；頑凶少壯冒嶺險，夜行作隊如刀槍；浮浪書生亦貪利，史笥經箱為盜囊；津頭吏卒雖捕獲，官司直惜儒衣裳；却來城中談孔孟，言語便欲非堯湯；三日夏雨刺昏墊，五日炎熱譏旱傷；百端得錢事酒肴，屋裏餓婦無餱糧；一身溝壑乃自取，將相賢科何爾當。」

江南茶盛之時，黑夜盜茶之風，其時極盛。最可怪者為穿着儒衣之進士，亦公然參與盜竊行列，為官所捕，被釋後又復於城中談說孔孟以騙錢。酒食享受，不顧其家，可見當時高級知識份子之墮落，甚爲嚴重。進士盜茶，應是其中一例而已。其時甚至有考進士者多於經義不通之怪現象：

「明經與進士，皆欲取公卿；自是俗儒陋，非於吾道輕；昔由羔鴈聘，今乃草萊幷；不措一辭去，緣何祿代耕。」（註三十五）

此詩主題爲「明經試大義多不通有感，依韻和范景仁舍人」，科擧制度自隋起相沿至宋，弊病百出，而歷代公卿皆自此中來，經義不通，貿然爲政，其有不敗事者鮮矣。聖俞強作解語，曰：「自是俗儒陋，非於吾道輕」，乃吾道之所以輕者，正緣俗儒之所以陋耳。

其詠「牽船人」（註三十六）詩曰：

「沙洲折脚鴈，疑人鋪翅行；奈何暮雨來，復值寒風生；濕毛染泥滓，縮頸無鳴聲；爾輩正若此，猶勝被堅兵。」

牽船之人，於風雨中彎腰縮頸，其事至苦，然較諸執兵戈以殺敵者，尚勝一籌。此詩頗有厭戰思想，或係當時社會確有此種心理，故詩人採以入詩，蓋聖俞本自有意於兵，曾注孫子兵法以見志也。

其詠「逢牧」（註三十七）詩曰：

「國馬一何多，來牧郊甸初；大羣幾百雜，小羣數十驅；或聚如鬪蟻，或散如驚烏；或踐麥無根，或齧樹無膚；牧卒殊不顧，抱鞭入民墟；欲酒與之飲，欲食與之餔；日暮卒醉飽，枕鞭當路隅；茫茫非其土，誰念有官租。」

宋初與遼對峙，自燕雲十六州爲石敬塘割讓於契丹以後，宋之國防無天險，遼兵馳馬南下，可以直抵黃河之北岸，以窺汴京。宋之以兵爲城，自有其不得已之苦。放馬郊甸，聚如鬪蟻，散如驚烏；牧卒擾民，戰馬傷田，農家受害之多，怨恨之深，可以想見。其時王安石尚未入相，迨其後推行「保馬」之法，用意固正，而其侵擾民間之情形，亦必嚴重，此於新法之失敗，或者不無關係也。

其和「王仲儀詠癭二十韻」（註三十八）曰：

「汝水出山險，汝民多病癭；或如雞精滿，或若猿嗛並；女慚高掩襟，男大濶裁領；飲水擬注壺，吐詞侔有鯁。……不唯羞把鏡，仍亦愁弔影；內療須羊靨，外砭費鍼穎。……」

癭是頸子腫大如贅疣，此與水土有關，淮南子地形篇說：「土各以其類生，是故山氣多男，澤氣多女，障氣多喑，風氣多聾，林氣多癃，木氣多傴，岸下氣多腫，石氣多力，險阻氣多癭，暑氣多夭，寒氣多壽，谷氣多痺，邱氣多狂。」汝水自山而出，歷經險阻，挾山中之礦物質以入平原，汝民食之遂致癭疾，而又短缺金錢，無法求醫，其時衞生保健工作，自不如今日之進步，疾病既生，不可診治，此固水土使然。聖俞此詩，雖存惻閔之心，而亦無可如何也。

其詠「依韻吳沖卿秋蟲」（註三十九）曰：

「梧桐葉未老，露滴玉井牀；秋蟲如里胥，促織何苦忙：苒苒機上絲，入夜爲鼠傷；織婦中夕起，投梭重徊徨；那聞草根聲，齎入然肝腸；天子固明聖，措意如陶唐；下民唯力穡，不見田疇荒；豈知貪斂人，督責矜健強。……」

此詠里胥催租，矜強擾民情形，叫囂聒耳，下民不得安寧。聖俞之結論曰：「哀哉四海人，無不由此戕。」按柳子厚作「捕蛇者說」，形容唐代地方政府催租之情形，曰：「悍吏之來吾鄉，叫囂乎東西，隳突乎南北，譁然而駭者，雖雞犬不得寧焉。」其作「種樹郭橐駝傳」，形容陋政之擾民，曰：「旦暮，吏來而呼曰：『官命促爾耕，勗爾植，督爾穫；蚤繅而緒，蚤織而縷，字而幼孩，遂而雞豚！』鳴鼓而聚之，擊木而召之。吾小人輟飧饔以勞吏者，且不得暇，又何以蕃吾生而安吾性耶？」聖俞以秋蟲喻里胥，秋蟲之聒耳亦猶里胥之戕人，日夕如此，下民又安得不傷。

其詠「力漕篇」（註四十）曰：

「兵外肢強，兵內體壯；斂之盡歸，歲以多餉；東南舳艫，銜尾而上；浮江浮淮，泝汴之湍；汴湍不常，水衡不官；惟虞溢毀，靡虞舟槃；舟槃糧覆，糧孰爲足。……」

宋之用兵邊疆，糧餉運補，全賴漕運，舳艫千里，轉送不息，聖俞於此等現象，並無責備之意，雖有「斂之盡歸」一語，可與秋蟲篇互看，蓋聖俞本圖進取，故不若腐儒一曲之見也。然國家多事之結果，用費浩繁，畢竟足以影響民生，人民迫於飢餓而致飲酖止渴者。

其詠「伐桑」（註四十一）曰：

「二月起蠶事，伐桑人阻飢；已傷持斧缺，不作負薪非；聊給修朝食，寧虞卒歲衣；月光無隔礙，直照破荊扉。」

孟子之王政，重點在不違農時，斧斤以時入山林，旨在有效發揮農桑之利，蠶事方起，竟有人伐桑爲薪，此於卒歲之衣，將產生嚴重後果。故聖俞傷之，其結語曰：「月光無隔礙，直照破荊扉。」以見平民居室之陋，實不堪蔽風雨也。其時政府官吏，操守似亦有問題。

其詠「閔尚衣盜袴」（註四十二）曰：

「昔聞廉叔度，能使民多袴；多袴非或貪，持新不忘故；嗟嗟亦王官，奚自門閥汙；中府中紈綾，紬之呼馬去；左右卽其私，邀索乃就捕；三公出死狗，訓導能有素；今同竊鈇者，見爾皆此趣。」

盜袴之事，出自官吏，當北宋講求理學之時，竟有如此現象，誠屬匪夷所思，此與進士盜茶，同爲令人浩歎也。聖俞咏物，寫農家事最多，所寫農具蠶具，皆極盡描繪其功能，而民生之辛苦情形，於中自見。而其時之官吏並不能體恤政府愛民之心，偶遇小事，卽肆其喧擾，使民生愈苦。聖俞作「田家語」（註四十三），序曰：「庚辰詔書，凡民三丁籍一，立校與長號弓箭手，用備不虞。主司欲以多媚上，急責郡吏，郡吏畏不敢辨，遂以屬縣令，互搜民口，雖老幼不得免。上下愁怨，天雨淫淫。」繼之以詩，曰：

「水旣害我菽，蝗又食我粟；前月詔書來，生齒復板錄；三丁籍一壯，惡使操弓韣；州符今又嚴，老吏持鞭扑；搜索稺與艾，唯存跛無目；田廬敢怨嗟，父子各悲哭；南畝焉可事，買箭賣牛犢；愁氣變久雨，鐺缶空無粥；盲跛不能耕，死亡在遲速；我聞誠所慚，徒爾叨君祿；却詠歸去來，刈薪向深谷。」

一切問題，起於戰爭，「三丁籍一」之法，屬於兵役之事。國家抗戰政策，不容非議，可議者乃官吏執行政策之態度。老吏鞭扑，父子哭泣，而又水潦蟲害，日久煎促，聖俞斥責爲政者，曰：「豈助聖上撫育之意邪。」（田家語序）聖俞又有「汝墳貧女」詩（註四十四），序曰：「時再點弓手，老幼俱集，大雨甚寒，道死者百餘人，自壤河至昆陽，老牛陂，僵尸相繼。」詩曰：

「汝墳貧家女，行哭音悽愴；自言有老父，孤獨無丁壯；郡吏來何暴，縣官不敢抗；督遣勿稽留，龍鍾去攜杖；勤勤囑四鄰，幸願相依傍；適聞閭里歸，問訊疑猶彊；果然寒雨中，僵死壤河上；弱質無以託，橫尸無以葬；生女不如男，雖存何所當；拊膺呼蒼天，生死將奈向？」

此詩視杜甫之「垂老別」，情形不同而悲慘則一，「弱質無以託」，固屬可憐，而「橫尸無以葬」之痛，恐非仁政應有之現象。雖國家需人，郡吏之暴，亦有以致之也。聖俞對於其時之邊戰，並無責言，獨於官吏之行為，多所指斥：「豈敢問天災，但慚為政惡。」（註四十五）雖係自責之辭，亦可見其對地方行政工作者之態度也。

其詠「淘渠」（註四十六）曰：

「開春溝，畎春泥，五步掘一塹，當塗如壞堤；車無行轍馬無蹊，遮截門戶雞犬迷；屈指措足高復低，芒鞋苔滑雨淒淒，老翁夜行無子攜，眼昏失脚非有擠；明日尋者爾瘦妻，手提幼女哭嘶嘶；金吾司街務欲齊，不管人死獸顛啼。」

此詩可見當時道路情形，開溝壞路，老翁夜歸跌落溝中，遂以致死，老妻弱女，尋之而哭，而主管之官署，實不能辭其咎。所謂「金吾司街務欲齊，不管人死獸顛啼」，對官吏失望之心，可於此中見之。

聖俞喜諧，瑣事入詩，多寓諷刺，其「八月九日晨興如廁，有雅啄蛆」（註四十七）詩曰：

「飛鳥先日出，誰知彼雌雄；豈無腐鼠食，來啄穢廁蟲；飽腹上高樹，跋觜噪西風；吉凶非予聞，臭惡在爾躬；物靈必自絜，可以推始終。」

穢廁生蛆，飛鴉啄食，並非不是，然既飽食之後，遠上高樹，跋觜於西風之中，以自鳴其得意之情。此非寫鴉，蓋人間衆生相也。人間衆生，大都喜怒皆見於形色，炎涼世態，古今同悲。

聖俞詠「倡嫗歎」（註四十八）詩曰：

「萬錢買爾身，千錢買爾笑；老笑空媚人，笑死人不要。」

倡以色媚人，千金買笑，其評價自以美色爲主，及降而爲老嫗，其色已衰，雖欲重施媚人故技，人皆嗤之以鼻，不顧而去。今昔之感，豈可勝言。雖然倡嫗之歎，蓋衆生相中之小者，推而至於功名權勢之間，又何獨不然哉？

聖俞詩除喜取材於社會生事外，另有一特殊現象，卽詩中資料，可備史事者尤多，其詠「閔冢」（註四十九）詩曰：

「盜發廣陵冢，及扉開石楄；中璫走徹道，高濶可通車；五尺銅鑄人，執兵冠服朱；壁石刻位號，列侍幽宮隅；殿將將軍屬，侍郎常侍俱；啓棺見其尸，鬢斑顏未渝；白璧十雙藉，雲母一尺鋪；黃金塞耳鼻，千歲不腐枯。……」

閔冢之「閔」，應爲憐閔之意。聖俞自註「吳天册中」四字，想係此冢爲三國時代東吳之貴族，埋後至宋，時已千年，盜發其棺，尸尚未朽，且如生人，可證我國古代之防腐術，有其獨出之秘。報載共匪近年挖掘古墓，於湖南長沙馬王堆得西漢某一王妃之葬處，開視死者，肢體柔軟，顏面一如生人，及空氣侵入，始行變壞。此與聖俞所述「閔冢」情形，正復相似。今之學者，徒驚異於共匪之發現，惜皆不見聖俞之發現已早於千年之前也。

其詠「永叔寄澄心堂紙」（註五十）曰：

「昨朝人自東郡來，古紙兩軸緘縢開；滑如春冰密如繭，把玩驚喜心徘徊；蜀牋脆蠹不禁久，剡楮薄慢還可咍；書言寄去當寶惜，慎勿亂與人翦裁；江南李氏有國日，百金不許市一枚；澄心堂中唯此物，靜几鋪寫無塵埃；當時國破何所有，帑藏空竭生莓苔。……」

李唐有國，無可紀述，惟李後主之詞，澄心堂之紙，爲藝林珍寶，書家重視紙質，自古以澄心堂所產爲第一。宋代去李唐未遠，而於澄心堂之紙，已不易尋覓。縱偶得之，亦非多金莫辦。其紙之好處在「滑如春冰密如繭」，視蜀牋之「脆蠹」、剡楮之「薄慢」，自係紙中珍品。聖俞另有「答宋學士次道寄澄心堂紙百幅」（註五十一）詩，嘗說澄心堂紙之製作技術，曰：

「寒溪浸楮春夜月，敲冰舉簾勻割脂；焙乾堅滑若鋪玉，一幅百錢曾不疑；江南老人有在者，爲予嘗說江南時；李主用以藏秘府，外人取次不得窺；城破猶存數千幅，致入本朝誰謂奇；漫堆閑屋任塵土，七十年來人不知；而今製作已輕薄，比於古紙誠堪嗤。……」

由此以觀澄心堂之紙，自有獨特之秘訣，在宋時其術業已失傳，先民特藝，遂成絕響，良可慨也。而堯臣嘗得諸友相贈，獨存異品。

其詠「同蔡君謨江鄰幾觀宋中道書畫」（註五十二）曰：

「君謨善書能別書，宣獻家藏天下無；宣獻旣歿二子立，漆匣甲乙收盈廚；鍾王眞蹟尚可覩，歐褚遺墨非因模；開元大曆名流夥，一一手澤存有餘。……」

宣獻所藏，有鍾王墨寶，歐褚法書，以及虎頭將軍顧愷之所作之列女圖，此皆稀世瓌寶，而皆爲聖俞所親見，咏之於詩，可謂快事。

聖俞另有所見者，尚有王右丞所畫之「阮步兵醉圖」，形容步兵之醉態，曰：

「右丞筆通妙，阮籍思玄虛；獨畫來東平，倒冠醉乘驢；力頑不肯進，俛首耳前趨；一人牽且顧，一士旁挾扶；捉鞍舉雙足，閉目忘窮塗；想像得風度，纖悉古衣裾。」（註五十三）

右丞此畫，今已失傳，賴聖俞之詩以存，亦聊勝於無也。

又有「觀何君寶畫」（註五十四）詩，其記韓幹與戴嵩之畫曰：

「幹馬精神在韁勒，嵩牛怒鬬無牽拘；昨天何家觀小軸，絹雖破爛色不渝；二頭相觸角競掎，前脚如跪後脚舒；尾株榻直脊膂蹙，筋力寫盡蹄腕殊。」

又記閻立本所畫之玄女傳兵符圖，曰：

「三人鬼狀一牛首，八女二十美丈夫；黃帝中間蔭葩蓋，霞扇錯玳旌擁朱；冠服難知歲月遠，但見儀衞森清都。」

此外尚有商紂之鹿台妲己圖、吳王宴西子圖，皆記爲閻氏作。按戴嵩爲韓幹弟子，以畫牛名於晚唐間。閻立本者，爲初唐畫家，寫太宗像、十八學士、及凌煙閣功臣皆妙，然其兄立德，亦工繪古今人物故事，曾作封禪圖、文成公主降蕃圖、玉華宮圖、鬪鷄圖傳世。聖俞詩中所稱「閻令」，不知爲立本抑立德？按畫史所載，立德善繪「古今故事」，則玄女傳兵符等圖，當爲立德所畫。惜吾人今皆不能一見。

聖俞於其時屢得觀賞古人書畫機會，可能與其服務政府之職務有關，其詠「二十四日江鄰幾邀觀三館書畫錄其所見」（註五十五）詩，曾謂：「五月秘府始暴書」，江鄰幾邀往參觀，又得發現下列古人名作：

「羲獻墨跡十一卷，水玉作軸光疏疏；最奇小楷樂毅論，永和題尾付官奴。又看四本絕品畫，戴嵩吳牛望青蕪，李成寒林樹半枯，黃荃工妙白兔圖。……」

又有「依韻和吳沖卿秘閣觀逸少墨蹟」詩（註五十六），有謂「赫赫猶至今，瑰瓊曷云並」；又有「觀邵不疑學士所藏名書古畫」詩（註五十七），有謂「首觀阮與杜（阮籍與杜甫），驢上瞑目醉；韓幹貌四馬，臨流解鞍轡；……梅鷄徐熙花，竹間寒雀睡；逸少自寫眞，對鏡絕相類；……巨然李成者，落筆愈奇異；人物張僧繇，雖傳恐非是」。又有「和楊直講夾竹花圖」詩（註五十八），云「徐熙下筆能逼眞，璽素畫成纔六幅」。又有「觀韓玉汝胡人貢奉圖」詩（註五十九），云「時世重古不重新，破圖誰畫舊胡人」。此圖不知作者，韓玉汝謂係吳道子畫，但聖俞不敢肯定，僅：「定瀝海客遠爲贈，中國未覩難擬倫」。

又有「和江鄰幾學士畫鬼拔河篇」（註六十），云：

「蒲中古寺壁畫古，畫者隋代展子虔；分明八鬼拔河戲，中建二旗觀却前；東厢四鬼苦用力，索尾拽斷一鬼顛；西厢四鬼來背挽，雙手碓下抵以肩；龍頭魚身霹靂使，持鉞鎭立旗左偏；拔山夜叉右握斧，各司勝負如爭先。……高下尊卑二十四，二十四鬼無黃泉。」

按展子虔歷仕北齊周隋，在隋爲散朝大夫、帳內都督，工畫馬、臺閣、山水，爲唐畫之祖，所畫寺壁甚多，卷軸雜畫亦夥。隋畫歷遭浩刼，今幾無存，即所作壁畫，亦以建築燬敗，絕不可見，展氏之「鬼拔河圖」，聖俞猶得一覩眞貌。畫中情景，尚能於其詩中得其彷彿，誠藝術界之大幸矣。

聖俞另有詠「陸子履示秦篆寶」詩（註六十一），其篆文曰：「二十六年，皇帝盡幷兼天下諸侯，黔首大安，號爲皇帝。乃詔丞相斯，館法度量則，不一嫌疑者，皆明一之。」「杜挺之贈端溪圖硯」詩（註六十二）、「晚泊觀鬪鷄」詩（註六十三）、詠「飲劉原甫家原甫懷二古錢勸酒其一齊之大刀長五寸半其一王莽時金錯刀長二寸半」詩、「蔡君謨示古大弩牙」詩（註六十四）、「觀拽龍舟身懷裴宋韓李」（註六十五），皆能於其中窺見古史資料及當時部份事物情況。論詩之藝術，此類作品，純屬直敍，並無性靈；論詩之內容，不僅可作詩史看，且最有益於學術之研究也。

〔註釋〕

註一：以上見宛陵集卷一。
註二：見宛陵集卷三。
註三：以上見宛陵集卷四。
註四：以上見宛陵集卷五。
註五：以上見宛陵集卷七。
註六：見宛陵集卷八。
註七：見宛陵集卷九。
註八：以上見宛陵集卷十。
註九：見宛陵集卷十一。
註十：以上見宛陵集卷十二。
註十一：以上見宛陵集卷十五。
註十二：以上見宛陵集卷十六。
註十三：以上見宛陵集卷十七。
註十四：見宛陵集卷十八。
註十五：見宛陵集卷十九。
註十六：以上見宛陵集卷二十。
註十七：以上見宛陵集卷二十三。
註十八：以上見宛陵集卷二十四。
註十九：以上見宛陵集卷二十六。
註二十：以上見宛陵集卷二十七。

註二十一：以上見宛陵集卷二十八。
註二十二：以上見宛陵集卷二十九。
註二十三：以上見宛陵集卷三十。
註二十四：以上見宛陵集卷三十四。
註二十五：以上見宛陵集卷三十五。
註二十六：以上見宛陵集卷三十六。
註二十七：見宛陵集卷三十八。
註二十八：以上見宛陵集卷三十九。
註二十九：見宛陵集卷四十四。
註三十：見宛陵集卷四十五。
註三十一：見宛陵集卷四十七。
註三十二：以上見宛陵集卷四十八。
註三十三：以上見宛陵集卷五十一。
註三十四：見宛陵集卷三十四。
註三十五：見宛陵集卷五十二。
註三十六：見宛陵集卷三十四。
註三十七：見宛陵集卷二十六。
註三十八：見宛陵集卷二十七。
註三十九：見宛陵集卷三十九。
註四十：見宛陵集卷四十七。

註四十一：見宛陵集卷十二。
註四十二：見宛陵集卷十六。
註四十三：見宛陵集卷七。
註四十四：見宛陵集卷七。
註四十五：見宛陵集卷七、大水後城中壞廬舍千餘作詩自咎。
註四十六：見宛陵集卷十七。
註四十七：見宛陵集卷三十六。
註四十八：見宛陵集卷四十八。
註四十九：見宛陵集卷四十。
註五十：見宛陵集卷七。
註五十一：見宛陵集卷二十七。
註五十二：見宛陵集卷十三。
註五十三：見宛陵集卷四、詠王右丞所畫阮步兵醉圖。
註五十四：見宛陵集卷十五。
註五十五：見宛陵集卷十八。
註五十六：見宛陵集卷十八。
註五十七：見宛陵集卷四十七。
註五十八：見宛陵集卷五十四。
註五十九：見宛陵集卷五十五。
註六十：見宛陵集卷五十八。

註六十一：見宛陵集卷五十三。
註六十二：見宛陵集卷三十一。
註六十三：見宛陵集卷五。
註六十四：以上二詩，並見宛陵集卷十六。
註六十五：見宛陵集卷十七。

第二種　梅堯臣年譜

卷一　譜　前

壹、小　傳

梅堯臣字聖俞，宣州宣城（今安徽宣城）人，世居縣東十里之雙溪（註一）。生於宋眞宗咸平五年（西元一〇〇二年），卒於仁宗嘉祐五年（西元一〇六〇年），享年五十九歲（註二）。宣城於漢代名宛陵，世以宛陵先生稱堯臣，即源於此。

其祖邈，嘗爲南昌尉（註三）。父讓不仕，以子貴，進爲太子中舍，致仕於家。嫡母束氏，生母張氏，堯臣均侍奉至孝。兄弟五，長兄早殤，堯臣居二，二弟正臣、四弟禹臣仕進，三弟彥臣、五弟純臣常隨左右，友愛逾恆（註四）。叔詢進士及第，眞宗一見以為奇材，遂以仕顯。

堯臣美姿容，早慧，童子時出語已驚其長老。年十三，隨叔宦遊，往來兩京江淮間。年二十六娶謝氏，旋以詢蔭補太廟齋郎（註五）。未幾，遷河南主簿。任內廣識西京文士，若歐陽修、尹洙等洛陽七友，篤交終生不渝，士林常相酬唱。堯臣以詩名聞於時，留守相公錢惟演甚嗟賞之，因與結爲忘年交。王曙繼知河南府，亦賛其詩，以爲「有晉宋遺風，自杜子美沒後，二百年不見此作」（註六）。堯臣既受前輩獎掖，復得友人如歐陽修者一再推崇，遂益自刻勵。故河南之任，乃其一生之轉捩點。

堯臣留守河南期間，爲「當時巨公特推許」（註七），又時與當時俊彥酬唱，頗不寂寞；但較桐城任內，並非十分愉快。故於河南交御前一日，曾述詩敍懷，謂「我昔吏桐鄉，伊人頗欣戴。今來佐洛南，事事爲時背。自媿居下流，無能謝前輩」（註八）。

明道元年秋，堯臣再徙河陽主簿。以地近河南，常因吏事至洛京與舊友閑遊。明年，除德興縣令，遠離京洛。計六載凡四度遷官，仕遇不順，於此可見。

景祐二年，堯臣由德興縣令轉知建德，地處窮僻，官舍簡陋，吏胥桀傲不馴。堯臣有詩誌其心境曰：「而今守窮僻，落莫思舊恩。終日自鮮適，終年長不言。已覺人事寡，惟聞鷄犬喧。」（註九）

寶元元年秋，堯臣解建德任，赴京秋試。歐陽修聞之喜甚，以爲「聖俞久滯州縣，今而泰矣」（註十），詎料堯臣落第。由於科場失意，竟爲日後仕運偃蹇之主因；諸友數以詩名上薦，皆不報。

寶元二年，趙元昊反，時寇宋境。堯臣雖爲儒士，亦知兵法，乃自注孫子十三篇上呈，欲以助守邊克敵之策。其於此書，期許甚高，以爲發前人所未論，其長「可壓千載魄」。堯臣注尙存於今本孫子十家注中，細讀其言，可知其確能揮毫析理，發以己意，足傳後世。同年九月，堯臣赴任襄城。未幾，妻兄謝絳卒於南陽。絳生前爲堯臣至交，且多爲提携；其卒，家貧族大，卜葬不易，故堯臣欲減俸以助之，爲歐陽修勸罷。蓋堯臣己身亦甚窮乏，即使助之，亦杯水車薪，於彼無益，於己將益爲困窘（註十一）。

堯臣在襄城任內，勤政愛民。康定元年秋，河南大水，襄城受災。堯臣率士民往救；冬赴葉縣檢覆案田，途中見黎庶苦於徭役，重以飢寒，道死者衆，而己力薄弱，無以濟之，乃作詩誌哀，直謂「上下愁怨……豈助聖上撫育之意邪？」（註十二）。

堯臣自葉縣歸來，得歐陽修書簡，知明年轉湖州監稅。適絳子景初奔喪過襄城，堯臣乃解官與之赴鄧葬希深。

慶曆二年，堯臣任湖州吳興監稅，俸祿較豐，生活亦稍安定，且地近宣城故里，時得高堂消息，此際與詩友酬唱頗多。在湖州三年，實爲堯臣仕宦最爲愜意之時期，一以天倫常樂，又以衣食無缺，「可以持蟹螯，逍遙此居室」（註十三）；其後堯臣解官赴京，而妻謝氏卒於中道，予堯臣打擊甚大，數年始平。蓋謝氏甚爲賢慧，雖出於盛族而無驕矜之氣；相夫教子，治家御僕，皆甚得體，堯臣日常瑣事，一以賴之。一旦永別，頓失依據，遂哀慟逾恒而朝暮思之。

慶曆六年，堯臣應辟許昌。喪妻之初，索然無趣，偏值元日萬家團聚，更增內心愁悶，遂往鄰縣汝州，訪其舊友。雖時欲抒懷，而於途、於夢、於宴飲之際，無不思念亡妻。堯臣性好飲，自謂「少年好飲酒，飲酒人少過」。有時囊無一錢，亦「莫管寒近脫弊袍，脫袍準酒不惜醉」（註十四）。凡此時節，鬱情無可宣洩，飲酒尤烈。哀已傷生，酒更傷體，始則「每飲則嘔泄」，繼則「嘔血踰數升，幾乎成肺病」，苦傷營衞，「不死常抱疴」（註十五）。而高堂旣老，稚子尙幼，遂因僚友樊推官之苦勸，絕然止酒，且以詩誓之云「多病願止酒，不止病不已」，「乃知止爲是，不止將如何」（註十六）。惟止酒本非堯臣所願，恐「止之懼無歡」，又「止酒儻不瘳，枉止徒可恥」（註十七），夢亡妻來勸復飮，「誚須多置酒」，「俟當返吾廬，且爲貯罌缶」（註十七），而堯臣又再少飮，但以不使疾熾爲限耳。

刁經臣爲堯臣新交，敬愛其才，且憐其失偶，內闥無人護理，遂以叔父女弟歸之。時刁氏年纔逾笄。刁氏亦秀外慧中之賢內助，常親鼎爨，以助堯臣宴饗賓客。堯臣赴宴晚歸，刁氏輒迎候屏間，惟恐不及。

堯臣旣新婚，且喜新婦柔淑，遂重得生趣。歸舟返許昌，途次潁州，嘗以詩爲贄，謁潁守晏殊，二人初交，相見甚歡。時殊始辭執政來潁，待堯臣甚爲知己，後且辟堯臣任職陳州。

堯臣返許昌後，於郡內名勝西湖近處，營建西軒，時韓氏昆仲八人因省親而齊集許昌，盛會難得，堯臣遂作西軒東主，相邀飮宴，甚爲歡暢。刁氏亦能妥貼照顧，使彼賓至如歸。堯臣官運不達，幸得天倫、友朋之樂，心境益覺泰然。

慶曆八年，堯臣解許州任，待闕京中，正月晦，得國子博士，賜緋服、銀魚，二十載宿願，一旦得償，乃於初夏率妻孥，榮歸故里。在宣城，每至舊日遊處，輒與里人歡見。且自謂「予今遊宦意，曾不學匏瓜」，「今吾太守樂，慰此郡人望」（註十七），自足之意，均形於色。秋，應晏殊之辟，簽署陳州判官。明年正月晦，以父喪，歸宣城，乃守廬三年不出。宣城有山曰昭亭，山上有寺曰廣教，堯臣素喜釋子，乃時與友朋諸弟往訪寺僧。釋文鑒、可眞二人，於此時始與堯臣交密。迨堯臣服除赴京，文鑒且出寺送之。

皇祐三年九月，賜堯臣同進士出身，改太常博士，堯臣喜而賦曰「身已陪多士，心寧媿下都。薄才何所補，歌詠播殊疆」（註十八）。至此，經濟稍加寬裕，乃時爲東主，以宴友朋。明年，堯臣監永濟倉。歐陽修時知應天府，偶通魚雁，乃約其買潁州田，以爲終老之計。未幾，修丁母憂，歸潁州，乃作罷。

皇祐五年，堯臣生母張氏卒於京師。堯臣賴諸友襄助，乃得扶櫬歸宣城。復於故里守廬，三年始出。嘉祐元年，堯臣雖除母服在京待闕，已自覺老大難爲，常思五柳故事，欲尋幽而隱。以家貧不得不仕，仍彊留京師。八月，以歐陽修等十餘人之薦，得補國子監直講。明年春，修知貢擧，乃薦堯臣爲禮部試官。惟堯臣雖以摯友提携，亦未因此得步青梯。頗不得志，遂愈念昔遊，而傷洛陽舊友凋零殆盡。每思至此，罔不三歎。

嘉祐四年，堯臣私撰唐載記二十六卷，書成進呈，歐陽修因薦之修唐書。初，堯臣猶冀得一館職以償宿願，既修唐書，乃自歎有如「猢猻入布袋矣」（註十九）。書成，未奏，而堯臣以疾卒。遂乃抱憾終生焉。

堯臣在世時，永叔或嘗至其家，飲酒甚醇，非常人家物，問其所得，云皇親友好宛轉至之。又有皇親以數千錢購梅詩一首者。鼎臣之婿王疇（景彝）初官樞密副使，一日，夫人入慈壽宮謝恩，太后問：誰家子？對曰：鼎臣女也。太后笑曰：梅聖俞家乎？由是知聖俞名聞宮禁也。蘇子瞻嘗得西南夷人所置蠻布弓衣，其文織成聖俞春雪詩。詩在宛陵集中，未爲絕唱，蓋其名重天下，一篇一詠，傳落夷狄，而異城之人貴重之如此。永叔得此弓衣，且收藏爲傳家寶玩焉。（註二十）使堯臣得中進士，得推挽，受人贊賞，爲高官於一時，恐將不能日課一詩，刻意奮發，享詩名於永世如此也。

堯臣重要著作，有孫子注十三篇，梅氏詩評一卷（現存學海類編中），另有毛詩小傳二十卷、唐載記二十六卷，均已亡佚。

〔註釋〕

註一：安徽通志卷二十六寧國府山川：「雙溪，宣城縣東十里，自句溪經土山北，分流五里，爲雙溪。又西北流十七里入南湖口；又十里，出油榨溝，仍合宛溪。」

宛陵集卷三十七、晚坐北軒望昭亭山：「少客兩京間，熟遊嵩與華；歸來宛溪上，厭往昭亭下。」

宛陵集卷三十七、與二弟過溪至廣教蘭若：「溪水今尚淺，涉馬不及韉。」

註二：見年譜「一歲」。

註三：見年譜「譜前（貳）親族、先世」。

註四：見年譜「譜前（貳）親族、兄弟」。

註五：見年譜「十三歲」、「二十六歲」。

註六：見年譜「三十歲」。

註七：宛陵集卷四十八、依韻答吳安邑太祝。
註八：宛陵集卷一、河南受代前一日希深示詩。
註九：宛陵集卷四、新安錢學士以近詩見貺。
註十：歐陽修全集卷六、景祐五年與梅聖俞書。
註十一：見年譜「三十八歲」。
註十二：宛陵集卷七、田家語序。
註十三：宛陵集 卷九、凝碧堂。
註十四：宛陵集卷二十六、樊推官勸予止酒；卷三十五、送通判黃國博入浙。
註十五：宛陵集卷二十六、樊推官勸予止酒；卷二十七、汝州王待制勸予復飲。
註十六：宛陵集卷十二、擬陶潛止酒詩、卷二十六、樊推官勸予止酒。
註十六：宛陵集卷十二、擬陶潛止酒詩。
註十七：宛陵集卷二十七、三月十四日汝州夢。
註十七：宛陵集卷三十三、昭亭潭上別、宣州環波亭。
註十八：宛陵集卷十三、集英殿秋宴。
註十九：歐陽修全集卷五歸田錄。
註二十：見歐陽修全集卷五歸田錄。

貳、親　族

一、先世家人及內親

（一）遠祖梅超

梅氏出梅伯，彌周涉秦，不見史乘。有鋗有福，著漢名籍。或因東漢末年，天下紛擾，乃舉家遷江南。逮及遠祖，其諱曰超。（註一）

（二）曾祖梅遠（約五代時在世）

曾祖諱遠。（註二）

（三）祖父梅邈（約當五代後晉至宋初在世）

邈嘗爲南昌尉，以次子詢有功，贈刑部侍郎。（註三）

（四）父梅讓（後周世宗顯德六年至宋仁宗皇祐元年；西元九五九至一〇四九年）九十一歲

讓字克讓，以弟詢貴於朝，贈大理評事，致仕於家。後以子堯臣郊祀恩，進爲太子中舍，贈職方郎中。無疾卒於家。

讓有文學而不肯仕，恭事長老，信待友朋，行志而無媿於心。子六人，長子早卒，次子堯臣有名當世。除堯臣外，正臣、禹臣皆仕宦。讓旣老，三子願留養，侍父旁，讓不許，勉以盡己爲孝可也。

（註四）

宛陵集中言及其父行事者，敍列其詩目如下：

慶曆二年（西元一〇四二年），讓年八十四：

卷九、依韻和胡武平懷京下游好：「晞戀此江湖，親年當喜懼。旣獲庭闈近，又多山水趣。」

按：此時，堯臣在赴湖州監稅途中。

慶曆四年（西元一〇四四年），讓八十六歲：

卷十一、晚歸聞李殿丞訪別言已屢來不遇：「豈不懷念慕，吾親書新齋；曰吾五男子，愛惜無不齊。所要立門戶，安用同雞犬。」

按：此時堯臣罷湖州任，返里小住月餘，在京待闕。

慶曆八年（西元一〇四八年），讓年九十歲：

卷三十三、謁昭亭廟：「今齒踰不惑，雙親世似寡。過此無所禱，曷慕逢時者。」

按：此時堯臣應晏殊之辟，將赴陳州。

皇祐元年（西元一〇四九年），讓年九十一，卒：

卷十二、寒食日過荊山：「嗚咽同歸櫓，悲哀欲問天。泣親非泣玉，流淚劇流泉。」

卷十二、過口得雙鱖魚懷永叔：「公乎廣陵來，值我號蒼穹。（「穹」下似脫五字一句）失怙哀無窮。烹煎不暇餉，泣血語孤衷。」

按：讓卒於正月朔，堯臣聞訊，即辭官，自陳州奔宣城途中，作此二首。

（五）嫡母束氏

束氏，仙遊縣人。讓之前妻。（註五）

（六）生母張氏（卒於宋仁宗皇祐五年；西元一〇五三年）

張氏，清河縣人，堯臣生母。堯臣侍之甚孝，每往來淮汴，偕居官任。讓卒，堯臣歸宣城，種胡麻以養老母血氣。皇祐五年秋，張氏病，堯臣貧甚，無力致醫劑藥。張氏寬之，令毋貸債，且囑斂事宜簡，勿費貲。堯臣泣不忍聽。張氏母卒，堯臣賴諸友之助，始得扶櫬歸宣城。（註六）

宛陵集中收有關生母張氏之詩，敘列其詩題如下：

慶曆二年（西元一〇四二年）：

卷九、依韻和胡武平懷京下游好

慶曆四年（西元一〇四四年）：

卷十一、晚歸聞李殿丞訪別言已屢來不遇

卷二十四、史尉還烏程

慶曆八年（西元一〇四八年）：

卷三十三、謁昭亭廟

皇祐元年（西元一〇四九年）：

卷三十六、種胡蔴

皇祐五年（西元一〇五三年）：

卷四十、寧陵阻風雨寄都下親舊

卷四十、新霜感

卷四十、過淮

（七）叔父梅詢（宋太祖乾德二年至仁宗康定二年；西元九六四至一〇四一年）七十八歲

詢字昌言，世家宣城，年二十六，進士及第。試校書郎，出爲利豐監判官，再歲而擢，將遷監丞，出知杭州仁和縣，又遷著作佐郎，舉御史臺推勘官。咸平三年，與考進士於崇政殿；眞宗過殿廬中，一見以爲「奇材」。召試中書，館之集賢院，賜緋衣銀魚。

是時，契丹數寇河北，李繼遷兵犯西鄙，丁壯多死，靈州告危，詢請擇人使潘羅支，授以朔方地，使自攻取，乃兵法所謂「以夷攻夷」者。眞宗然其言，因遣其爲聯繫羅支之特使，惜未至而靈州陷于賊。召還，遷太常丞三司戶部判官，於是得以議論時事。天子益器其材，數欲以爲知制誥，然因宰相李沆以爲浮薄，未用。

後坐斷田訟失實，黜爲杭州通判，徙知蘇州，再徙兩浙轉運副使。以漕輸浙河，就付將領，三年有功，得還判三司開拆司。遷太常博士，用封禪恩，徙祠部員外郎。又坐事，出知濠州，以刑部員外郎為荊湖北路轉運使。坐擅給驛馬與人奔喪而馬死，奪一官，為襄州通判，徙知鄂州，又徙蘇州。

天禧元年，復為刑部員外郎領陝西轉運使。此時，靈州棄陷已久，乃請秦州曹瑋，共謀匡復，會瑋入召為宣徽使而作罷。遷工部郎中，坐未能反，貶懷州團練副使，再改池州。

天聖元年，拜度支員外郎，知廣德軍，徙知楚州。遷兵部員外郎，知壽州，又知陝府。六年，復直集賢院，又遷工部郎中，改直昭文館。徙知荊南府。召為龍圖閣待制，糾察在京刑獄，判流內詮，改龍圖閣直學士。知并州未行，遷兵部郎中樞密直學士以往。就遷右諫議大夫，入知銀臺司，復判流內詮，改翰林侍讀學士羣牧使；遷給事中，知審官院。以疾出知許州，康定二年，卒於官。（註七）有五子，長曰鼎臣，進士及第，官至殿中丞；次曰寶臣，賜科名，皆先父卒；次曰得臣，太子中舍；次曰輔臣，官監丞；次曰清臣，衛尉寺丞，遷郎中令。

詢好學有文，尤善為詩；為人嚴毅修潔，而材辯敏明。堯臣十三歲，即依之生活歷練。（註八）堯臣二十六歲，由其作主，娶謝濤之女於京師。（註九）二十七歲，並用其蔭，補太廟齋郎，未幾得桐城主簿，此為堯臣一生官宦之始。（註十）

堯臣敬愛叔父之情，於宛陵集詩中可見。今敘列其有關詩題如下：

明道元年（西元一〇三二年）詩：

卷二：季父知并州

明道二年（西元一〇三三年）詩：

卷三：外兄施伯侃下第赴幷門叔父招

卷三：弟得臣歸覲幷州

寶元二年（西元一〇三九年）詩：

卷六：傷馬（此馬季父爲樞直日，恩賜以遺余。）

慶曆元年（西元一〇四一年）詩：

卷八：許昌晚晴陪從過西湖因詠謝希深蘋風詩愴然有懷

慶曆八年（西元一〇四八年）詩：

卷三十三：謁昭亭廟

卷三十四：濠梁感懷

皇祐四年（西元一〇五二年）詩：

卷十四：送劉郎中知廣德軍

嘉祐五年（西元一〇六〇年）詩：

卷二十三：寄懷劉使君（敞）

（八）叔母劉氏

劉氏，彭城縣人，先詢而卒。（註十一）

（九）妻謝氏（宋眞宗大中祥符元年至仁宗慶曆四年；西元一〇〇八至一〇四四年）　三十七歲

謝氏，杭州富陽人。太子賓客謝濤之女；尚書兵部員外郎謝絳之妹。年二十，歸堯臣，凡十七年而卒。生二男一女，長男月餘後夭折。

謝氏出於盛族，歸堯臣後處貧，怡怡然也。治家有常法，衣無故新，必澣濯綴完。所至官舍雖庳陋，而庭宇灑掃，必肅以嚴。堯臣所交遊，皆一時賢雋，謝氏輒能助其待客。嘗壁聽堯臣與諸友語，有間，則盡能商榷其人高下賢否。所言時事得失，皆有條理，故堯臣歎曰：「誰驚二客論，不媿巨源妻。」蓋以與山濤之婦相匹也（註十二）。

慶曆四年，堯臣解湖州官任，赴京待闕，途次高郵三溝，謝氏以疾卒於舟中。堯臣頓失所愛，哀慟逾恆。子女稚幼，無母呵護，因哀憐而益思亡妻。眞情流露，皆於詩中可見。（註十三）

宛陵集中有關謝氏詩題序列如左：

景祐二年（西元一〇三五年）詩：

卷四：往東流江口寄內

卷四：代內答

卷四：除夕與家人飲

慶曆元年（西元一〇四一年）詩：

卷八：歲日旅泊家人相與爲壽

卷八：舟中值雨裴刁二君相與見過

慶曆四年（西元一〇四四年）詩：

卷十：悼亡三首

卷十：淚

卷十：秋日舟中有感

卷十：書哀

卷十一：書謝師厚至

卷十一：謝師厚歸南陽效阮步兵

卷十五：正月十五夜出迴

慶曆五年（西元一〇四五年）詩：

卷二十四：史尉還烏程宏

卷二十四：師厚與胥氏婦來奠其姑

卷二十四：懷悲

卷二十五：七夕有感

卷二十六：初冬夜坐憶桐城山行

卷二十六：余之親家有女子能點酥爲詩……余喪偶兒女服未除不作歲……故走筆酬之

慶曆六年（西元一〇四六年）詩：

卷二十六：元日

卷二十六：不知夢

卷二十六：夢覺

卷二十七：椹澗晝夢

卷二十七：靈樹鋪夕夢

卷二十七：三月十四日汝州夢

卷二十七：憶吳松江晚泊

卷二十七：憶將渡揚子江

卷二十七：丙戌五月二十二日晝寢夢亡妻謝氏同在江上早行忽逢岸次大山遂往遊陟予賦百餘言述所覩物狀及寤尚記句有共登雲母山不得同宮處仿像夢中意續以成篇

卷二十七：夢覩

卷二十七：悲書

卷二十八：麥門冬內子吳中手植甚繁鬱罷官移之而歸不幸內子道且亡而茲草亦屢枯今所存三之一耳遂感而賦云

卷二十八：刁經臣將歸南徐許予尋隱居之所及亡室墳地因走筆奉呈

卷二十八：尉氏縣阮籍嘯臺

卷二十八：新婚

慶曆八年（西元一〇四八年）詩：

卷三十一：戊子正月二十六日夜夢

卷三十三：寄麥門冬於符公院

卷三十三：五月二十四日過高郵三溝

卷三十三：八月二十二日迴過三溝

（十）妻刁氏（約仁宗天聖明道間生）

刁氏，金陵人。父渭，都官員外郎。慶曆六年歸堯臣，年始逾笄。

堯臣好交遊，宴賓客，至門無虛日。刁氏親鼎爨，調滋味，以稱其心。堯臣過諸公飲，已夜乃歸，刁氏迎候屏間，恐不及。

堯臣晚年與修唐書，戲謂妻曰：「吾之脩書，可謂猢猻入布袋矣。」刁氏對曰：「君于仕宦，亦何異鮎魚上竹竿耶？」聞者皆以爲善對。（註十四）

堯臣既娶刁氏，亦甚敬而憐之，於詩中可見。

宛陵集中有關詩刁氏題敘列如下：

慶曆六年（西元一〇四六年）詩：

卷二十八：新婚

卷二十八：塗中寄上尚書晏相公二十韻

卷二十八：舟中夜與家人飲

卷二十九：和道損欲雪與家人小兒輩飲

卷二十九：奉和子華持國來飲西軒

慶曆七年（西元一〇四七年）詩：

卷三十：持國遺食

慶曆八年（西元一〇四八年）詩：

卷三十四：梅雨

皇祐三年（西元一〇五一年）詩：

卷三十八：設膾示座客

至和二年（西元一〇五五年）詩：

卷四十四：五月十日雨中飲

卷四十五：五月十七日四鼓夢與孺人在宮庭謝恩至尊令小黃門宣諭曰今日社與卿喜此佳辰便可作詩進來枕上口占

嘉祐元年（西元一〇五六年）詩：

卷四十九：永叔贈絹二十匹

嘉祐四年（西元一〇五九年）詩：

卷二十一：次韻答王景彝聞余月下與內飲

（十一）二弟正臣（宋眞宗景德元年至宋神宗元豐五年；西元一〇〇四至一〇八二年）　七十九歲

正臣字君平。奏試將作簿，調懷寧、績溪兩縣尉。慶曆三年，遷和州防禦判官。歷知廣德、南陵縣；官至殿中丞。正臣學問淵博，時與堯臣唱和。

堯臣與其酬送之詩有七首，載宛陵集中，茲列次其詩題如後：

慶曆二年（西元一〇四二年）詩：

卷八：送舍弟正臣赴都

慶曆三年（西元一〇四三年）詩：

卷九：送弟赴和州幕

皇祐元年（西元一〇四九年）詩：

卷三十六：與潯陽舍弟別

皇祐二年（西元一〇五〇年）詩：

卷三十七：與二弟過溪至廣敎蘭若

卷三十七：與諸弟及李少府訪廣敎文鑒師

皇祐三年（西元一〇五一年）詩：

卷十三：四月二十八日記與王正仲及舍弟飲

至和元年（西元一〇五四年）詩：

卷四十一：昭亭潭上別弟

（十二）三弟彥臣，大排行三十；五弟純臣

三弟彥臣與五弟純臣皆未仕，嘗隨堯臣左右，共相挈攜。（註十五）

慶曆四年（西元一〇四四年）詩：

卷十一：晚歸聞李殿丞訪別言已屢來不遇

慶曆五年（西元一〇四五年）詩：

卷二十五：乙酉六月二十一日予應辟許昌京師內外之親……予之二季……各攜肴酒送我于王氏之園盡歡而去明日予作詩以寄焉

皇祐五年（西元一〇五三年）詩：

卷十八：別三十弟彥臣　二十八日

（十三）四弟禹臣，大排行三十二

禹臣嘗宰江南數年，後官著作，宰南陵；又遷寺丞。

慶曆四年（西元一〇四四年）詩：

卷十一：送弟禹臣赴官江南

皇祐二年（西元一〇五〇年）詩：

卷三十七：與諸弟及李少府訪廣教文鑒師

皇祐四年（西元一〇五二年）詩：

卷三十八：弟著作宰南陵

皇祐五年（西元一〇五三年）詩：

卷十八：送弟禹臣

嘉祐四年（西元一〇五九年）詩：

卷二十一：三十二弟寺丞歸宣城因寄太守孫學士

（十四）堂弟鼎臣、寶臣、得臣、輔臣、清臣

鼎臣五兄弟皆梅詢之子，生平多不可考。鼎臣有女，後歸王疇。疇字景彝，任樞密副使。得臣，亦作德臣。宛陵集有與得臣相關詩二題，知其先官山陰令，後遷殿丞僉判越州。清臣，嘗官尚書司門郎中。（註十六）

明道二年（西元一〇三三年）詩：

卷三：弟得臣歸覲并州

慶曆五年（西元一〇四五年）詩：

卷二十四：弟得臣殿丞僉判越州（前為山陰令）

（十五）從弟良臣，信臣

明道二年（西元一〇三三年）詩：

卷三：送弟良臣歸宣城

卷三：蕪湖口留別弟信臣

寶元元年（西元一〇三八年）詩：

卷十一：聯句（謝少卿、謝絳、韓維、杜衍、梅良臣、梅堯臣）

（十六）表兄施伯侃

明道二年（西元一〇三三年）詩：

卷三：外兄施伯侃下第赴并門叔父招

寶元元年（西元一〇三八年）詩：

卷五：聞表兄施先輩上第

（十七）從兄公度、從弟公異

明道二年（西元一〇三三年）詩：

卷三：月夜與兄公度納涼閑行至御橋

景祐四年（西元一〇三七年）詩：

卷四：寄公異弟

寶元元年（西元一〇三八年）詩：

卷五：夢與公度同賦藕華追錄之

慶曆四年（西元一〇四四年）詩：

卷九：公度以余嘗語洛中花品而此邦之人多不敢言花於余今又風雨經時花期遂過作詩以見貽故次其韻

（十八）甥蔡駰、畢甥

慶曆五年（西元一〇五七年）詩：

卷二十五：乙酉六月二十一日予應辟許昌京師內外之親則有刁氏昆弟蔡氏子……送我于王氏之園

嘉祐二年（西元一〇五七年）詩：

卷五十二：送畢甥之臨邛主簿

卷五十二：送甥蔡駰下第還廣平

嘉祐四年（西元一〇五九年）詩：

卷十九：姪宰與外生蔡駰下第東歸

（十九）甥張宗亮

慶曆八年（西元一〇四八年）詩：

卷三十四：行次潁州聞張甥宗亮不捷鄉薦以詩唁而迎之

嘉祐元年（西元一〇五六年）詩：

卷四十五：答張令卷

卷四十五：張聖民席上聽張令彈琴

嘉祐五年（西元一九六〇年）詩：

卷二十三：寄題張令陽翟希隱堂

（二十）子五人：增、十十、墀、垌、龜兒（註十七）

謝氏生二子，增及十十。增小名秀叔，約生於康定年間。不好讀書（註十八），堯臣卒，扶其櫬歸宣城。後以唐書成，補錄爲官（註十九）。十十夭於謝氏卒後一月，塗次淮上符離時，堯臣爲作哀詞一首。

刁氏生三子，墀、垌、龜兒。龜兒生於嘉祐三年，時堯臣年已五十七，晚年得子，甚爲欣喜，乃徧告親友。

宛陵集中，堯臣言及諸子之詩，序列詩題如下：

慶曆元年（西元一〇四一年）詩：

卷七：至香山寺報秀叔

慶曆五年（西元一〇四五年）詩：

卷二十四：悼子（小名十十）

卷二十四：師厚與胥氏婦來省其姑

慶曆六年（西元一〇四六年）詩：

卷二十七：汝州王待制以長篇勸予復飲酒因謝之

卷二十七：秀叔頭蝨

卷二十七：稱子獲雀雛

皇祐四年（西元一〇五二年）詩：

卷二十九：和道損欲雪與家人小兒輩飲

嘉祐二年（西元一〇五七年）詩：

卷十四：依韻和永叔見寄

卷五十四：永叔內翰見訪 七月二十六日

嘉祐三年（西元一〇五八年）詩：

卷五十九：依韻和答永叔洗兒歌

嘉祐四年（西元一〇五九年）詩：

卷二十一：中伏日永叔遺冰

（二十一）**女三人**（註二十）

謝氏生一女，嘉祐元年，年十九，歸絳州薛通。

刁氏生二女，長曰稱稱，生纔五月而亡。次女約生於皇祐晚年，堯臣卒時，彼年尚幼。

宛陵集中，堯臣道及其女之詩，列序其題於下：

慶曆五年（西元一〇四五年）詩：

卷十一：正月十五夜出迴

慶曆八年（西元一〇四八年）詩：

卷三十二：小女稱稱塼銘

卷三十二：戊子三月二十一日殤小女稱稱三首

嘉祐元年（西元一〇五六年）詩：

卷四十九：永叔贈絹二十四

卷四十九：送薛氏婦歸絳州

卷五十六：送薛公期比部歸絳州展墓

（二十二）姪女婿王疇（**卒於宋英宗治平二年；——西元一〇六五年**）

疇字景彝，濟陰人。梅鼎臣之婿。舉進士，英宗時累遷翰林學士，拜樞密副使。性介特，勵風操，喜言朝廷事。卒，贈兵部尚書。

皇祐三年，堯臣在京監永濟倉時，始與景彝酬遊；旋以母喪歸宣城而止。嘉祐二年，堯臣監試進士，在京，乃再與之唱和。堯臣卒前，尚與之往來。

今查宛陵集中，載有堯臣與王景彝互相酬答唱和之詩篇，總計二十九首，各依其年代，序列其詩題於後：

皇祐五年（西元一〇五三年）詩：

卷十八：次韻和王景彝十四日冒雪晚歸

卷十八：和王景彝晚逢赴江鄰幾飲

卷十八：次韻景彝赴省宿馬上

嘉祐二年（西元一〇五七年）詩：

卷五十三：依韻和王景彝馬上忽見槐花

卷五十三：和王景彝省中詠孤竹

卷五十四：依韻和王景彝憶秋

卷五十四：送王景彝學士使虜

嘉祐三年（西元一〇五八年）詩：

卷五十八：和吳沖卿江鄰幾二學士王景彝舍人秋興

卷五十九：依韻和王景彝學士紫宸仲冬旱謁

卷五十九：依韻答景彝謝予訪其居（其日聞昌言卒）

卷五十九：和王景彝寄呂縉叔

卷五十九：依韻和王景彝對雪

卷五十九：景彝率和唐崇徽公主手痕詩

卷十九：次韻和景彝閏臘二十五日省宿

嘉祐四年（西元一〇五九年）詩：

卷十九：和王景彝省中賞小桃

卷二十：和范景仁王景彝殿中雜題三十八首並次韻殿幕閑興

卷十九：次韻王景彝正月十六夜省宿過景靈街

卷二十一：次韻景彝春宴

卷二十一：次韻景彝三月十六日范景仁家同飲還省宿

卷二十一：次韻景彝閣後紫微花盛開

卷二十一：次韻和景彝省闈宿齋二首

卷二十一：次韻答王景彝聞余月下與內飲

卷二十一：次韻和王景彝對月

卷二十一：和景彝新秋西閣獨直

卷二十二：次韻景彝奉慈廟孟秋攝事二十韻

卷二十二：次韻和景彝秋興

嘉祐五年（西元一〇六〇年）詩：

卷二十三：和王景彝正月十四日夜有感

卷二十三：次韻和景彝元夕雨晴

卷二十三：聞王景彝雪中禖祀還

卷二十三：次韻景彝祀高禖書事

【註釋】

註一：歐陽修全集卷二、居士集二、翰林侍讀學士給事中梅公（詢）墓誌銘序：「梅氏遠出梅伯，世久而譜不明。公之皇曾祖諱超。」

王安石文集卷五十、翰林侍讀學士知許州軍州事梅公（詢）神道碑：「公先梅伯，後氏其國；彌周涉秦，不見史策；有鋗有福，著漢名籍。」

宛陵集卷五十四、送公儀知杭州：「在昔漢中微，我祖入吳門。」

註二：歐陽修全集卷二、居士集二、翰林侍讀學士給事中梅公（詢）墓誌銘序：「皇祖諱遠，……不仕。」

同上、梅聖俞墓誌銘序：「（堯臣）曾祖諱遠。」

註三：歐陽修全集卷二、居士集二、翰林侍讀學士給事中梅公（詢）墓誌銘序：「父諱邈，贈刑部侍郎。」

歐陽修全集卷二、居士集二、梅聖俞墓誌銘序：「（堯臣）祖諱邈，……不仕。」

宛陵集卷四十、送鹽官劉少府古賢：「我祖南昌尉，時危棄去仙。」

註四：歐陽修全集卷二、居士集二、太子中舍梅君墓誌銘序；同卷翰林侍讀學士給事中梅公（詢）墓誌銘序；同卷梅聖俞墓誌銘序。

註五：歐陽修全集卷二、居士集二、梅聖俞墓誌銘序。

註六：見年譜「皇祐五年」。

註七：宋史卷三百一梅詢傳；歐陽修全集卷二、居士集二、翰林侍讀學士給事中梅公（詢）墓誌銘序；王安石文集卷五十、翰林侍讀學士知許州軍事梅公（詢）神道碑。

註八：見年譜「大中祥符七年」。

註九：見年譜「天聖五年」。

註十：見年譜「天聖六年」。

註十一：見王安石文集卷五十、翰林侍讀學士知許州事梅公（詢）神道碑。

註十二：宛陵集卷八、舟中值雨裴刁二君相與見過。

註十三：見年譜「慶曆四年」。

註十四：歐陽修全集卷五歸田錄。

註十五：歐陽修全集卷二、居士集二、太子中舍梅君墓誌銘序謂「（讓）有子六人，……一早卒，其三子皆仕官」，今由宛陵集詩中，知除堯臣外，尚有正臣、禹臣爲官，故未仕者當爲彥臣、純臣。又宛陵集卷十一、晚歸聞李殿丞訪別言已屢來不遇稱：「二季留左右，足以共挈攜」。知二子隨堯臣也。

註十六：見歐陽修全集卷五、歸田錄；王安石文集卷五十、梅公神道碑；宛陵集卷二十四：得臣弟殿丞僉判越州，詩題下注云：「前爲山陰令」。

註十七：歐陽修全集卷二、居士集二、梅聖俞墓誌銘序。

註十八：宛陵集卷十四依韻和永叔見寄。

註十九：見年譜「嘉祐五年」。

註二十：同註十七；又早夭一女，名稱稱；共計三女。

二、外親謝氏、刁氏、胥氏

（一）謝濤（宋太祖建隆元年至仁宗景祐元年；西元九六〇至一〇三四年）　七十五歲

濤字濟之，世居杭州富春。仁宗朝，官至太子賓客。少以文行，有名於時。十四歲，詣州學，習左氏春秋，略授其說，即爲諸生講論，如其師。在官臨事，見義喜爲，過於勇夫。待士君子，必盡其心，雖人出其下，亦未嘗懈怠。家居有法度，常時溫和謙厚。暮年居西京，不關人事，惟治醫藥。（註一）

子三人，曰：絳、約、綺，女歸堯臣。

絳與堯臣最善；絳子景初、景溫亦與堯臣往來酬遊。

（二）謝絳（宋太宗至道元年至仁宗寶元二年；西元九九五至一〇三九年）　四十五歲

絳，字希深，濤之長子，始以秘書省校書郎起家。大中祥符八年，與范仲淹、王益同登進士。守太常寺奉禮郎。七遷至尙書兵部員外郎以卒。嘗知穎州汝陰縣，校理秘書，直集賢院，通判常州、河南府，爲開封府三司度支判官。與修眞宗史，知制誥，判吏部流內銓。最後以請知鄧州，遂葬於鄧。卒於寶元二年，四十六歲。

爲人肅然自修，平居溫溫如，不妄喜怒。及其臨事敢言，辭氣甚壯。平生好施宗族，晚歲治鄧，食其廩者，至其三從孤弟妹四十餘人。卒之日，甕無餘糧。堯臣時令襄城，雖至窮乏，且欲減俸助之卜葬。歐陽修力勸，乃止。

絳以文章貴朝廷，藏於家凡八十卷。其制誥，世所謂常、楊、元、白，不足多也。且有政事材，遇事尤劇，尤若簡而有餘。所至輒大興學舍。後河南聞公喪，有出涕者，諸生祠其像於學。鄧州有僧某誘民男女數百人，以昏夜爲妖，積六七年不發；絳至立殺其首，弛其餘不問。又欲破美陽堰，廢職用，復召信臣故渠，以水與民，而罷其歲役，以卒故不就。（註二）

希深誠一煦煦長者，賓客宴談，怡怡如也，輕黠有詞藻。堯臣甚敬愛之，每與賦遊。堯臣於仁宗天聖五年（西元一〇二七年）娶其妹。今宛陵集收有堯臣與之唱和及悼詩，凡四十三首，始自天聖九年三月，堯臣任職河南主簿時；終於慶曆元年，希深卒後三年。

天聖九年（西元一〇三一年）詩：

卷一：和謝希深會聖宮

卷一：寒食前一日陪希深遠遊大字院

卷一：依韻和希深遊大字院

卷一：塗中遇雪寄希深

卷一：秋日同希深昆仲遊龍門香山晚泛伊川觴詠久之席上各賦古詩以極一時之娛

卷一：依韻和希深雨後見過小池

明道元年（西元一〇三二年）詩：

卷一：依韻和希深遊府學

卷一：依韻和希深遊樂園懷主人登封令

卷一：河南受代前一日希深示詩

卷一：依韻和希深立春後祀風伯雨師畢過午橋莊

卷二：遊園晚歸馬上希深命賦

卷二：留題希深美檜亭

卷二：和希深避暑香山寺

卷二：和希深晚泛伊川

卷二：希深所居官舍新得府相蔬圃以廣西園

卷二：河陽秋夕夢與永叔遊嵩避雨於峻極院賦詩及覺猶能憶記俄而僕夫自洛來云永叔諸君陪希深祠岳因足成短韻

卷二：希深惠書言與師魯永叔子聰幾道遊嵩因誦而韻之

明道二年（西元一〇三三年）詩：

卷三：依韻和希深新秋會東堂

卷三：中秋與謝希深別後月下寄

景祐四年（西元一〇三七年）詩：

卷五：送謝舍人奉使北朝

卷五：食橙寄謝舍人

寶元元年（西元一〇三八年）詩：

卷五：謝紫微以畫鷺二軸爲寄

卷十一：聯句附（謝少卿、謝絳、韓維、梅堯臣、梅良臣、杜衍）

卷十一：希深洛中多夕道話有懷善慧大士因探得江字韻聯句

卷十一：希深本約遊西溪信馬不覺行過據鞍聯句

卷十一：同希深馬上口占送九舅入京城聯句

卷十一：玉麈尾寄傅越石聯句（謝絳、梅堯臣）

卷十一：問答送九舅席上作（謝希深、梅堯臣）

卷十一：風琶聯句（謝希深、梅堯臣）

寶元二年（西元一〇三九年）詩：

卷六：南陽謝公祈雨

卷六：新霽望岐笠山謝紫微坐中賦

卷六：漸嘉樓望雨陪謝守

卷六：和謝舍人洊震

卷六：和謝舍人新秋

卷六：中秋新霽壕水初滿自城東隅泛舟回謝公命賦時余將赴襄城

卷六：陪謝紫微晚泛

卷六：南陽謝紫微挽詞三首

卷六：永叔自南陽至余郊迓馬首訪謝公奄然相與流涕作是詩以寫懷

康定元年（西元一〇四〇年）詩：

卷七：九月一日去歲南陽與謝公別，今謝已歿。

卷七：已卯歲紫微謝公赴南陽過葉縣陪遊興慶精舍題名壁間而去庚辰歲余求案田因訪舊跡盡然於懷故作此謠以志其悲

卷七：古冢南陽道中作此。以下汝州罷官，再至鄧州，葬希深。

慶曆元年（西元一〇四一年）詩：

卷八：許昌晚晴陪從過西湖因詠謝希深蘋風詩愴然有懷

卷八：淮南遇梵才吉上人因悼謝南陽疇昔之遊

（三）謝約（約宋眞宗初年至仁宗皇祐年間在世）

約字少卿，濤次子。妹旣歸堯臣，始與相往來。慶曆五年新賜及第，宰扶溝；皇祐五年知餘姚；

堯臣皆有詩送之，見宛陵集中。

天聖九年（西元一〇三一年）詩：

卷一：秋日同希深昆仲遊龍門香山晚泛伊川觴詠久之席上各賦古詩以極一時之娱

按：希深有二弟，幼弟曰綺，是年僅十餘歲，故同遊者當爲大弟謝約。

慶曆五年（西元一〇四五年）詩：

卷十一：聯句（謝少卿、謝絳、韓維、杜衍、梅堯臣、梅良臣）

卷二十五：送謝寺丞新賜及第赴扶溝宰

皇祐五年（西元一〇五三年）詩：

卷十八：送謝寺丞知餘姚（其姪師厚嘗宰此邑）

（四）謝綺（約宋眞宗天禧年間至仁宗朝在世）

綺乃濤之幼子，生晚。堯臣娶其姊時，綺僅童稚。二十年後爲滁州判官，適歐陽修謫守夷陵，堯臣乃修書誡之善事太守。綺與兄約皆早卒。堯臣與之詩二首，載宛陵集中。

慶曆五年（西元一〇四五年）詩：

卷二十六：方在許昌幕內弟滁州謝判官有書邀余詩送近聞歐陽永叔移守此郡爲我寄聲也

慶曆八年（西元一〇四八年）詩：

卷三十一：酌別謝通微判官兼懷歐陽永叔

(五)謝景初(宋眞宗天禧三年至神宗元豐七年；西元一〇一九至一〇八四年)　六十六歲

景初字師厚，絳長子。慶曆六年進士，出知餘姚。歷京西、淮南轉運使。以屯田郎致仕。黃山谷其壻也。(註三)

景初性敦厚，堯臣頗愛賞之，視如知己。寶元二年秋，景初弱冠，堯臣以詩賀之；酬遊之作，自此始見。慶曆六年春，進士及第；宰餘姚。嘉祐三年，通判汾州，堯臣以詩送之。後二年，堯臣卒，遂爲永訣。

宛陵集載有堯臣與其酬和之詩二十四首，列序如下：

寶元二年(西元一〇三九年)詩：

卷六：師厚生日因以詩贈

康定元年(西元一〇四〇年)詩：

卷七：思遠寄師厚

卷七：送師厚歸南陽會天大風遂宿高陽山寺明日同至姜店

慶曆四年(西元一〇四四年)詩：

卷十一：書謝師厚至

卷十一：同謝師厚宿胥氏書齋聞鼠甚患之

卷十一：聞子美次道師厚登天清寺塔

卷十一：謝師厚歸南陽效阮步兵

卷十一：師厚明日歸南陽夜坐有懷

慶曆五年（西元一〇四五年）詩：

卷十一：依韻和師厚別後寄

按：此年堯臣喪妻後侷困於京師，至親又別，遂至「和者彌寡」「閉門不出」。

卷十一：戲寄師厚生女

卷十一：冬夕會飲聯句（謝景初、梅堯臣）

卷二十四：師厚云蝨古未有詩邀予賦之

卷二十四：師厚與胥氏婦來覲其姑

按：此乃夏四月事。

卷二十四：雨中宿謝胥裴三君書堂

卷二十六：近有謝師厚寄襄陽柑子乃吳人所謂綠橘耳今王德言遺姑蘇者十枚此眞物也因以詩答之

慶曆六年（西元一〇四六年）詩：

卷二十七：喜謝師厚及第（時第一甲二十八人，君名在二十三。）

卷二十八：送謝師厚歸南陽

卷二十八：寄送謝師厚餘姚宰

附：卷二十九：送師直之會稽宰其兄在餘姚

慶曆八年（西元一〇四八年）詩：

卷三十四：潁上得鯉魚爲膾懷餘姚謝師厚

皇祐元年（西元一〇四九年）詩：

卷三十六：冬至日得師厚宋次道中道書

嘉祐元年（西元一〇五六年）詩：

卷四十八：李審言相招與刁景純周仲章裴如晦馮當世沈文通謝師厚師直會開寶塔院

嘉祐三年（西元一〇五八年）詩：

卷五十六：送謝師厚太博通判汾州

（六）謝景溫（約宋眞宗至哲宗朝在世）　七十七歲

景溫字師直，皇祐元年進士。小名錦衣奴，堯臣嘗以此三字嵌爲詩句戲之。師直十歲讀之，方悟（註四）。

慶曆元年仲春，堯臣旣葬希深，將赴京師，師直與作別遊，始有酬唱之詩。後六年，師直宰會稽，地近兄邑餘姚，堯臣並作詩送行。嘉祐三年師直通判莫州，堯臣亦以詩送之；復二年，堯臣遂卒。

宛陵集載有堯臣與之酬遊詩十二首，列序於下：

慶曆元年（西元一〇四一年）詩：

卷七：仲春同師直至壠山雪中宿穰亭

卷七：依韻和師直仲春雪中馬上

卷七：依韻和師直晚步徧覽五壠川

卷七：和師直早春雪後五壟道中作

卷八：寄謝師直

慶曆四年（西元一〇四四年）詩：

卷十：逢謝師直

卷十：回自靑龍呈謝師直

慶曆七年（西元一〇四七年）詩：

卷二十九：送謝師直南陽上墳

卷二十九：奉和持國曼叔方叔送師直歸馬上同賦之什

嘉祐元年（西元一〇五六年）詩：

卷二十九：送師直之會稽宰 其兄在餘姚

嘉祐三年（西元一〇五八年）詩：

卷四十八：李審言相招與刁景純周仲章裴如晦馮當世沈文通謝師厚師直會開寶塔院

卷五十七：送謝師直秘丞通判莫州兼寄張和叔

（七）刁渭（約宋太宗初年至仁宗初年在世）

渭乃堯臣繼室之父，官至太常博士。父衎，仕南唐，從李煜歸宋，純澹夷雅，士大夫多推重之（註五）。兄刁湛，進士授大理評事，歷知宣城、大冶等縣。二姪繹、約皆與堯臣交善。

（八）刁繹（約宋眞宗朝至神宗朝在世）

繹字經臣，舉天聖八年進士，復歸潤州故里，結廬種藝。慶曆二年始應辟西幕（註六），舟次淮南，值堯臣赴官湖州，乃相與過從。慶曆六年，堯臣旣娶經臣堂妹爲繼室，復託其尋亡妻墳地於南徐。經臣果不辱命。迨堯臣卒前數月，經臣辭官返鄉，營建田園自怡。堯臣欣羡而有詩贊之。事見宛陵集中。

慶曆二年（西元一〇四二年）詩：

卷八：發陶莊却寄刁經臣裴如晦

卷八：舟中値雨裴刁二君相與見過

卷八：題刁經臣山居時已應辟西幕

卷八：依韻和刁經臣讀李衞公平泉山居詩碑有感

卷八：春日舟中對雪寄刁經臣

按：堯臣去秋發舟京師，是年春始抵淮南，因邂逅經臣。

慶曆五年（西元一〇四五年）詩：

卷二十五：乙酉六月二十一日予應辟許昌京師內外之親則有刁氏昆弟……攜肴酒送我于王氏之園盡歡而去明日予作詩以寄焉

按：堯臣娶刁氏在明年夏，此處曰「內外之親」，實爲遠親。蓋堯臣內姪謝景初娶胥氏爲妻，胥氏母又爲刁約胞妹，故輾轉相攀，爲外親。見「親族圖表」所示。

慶曆六年（西元一〇四六年）詩：

卷二十八：刁經臣將歸南徐許予尋隱居之所及亡室墳地因走筆奉呈

嘉祐五年（西元一〇六〇年）詩：

卷二十三：送刁經臣歸潤州兼寄曇師

卷二十三：寄題刁經臣潤州園亭

（九）刁約（宋眞宗朝至神宗元豐五年；——西元一〇八二年）

約字景純，與兄繹並舉天聖八年進士（註七）。慶曆五年，堯臣將辟許昌，景純與兄并送之於京城，始有唱和之詩作。後三年，景純官任姑熟，堯臣以詩送之（註八）。

皇祐四年，堯臣監永濟倉，景純已罷姑熟居京師，遂又相酬酢。迨堯臣卒前一年，景純赴官越州，堯臣尚再三作詩相送。事載宛陵集中。

慶曆五年（西元一〇四五年）詩：

卷二十五：乙酉六月二十一日予應辟許昌京師內外之親則有刁氏兄弟……攜肴酒送我于王氏之園盡歡而去明日予作詩以寄焉

慶曆七年（西元一〇四七年）詩：

卷十一：刁景純將之海陵與二三子送於都門外遂宿舟中明日留饌膾

慶曆八年（西元一〇四八年）詩：

卷三十二：下土橋送刁景純忽大風韓子華先歸遺其小方巾明日持還副以此詩

卷三十二：刁景純期水門再別以風雨不往

卷三十三：泊姑熟江口邀刁景純相見（時陳州晏相公辟）

皇祐四年（西元一〇五二年）詩：

卷三十九：聞刁景純侍女瘧已

卷三十九：景純以侍兒病期與原甫月圓為飲

卷三十九：赴刁景純招作將進酒呈同會

嘉祐元年（西元一〇五六年）詩：

卷四十八：李審言相招與刁景純周仲章裴如晦馮當世沈文通謝師厚師直會開寶塔院

卷五十：送刁景純學士使北

嘉祐三年（西元一〇五八年）詩：

卷十九：次韻和酬刁景純春雪戲意

嘉祐四年（西元一〇五九年）詩：

卷二十一：送刁景純學士赴越州

卷二十一：六月晦日定力院同原父賦送伯鎭景純樞言三學士

卷二十一：送刁景純知會稽

（十）胥元衡（宋眞宗天聖六年至英宗治平三年；西元一〇二八至一〇六六年）　三十九歲

元衡字平叔，長沙人。父偃，娶刁約之妹；堯臣內姪謝景初又娶偃女胥氏爲妻；故與堯臣爲遠親。偃又以女歸歐陽修，則修實亦堯臣之外親矣。

平叔少孤力學，工於文章。慶曆八年爲臨江令。嘉祐五年通判湖州。堯臣與之酬遊詩篇亦復不少，茲列之於下。

慶曆四年（西元一〇四四年）詩：

卷十一：同謝師厚宿胥氏書齋聞鼠甚患之

慶曆五年（西元一〇四五年）詩：

卷十一：元夕同次道中道平叔如晦賦詩得閑字

附：卷二十四：師厚與胥氏婦來覲其姑

卷二十四：次道約食後同斂叔中道平叔如晦詣景德浴以風埃遂止

卷二十四：雨中宿謝胥裴三君書堂

卷二十五：乙酉六月二十一日予應辟許昌……友人則胥平叔宋中道裴如晦各攜肴酒送我于王氏之園盡歡而去明日予作詩以寄焉

卷二十六：送胥裴二子回馬上作

卷二十六：和平叔道旁竹

慶曆六年（西元一〇四六年）詩：

卷二十八：宿安上人門外裴如晦胥平叔來訪

慶曆七年（西元一〇四七年）詩：

卷三十：九月十六日自許昌迴至京師胥平叔宋中道迓於郊外

慶曆八年（西元一〇四八年）詩：

卷三十一：送臨江胥令

卷三十一：見胥平叔

皇祐五年（西元一〇五三年）詩：

卷十七：送胥平叔寺丞赴洛

嘉祐五年（西元一〇六〇年）詩：

卷二十三：送胥平叔太博通判湖州

【註釋】

註一：歐陽修全集卷三、居士外集二、太子賓客分司西京謝公墓誌銘；王安石文集卷五十二、尚書兵部員外郎知制誥謝公行狀。

註二：歐陽修全集卷六、寶元二年與梅聖俞書；同集卷二、居士集二、尚書兵部員外郎知制誥謝公墓誌銘。

註三：宋史卷二百九十五謝絳傳；宋詩紀事卷十六。

註四：宋詩紀事卷十九。

註五：宋史卷四百四十一刁衎傳。

註六：宛陵集卷八、題刁經臣山居。

註七：宋史卷四百四十一刁衎傳；宋詩紀事卷十三。

註八：宛陵集卷三十二、下士橋送刁景純

三、先世、家人、內外親世系表

甲、先世、家人(一)

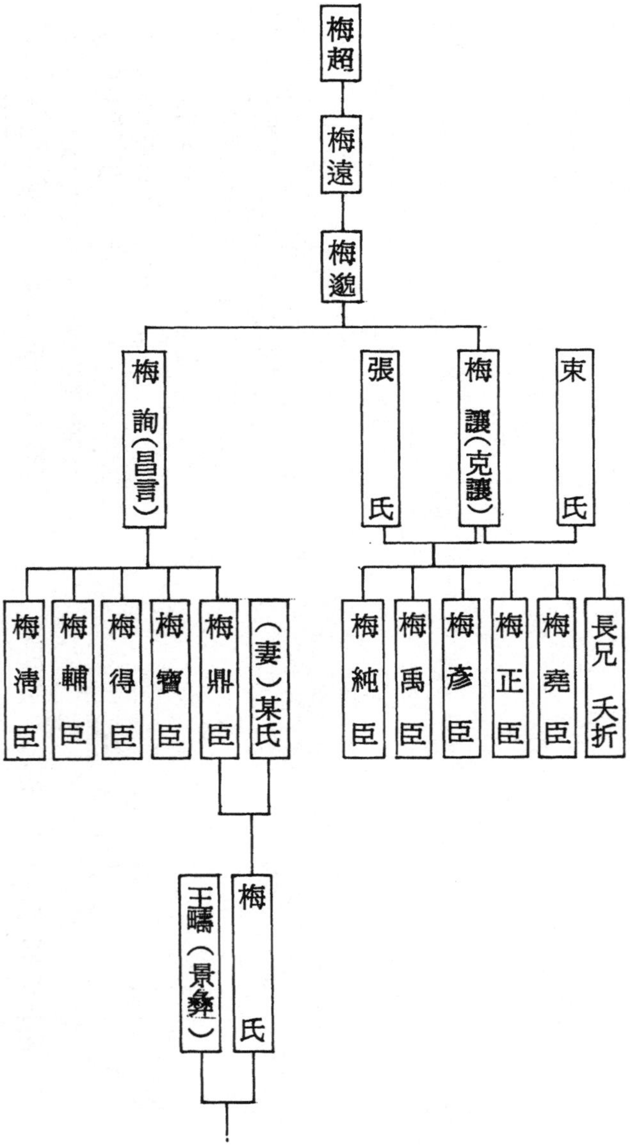

乙、家人(二)、內外親

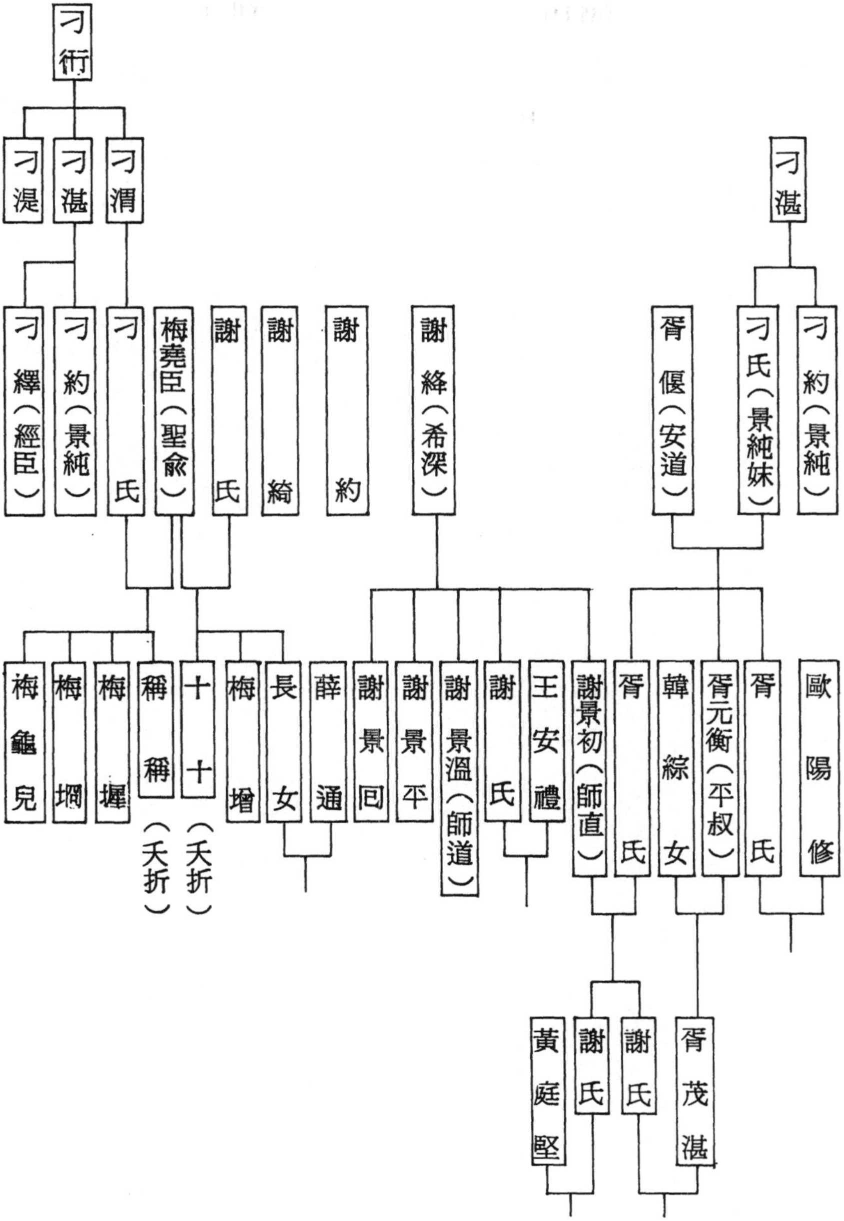
刁衎
刁湜
刁湛
刁渭
刁繹（經臣）
刁約（景純）
刁氏
梅堯臣（聖俞）
謝氏
謝綺
謝約
謝絳（希深）
刁湛
胥偃（安道）
刁氏（景純妹）
刁約（景純）
梅龜兒
梅堈
梅墀
稱稱（夭折）
十十（夭折）
梅增
長女
薛通
謝景回
謝景平
謝景溫（師道）
謝氏
王安禮
謝景初（師直）
胥氏
韓綜女
胥元衡（平叔）
胥氏
歐陽修
黃庭堅
謝氏
謝氏
胥茂湛

叁、交　游

一、歐陽修及河內諸友

（一）歐陽修（宋眞宗景德四年至神宗熙寧五年；西元一〇〇七至一〇七二年）　六十六歲

修字永叔，祖居士四州永豐之沙溪，史傳著籍廬陵。四歲而孤。自幼敏悟過人，讀書輒成誦。年二十四，舉進士第一，補西京留守推官（註一）。明年三月入洛，值堯臣始任河南主簿，遂相交往（註二）。

修有膽識，能直言（註三），故仁宗以知諫院（註四），加龍圖閣學士（註五），權知開封府（註六）。修既貴顯而堯臣窮侷，乃時予推挽。皇祐三年，薦堯臣入館閣，爲太常博士。嘉祐元年，再薦補國子監直講。明年，修知貢舉，又薦堯臣爲禮部試官。

歐陽修之於聖俞，情甚深，交甚篤，不因時久而沖淡，不以窮達而易價。其言曰：「聖俞……初爲河南主簿，以親嫌移佐南陽。常喜與洛之士游。余嘗與之徜徉於嵩洛之下。每得絕崖倒壑，深林古宇，則必相與吟哦其間。」（送梅聖俞歸河陽序），可見二人訂交，始於河內。而諸友之中，與洛之士交往最爲密切。

又曰：「聖俞久在洛中，其詩亦往往人皆有之。今將告歸，因求其橐而寫之。然夫前所謂心之所得者，如伯牙鼓琴，子期聽之，不相語而意相知也。余今得聖俞之橐，猶伯牙之琴絃乎？」（書梅聖俞稿後）永叔於聖俞詩，以鍾期自諭。其心目之中，梅詩造詣之高，不難想見矣。

歐陽修於梅聖俞墓誌銘中，引王文康公語，以爲聖俞詩「二百年無此作矣」。宋史卷四四三本傳，言及梅氏「工於詩，以深遠古淡爲意，歐陽修與爲詩友，自以爲不及」。永叔之詩論多載於六一詩話。二人之見解，實互爲表裏。

堯臣之詩集，永叔爲之序。他若堯臣之喪，暨其父、其叔、其妻、其妻兄之卒，均由歐陽爲撰墓誌銘，焦孟之誼，固非泛泛。

修嘗知潁州，樂郡中西湖之勝，將卜居焉（註七）；皇祐四年，修知開封而堯臣官內朝，修乃邀約買田潁上，以爲終老之計。惜事議未竟而修母鄭夫人卒，遂罷。後修雖置田潁川而堯臣已卒，終不得償其宿願。

修與堯臣唱和三十年，有詩甚夥，不難想見。今宛陵集所收堯臣與修酬和之詩，多達一百四十九首。茲分年列敍其詩題如下：

明道元年（西元一〇三二年）詩：

卷二：依韻和歐陽永叔同遊近郊

卷二：依韻和永叔同遊上林院後亭見櫻桃花悉已披謝

卷二：和永叔柘枝歌留守相公南莊按舞

卷二：奉和永叔得辛判官伊陽所寄山桂數本封殖之後遂成雅韻以見貺。

卷二：河陽秋夕夢與永叔遊嵩……俄而僕夫自洛來云永叔諸君陪希深祠岳因足成短韻

卷二：希深惠書言與師魯永叔子聰幾道遊嵩因誦而韻之

卷二：依韻和歐陽永叔黃河八韻

卷二：依韻和永叔雪後見寄兼云自尹家兄弟及幾道散後子聰下縣久不得歸頗有離索之歎

卷二：同永叔子聰遊嵩山賦十二首

明道二年（西元一〇三三年）詩：

卷三：憶洛中舊居寄永叔兼簡師魯彥國

景祐二年（西元一〇三五年）詩：

卷四：得歐陽永叔回書云見來客問予動靜備詳

景祐三年（西元一〇三六年）詩：

卷四：聞歐陽永叔謫夷陵

景祐四年（西元一〇三七年）詩：

卷五：聞鴈寄歐陽夷陵

寶元元年（西元一〇三八年）詩：

卷五：九月都下對雪寄永叔師魯

寶元二年（西元一〇三九年）詩：

卷六：泛舟城隅呈永叔

卷六：送永叔歸乾德

卷六：代書寄歐陽永叔四十韻

卷六：朔風寄永叔

卷六：永叔自南陽至余郊迓馬首訪謝公奄然相與流涕作是詩以寫懷

康定元年（西元一〇四〇年）詩：

卷七：永叔寄澄心堂紙二幅

卷七：聞永叔復館因以寄賀

卷七：依韻和永叔子履冬夕小齋聯句見寄

慶曆元年（西元一〇四〇年）詩：

卷八：醉中留別永叔子履

慶曆四年（西元一〇四四年）詩：

卷十一：和永叔晉祠詩

卷十一：蔡仲謀遺鯽魚十六尾余憶在襄城時獲此魚留以遲歐陽永叔

卷十一：永叔贈酒

慶曆五年（西元一〇四五年）詩：

卷二十四：郭之美忽過云往河北謁歐陽永叔沈子山

卷二十四：讀蟠桃詩寄子美永叔

卷二十四：永叔寄詩八首幷祭子漸文一首因采八詩之意警以爲答

卷二十四：寄永叔

卷二十五：開封古城阻淺聞永叔喪女

卷二十六：方在許昌幕內弟滁州謝判官有書邀余詩送近聞歐陽永叔移守此郡爲我寄聲也

慶曆六年（西元一〇四六年）詩：

卷二十六：寄滁州歐陽永叔

卷二十六：歐陽永叔寄琅邪山李陽冰篆十八字幷永叔詩一首欲予繼作因成十四韻奉答

卷二十六：和永叔琅邪山六詠

卷二十七：過潁橋懷永叔

卷二十七：水丘於西湖得活鯽魚三尾見遺余頃在襄城獲數尾時歐陽永叔方自乾德移滑臺留待其至且有詩後居京師蔡仲謀者亦有以贈乃思襄時所留復有詩於今三得三詠之矣

卷二十七：歐陽永叔啼鳥十八韻

卷二十七：和永叔桐花十四韻

慶曆七年（西元一〇四七年）詩：

卷三十：九月五日夢永叔

卷三十：得曾鞏秀才書所附滁州歐陽永叔書答意

卷三十：依韻和歐陽永叔秋懷擬孟郊體見寄二首

慶曆八年（西元一〇四八年）詩：

卷三十一：對殘雪懷歐陽永叔

卷三十一：寄題滁州醉翁亭

卷三十一：和永叔郡齋聞百舌

卷三十三：詠歐陽永叔文石硯屏二首

卷三十三：永叔進道堂夜話

卷三十三：依韻和歐陽永叔中秋邀許發運

卷三十三：秋夜同永叔看月

卷三十三：中秋不見月答永叔

卷三十三：和永叔中秋會不見月酬王舍人

卷三十三：觀永叔集古錄

卷三十三：留別永叔

卷三十三：觀永叔畫眞

卷三十三：宿邵埭聞雨因買藕芡人迴呈永叔

卷三十四：斫膾懷永叔

皇祐元年（西元一〇四九年）詩：

卷十二：過口得雙鱖魚懷永叔

皇祐四年（西元一〇五二年）詩：

卷十四：依韻和永叔見寄

卷十五：讀永叔所撰薛雲衞碣

卷十五：歐陽郡太君挽歌三首

皇祐五年（西元一〇五三年）詩：

卷十八：次韻和永叔退朝馬上見寄兼呈子華原甫

至和元年（西元一〇五四年）詩：

卷四十一：中秋月下懷永叔

卷四十一：聞永叔出守同州寄之

至和二年（西元一〇五五年）詩：

卷三十五：依韻和永叔澄心堂紙答劉原甫
卷三十五：依韻酬永叔示余銀杏
卷三十五：依韻酬永叔再示
卷三十五：夢後寄歐陽永叔

嘉祐元年（西元一〇五六年）詩：

卷四十八：高車再過謝永叔內翰
卷四十九：永叔贈絹二十四
卷四十九：依韻奉和永叔感興五首
卷四十九：依韻奉和永叔社日
卷四十九：社日飲永叔家
卷四十九：閤門水　朝堂嘉祐元年九月九日宿齋歐陽永叔張叔之張之翰命賦
卷五十：永叔席上分韻送裴如晦
卷五十：永叔白兔
卷五十：重賦白兔
卷五十：永叔請賦車螯
卷五十：歐陽永叔王原叔二翰林韓子華吳長文二舍人同過弊廬值出不及見十二月七日

嘉祐二年（西元一〇五七年）詩：

卷五十一：依韻和永叔勸飲酒莫吟詩雜言

卷五十一：和永叔內翰

卷五十一：和永叔內翰思白兔荅憶鶴雜言

卷五十一：和永叔內翰戲答

卷五十二：刑部廳看竹效孟郊體和永叔

卷五十二：謝永叔答述舊之作和永叔

卷五十二：較藝贈永叔和禹玉

卷五十二：戲答持燭之句依韻和永叔

卷五十二：重答和永叔

卷五十二：又依韻

卷五十二：刑部廳海棠見贈依韻答永叔二首

卷五十二：送白鷴與永叔依韻和公儀

卷五十二：出省有日書事和永叔

卷五十二：寄桂州張諫議和永叔

卷五十二：張淳叟獻詩永叔同永叔和之

卷五十三：永叔內翰遺李太博家新生鴨脚
卷五十四：七夕永叔內翰遺鄭州新酒言值內直不暇相邀
卷五十四：依韻和永叔久在病告近方赴直道懷見寄二章
卷五十四：永叔內翰見訪七月二十六日
卷五十四：八月十日夜廣文直聞永叔內當
卷五十四：讀永叔集古目錄
卷五十四：依韻和永叔秋日東城郊行
卷五十四：依韻和永叔內翰西齋手植菊花過節始開偶書見寄
卷五十五：依韻和永叔戲作
卷五十五：依韻和永叔內翰酬寄揚州劉原甫舍人

嘉祐三年（西元一〇五八年）詩：

卷五十五：依韻和吳長文舍人對雪懷永叔內翰
卷五十五：元日閤門拜表遇雪呈永叔
卷五十六：依韻和永叔都亭館伴戲寄
卷五十六：次韻奉和永叔謝王尙書惠牡丹
卷五十六：次韻和永叔嘗新茶雜言

卷五十六：次韻再和
卷五十七：依韻和永叔景靈致齋見懷
卷五十七：永叔內翰見索謝公遊嵩書感歎希深師魯子聰幾道皆爲異物獨公與余二人在因作五言以

敍之
卷五十七：永叔內翰見過
卷五十九：依韻和答永叔洗兒歌
卷十九：次韻和永叔

嘉祐四年（西元一〇五九年）詩：
卷十九：嘉祐己亥歲旦呈永叔內翰
卷十九：次韻和永叔新歲書事見寄
卷十九：韻語答永叔內翰
卷十九：次韻和酬永叔
卷二十：和永叔六篇幷序
卷二十一：次韻永叔試諸葛高筆戲書
卷二十一：中伏日永叔遺冰
卷二十一：次韻和永叔贈別擇之赴陝州

卷二十一：同梅二十五飲永叔家觀所鈔集近事劉敞

按：此詩實爲劉敞所作，誤收宛陵集中。由詩題，可知堯臣、原父嘗會飲永叔家中。

卷二十一：次韻和永叔原甫致齋集禧

卷二十一：次韻和永叔夜聞風聲有感

卷二十一：次韻和永叔石枕與笛竹簟

卷二十二：北州人有致達頭魚于永叔者素未聞其名蓋海魚也分以爲遺聊知異物耳因感而成詠

卷二十二：九日永叔長文原甫景仁鄰幾持國過飲

卷二十二：十一月二十三日歐陽永叔劉原甫范景仁何聖徒見訪之什

卷二十二：次韻和原甫陪永叔景仁聖徒飲余家題庭中枯菊之什

卷二十二：次韻和永叔飲余家詠枯菊

卷二十二：次韻再和永叔對雪十韻

嘉祐五年（西元一〇六〇年）詩：

卷二十三：次韻和永叔夜坐鼓琴有感二首

卷二十三：寄金山曇穎師呈永叔內翰

卷二十三：次韻永叔乞藥有感

卷二十三：次韻永叔二月雪

卷二十三：次韻和永叔雨中寄原甫舍人

卷二十三：和劉原甫復雨寄永叔

卷二十三：續永叔歸田樂秋冬二首

以上乃堯臣酬和永叔之詩，全見宛陵集中。茲再將永叔酬和堯臣之詩文，一百四十三首，列之於下。題上有「＊」記識者，乃題名雖未標示堯臣字號，實為與之唱和之作。

卷一、居士集一、古詩

＊遊龍門分題十五首

憶山示聖俞

聖俞會飲

水谷夜行寄子美聖俞

病中代書寄聖俞

秋懷二首寄聖俞

滄浪亭

別後寄聖俞

寄聖俞

再和聖俞見答

太白戲聖俞

梅聖俞寄銀杏

答聖俞

＊初食車螯

答聖俞莫登樓

答聖俞莫飲酒

＊思白兔雜言答梅公儀憶鶴之作

戲答聖俞

和聖俞感李花

折刑部海棠戲贈聖俞二首

和聖俞李侯家鴨脚子

西齋菊花過節始開偶書呈聖俞

於劉功曹家見楊直講女奴彈琵琶戲作呈聖俞

嘗新茶呈聖俞

次韻再和

＊洗兒歌

和聖俞唐書局後叢莽中得芸香一本之作
答原父見過後中夜酒定復追昨日所覽雜記幷簡聖俞之作
有贈端溪綠石枕蘄州竹簟呈原父聖俞
夜聞風聲有感呈原父聖俞
答聖俞大雨見寄
答聖俞白鸚鵡雜言
清明風雨三日不出因書所見呈聖俞
會飲聖俞家有作兼呈原父景仁聖從（徒）
依韻酬聖俞見贈之作
奉答聖俞達頭魚之作
夜坐彈琴有感呈聖俞
*歸田四時樂春夏二首
*盆池
哭聖俞
寄題劉羲叟家園效聖俞體

卷一、居士集一、律詩

送梅秀才歸宣城
春日獨遊上林院後亭見櫻桃花寄希深聖俞
黃河八韻寄聖俞
和應之登廣愛寺閣寄聖俞
寄梅聖俞
和梅聖俞元夕登東樓
再和
又和
戲答聖俞持燭之句
和聖俞春雨
※和較藝將畢
內直寄聖俞博士
聖俞監印試卷思去歲同在禮闈有感兼簡子華景仁
答聖俞歲日書事

卷二、居士集二、墓誌銘

梅聖俞墓誌銘并序

卷二一、居士集二一、序

孫子後序

梅聖俞詩集序

卷二一、居士外集一、祭文

祭梅聖俞文

卷二一、居士外集一、古詩

七友七古

*嵩山十二首

初秋普明寺竹林小飲餞梅聖俞分韻得亭皐木葉下

和楊子聰答聖俞月夜見寄

別聖俞

書懷感事寄梅聖俞

雜言答聖俞見寄兼簡東京諸友

聞梅二授德興令戲書

戲贈

和聖俞聚蚊

寄聖俞
答梅聖俞寺丞見寄
酬聖俞朔風見寄
谷正至始得先所寄書及詩不勝喜尉因書數韻奉酬聖俞
答梅聖俞
病中聞梅二南歸
依韻和聖俞見寄
＊桐花
讀梅氏詩有感示徐生
＊琴高魚
＊白兔
聖俞惠宣州筆戲書
乞藥有感呈聖俞
卷二、居士外集二、聯句
多夕小齋聯句寄梅聖俞
卷二、居士外集二、律詩

和梅聖俞杏花
寄聖俞
贈梅聖俞
和聖俞百花洲
原父致齋集禧余亦攝事後廟謹呈拙句兼簡聖俞
客舍暇日書懷奉呈子華內翰長文原父景仁舍人聖俞博士
奉答聖俞宿直見寄之什
卷三、居士外集二、序
送梅聖俞歸河陽序
卷三、居士外集二、雜題跋
書梅聖俞稿後
書梅聖俞河豚魚詩後
書三絕句詩後
卷四、內制集二
賜屯田員外郎國子監直講梅堯臣獎諭敕書
卷四、奏議集、翰苑

舉梅堯臣充直講狀

卷六、書簡

與梅聖俞四十六首

*與韓琦書（嘉祐三年）

（二）錢惟演（約當宋太宗朝生，仁宗景祐元年卒；——西元一〇三四年）

惟演，字希聖，臨安人，吳越王俶之子。少補牙門將，從其父歸宋，爲右屯衛將軍，改神武將軍。博學能文，召試時以笏起草立就，眞宗稱善。改太僕少卿，直秘閣，並預修册府元龜，召與楊億分爲之序。嘗與左司諫知制誥楊億、大理院評事秘閣校理劉筠，及其他諸人，更迭唱和，互相切磨，由楊億爲序，成西崑酬唱集二卷。

大中祥符八年，爲翰林學士，累遷工部尚書。天聖七年，遷武勝軍節度使。八年，改西京留守，判河南府。明道二年，落平章事，歸本鎮。未幾，卒（註八）。

惟演爲文清麗不凡，於書無所不讀。留守河南之日遇僚屬甚厚。堯臣時任主簿，與之結爲忘年交（註九），引與酬唱，一府盡傾。

今宛陵集收堯臣與之酬和及悼念之詩凡七首，列其題如下：

天聖九年（西元一〇三一年）詩：

卷一：緱山子晉祠（以下陪太尉錢相公遊嵩山七章）

明道元年（西元一〇三二年）詩：

卷二：留守相公新剏雙桂樓

卷二：太尉相公中伏日池亭宴會

卷二：和永叔柘枝歌留守相公南莊按舞

明道二年（西元一〇三三年）詩：

卷三：餞彭城公赴隋州龍門道上作

景祐元年（西元一〇三四年）詩：

卷三：隋州錢相公挽歌三首

寶元元年（西元一〇三八年）詩：

卷五：夢故府錢公

（三）尹源（宋太宗至道二年至仁宗慶曆五年；西元九九六至一〇四五年）　五十歲

源字子漸，河南人。舉天聖八年進士。累遷太常博士。歷知芮城、河陽、新鄭三縣。范仲淹、韓琦薦其才，召試學士院；源素不喜賦，請以論易賦，主試者方以賦進，不悅其言，第其文下，除知懷州（今河南沁陽縣），卒（註十）。

源為人剛簡，不矜飾。能自晦藏，與人居，久而莫知，至其一有所發，則人必驚伏。與弟洙，皆以文學知名。既舉進士，為奉禮郎，居河南。適堯臣來為主簿，因與之遊。乃堯臣洛中至友之一。其卒，堯臣爲詩一首哭之。

今宛陵集錄堯臣與之酬遊及追悼之詩四首，列之於下。

天聖九年（西元一〇三一年）詩：

卷一：同尹子漸王幾道訪郭三別墅不遇

卷一：尹子漸歸華產茯苓若人形者賦以贈行

慶曆五年（西元一〇四五年）詩：

卷二十四：哭尹子漸其弟師魯守潞

卷二十四：永叔寄詩八首拜祭子漸文一首因釆八詩之意警以爲答

（四）尹洙（宋眞宗咸平四年至仁宗慶曆七年；西元一〇〇一至一〇四七年）　四十七歲

洙字師魯。子漸之弟。天聖二年進士，調正平縣（今山西省新絳縣西南）主簿。歷河南府書記；召試爲館閣校勘，遷太子中允。景祐三年，諫范仲淹不當貶，落職監郢州酒稅。康定元年，趙元昊反，陝西用兵，大將葛懷敏奏爲經略判官。慶曆四年，徙知潞州。後見訟，徙監均州酒稅。以疾卒。（註十一）

師魯名重當世，忠義高節。處窮達，臨禍福，是是非非，務窮盡道理；當天下無事時，獨喜論兵，爲敍燕、息戍二篇，行於當世。其爲文簡而意深；展卷疾讀，五行俱下，人亦罕能過也。天聖九年，師魯方掌河南書記（註三），而堯臣來爲主簿，遂相交往。迨其卒，堯臣尚追悼且時於夢中相見。

宛陵集收堯臣道及師魯之詩，凡十一首，序列如下。

天聖九年（西元一〇三一年）詩：

卷一：尹師魯治第伐樗

明道元年（西元一〇三二年）詩：

卷二：希深惠書言與師魯永叔子聰幾道遊嵩因誦而答之

卷二：依韻和永叔雪後見寄兼云自尹家兄弟及幾道散後子聰下縣久不得歸頗有離索之歎

明道二年（西元一〇三三年）詩：

卷三：憶洛中舊居寄永叔兼簡師魯彥國

景祐三年（西元一〇三六年）詩：

卷四：聞尹師魯謫富水

景祐四年（西元一〇三七年）詩：

卷五：九月都下對雪寄永叔師魯

康定元年（西元一〇四〇年）詩：

卷七：聞尹師魯赴涇州幕

慶曆五年（西元一〇四五年）詩：

卷二十四：哭尹子漸其弟師魯守潞

慶曆六年（西元一〇四六年）詩：

卷二十七：使者自隋州來知尹師魯寓止僧舍語其處物景甚詳因作詩以寄焉

慶曆七年（西元一〇四七年）詩：

卷三十：哭尹師魯

慶曆八年（西元一〇四八年）詩：

卷三十三：五月二十夢尹師魯

（五）富弼（宋眞宗景德元年至仁宗元豐六年；西元一〇〇四至一〇八三年）　八十歲

弼字彥國，河南人。少篤學，有大度，范仲淹見而奇之。天聖八年，舉茂才異等，累擢知制誥，歷同中書門下平章事（註十三）

彥國爲河陽僉判日，會堯臣以避親嫌故，自河南府移至河陽主簿，乃得相識。明年，彥國通判絳州，堯臣送之且云「結友時未久，情親忽已照」。此後，二人偶有往返。宛陵集載堯臣提及彥國之詩，共八首，列之如下。

明道元年（西元一〇三二年）詩：

卷一：寄河陽簽判富彥國

明道二年（西元一〇三三年）詩：

卷三：憶洛中舊居寄永叔兼簡師魯彥國

卷三：彥國通判絳州

慶曆元年（西元一〇四一年）詩：

卷八：汴水斗減舟不能進因寄彥國舍人

皇祐四年（西元一〇五二年）詩：

卷三十九：送河陽通判張寺丞從富公弼子諒

皇祐五年（西元一〇五三年）詩：

卷十八：依韻和原甫省中松石畫壁富彥國爲省判日令許道寧畫

卷十八：依韻和原甫廳壁許道寧山水云是富彥國作判官時畫

嘉祐三年（西元一〇五八年）詩：

卷五十八：送覺上人歸湖州富相國與紫衣

（六）楊俞（約當宋眞宗至英宗朝在世）

俞字子聰，洛陽人。天聖九年爲河南府戶曹。皇祐四年知資陽縣。嘉祐五年遷壽州。

俞乃堯臣洛中舊友，性不營擾，以爲人生朝露，不醉當何（註十四），故仕宦三十年，始得資陽知守之職。早年在洛陽，與堯臣、希深等人，知交甚切，號爲「七友」（註四）。宛陵集載堯臣與之唱和之作凡九首，次列如下。

天聖九年（西元一〇三一年）詩：

卷一：和楊子聰會董尉家

卷一：依韻和子聰夜雨

明道元年（西元一〇三二年）詩：

卷一：白雲和子聰

卷一：子聰惠書備言行路及遊王屋物趣因以答

卷二：希深惠書言與師魯永叔子聰幾道遊嵩因誦而韻之

卷二：依韻和永叔雪後見寄兼云自尹家兄弟及幾道散後子聰下縣久不得歸頗有離索之歎

卷二：同永叔子聰遊嵩山賦十二題

皇祐四年（西元一〇五二年）詩：

卷三十九：送楊子充愈知資陽縣

嘉祐五年（西元一〇六〇年）詩：

卷二十三：酬楊愈太丞之壽州見別

（七）張汝士（宋眞宗至道三年至仁宗明道二年；西元九九七至一〇三三年）　三十七歲

汝士字堯夫，乃堯臣洛中七友之一。卒後，遺二子吉甫、山甫，均稚幼。二十載後，吉甫爲信安從事，境況稍佳，乃於嘉祐二年改葬亡父，堯臣且作挽詞誌之。四年，兄吉甫知資陽，弟山甫主簿武功，堯臣各以詩送之。見宛陵集中。

皇祐四年（西元一〇五二年）詩：

卷十三：送信安張從事吉甫兼寄白使君

嘉祐二年（西元一〇五七年）詩：

卷五十三：張堯夫寺丞改葬挽詞三首

嘉祐三年（西元一〇五八年）詩：

卷五十六：送張山甫秘校歸緱氏

嘉祐四年（西元一〇五九年）詩：

卷二十二：送張殿丞吉甫知資陽

卷二十一：送張山甫武功簿

（八）張先（宋太宗淳化元年至神宗元豐元年；西元九九〇至一〇七八年）　八十九歲

先字子野，吳興人。少遊京師。天聖八年進士，晏殊尹京兆，辟爲通判。又嘗知吳縣，官至都官郎中。善於詞，人號「張三影」。

明道二年，子野赴官鄭州，時堯臣主簿河陽，因送之於京。又五年，子野還朝待命，將知鹿邑，堯臣再送之。堯臣卒前一年，子野知虢州，堯臣復送之於京師。二人之交，誠實泛泛。堯臣送其詩四首，載宛陵集中。

明道二年（西元一〇三三年）詩：

卷三：張子野赴官鄭州

寶元元年（西元一〇三八年）詩：

卷五：送張子野秘丞知鹿邑

皇祐四年（西元一〇五二年）詩：

卷三十九：送張子野屯田知渝州

嘉祐四年（西元一〇五九年）詩：

卷二十一：送張子野知虢州先歸湖州

【註釋】

註一：宋史卷三百一十九歐陽脩傳。

註二：見年譜「天聖九年」。

註三：同註一。

註四：見年譜「慶曆三年」。

註五：見年譜「至和元年」。

註六：見年譜「嘉祐三年」。

註七：見年譜「皇祐元年」。

註八：宋史卷三百一十七錢惟演傳。

註九：宋史卷四百四十三梅堯臣傳。
註十：宋史卷四百四十二尹源傳；歐陽修全集卷二居士集二、太常博士尹君墓誌銘序。
註十一：歐陽修全集卷二、居士集二、尹師魯墓誌銘；同卷祭尹師魯文；同集卷三、居士外集二、論尹師魯墓誌。
註十二：見年譜「天聖九年」。
註十三：宋史卷三百十三富弼傳。
註十四：宛陵集卷一、和楊子聰會董尉家。
註十五：見年譜「天聖九年」。

二、交往較密者

（一）范仲淹（宋太宗端拱二年至仁宗皇祐四年；西元九八九至一〇五二年）　六十四歲

仲淹字希文，蘇州吳縣人。大中祥符八年進士，爲廣德軍司理參軍。晏殊知應天府，聞仲淹名，召寘府學，薦爲秘閣理，通判河中府（註一）。天聖八年，上疏宜罷修寺觀，減常歲市木之數。尋徙陳州；又諫，帝嘉其忠。明道二年，四月，召還判國子監爲右司諫。十二月，以言事忤宰相呂夷簡，徙知睦州。明年知蘇州。景祐二年二月召還爲天章閣待制，十二月權知開封府。明年五月，上百官圖，責執政呂夷簡序遷近臣失當，落職知饒州；十二月，再知潤州。寶元二年三月，改知越州。康定元年三月，復天章閣待制，知永興軍，四月改爲陝西都轉運使。五月遷龍圖閣直學士、陝西經略安撫副使。八月兼知延州。明年四月，坐與元昊通書，降知耀州。五月遷知慶州。慶曆二年四月再遷邠州觀察使，上書請辭，復爲龍圖閣直學士。明年八月，召爲參知政事。又明年六月，出爲陝西、河東路宣撫使。十一月，仲淹所薦蘇舜欽，坐用鬻紙公錢宴樂，除名，牽連甚廣；仲淹爲參政時所行新政，因之沮止。慶曆六年，以疾請鄧州。復以資政殿學士，知杭州。後以病甚，請潁州，行至徐州而卒。（註二）

仲淹識堯臣於京洛，當明道二年，堯臣任河陽主簿，仲淹爲國子監右司諫，二人皆好詩酒，故輒「京洛同逃酒，單袍跨馬歸」（註三）。次年，仲淹貶蘇州，堯臣尚因僧可眞東歸，致書仲淹。景祐三年，仲淹言忤執政，落職知饒州，堯臣因贊曰：「古來中酒地，今見獨醒人」。明年，仲淹妻卒，堯臣爲作挽詞二首。迨寶元二年春，仲淹遷知潤州，過建德，尚與堯臣宴酬。堯臣且於席上作河豚詩，誡仲淹之喜諫。慶曆四年，蘇舜欽坐自盜除名，仲淹深受打擊，以事關堯臣，友誼遂告決裂（註四）。堯臣雖自謂己「所稟介且拙，嘗恥朋比爲」（註五），終無助友情復合。仲淹之卒，堯臣作挽歌三首，以誌其哀。詩見宛陵集中。

明道二年（西元一〇三三年）詩：

卷三：僧可眞東歸因謁范蘇州仲淹

景祐三年（西元一〇三六年）詩：

卷四：寄饒州范待制

景祐四年（西元一〇三七年）詩：

卷四：讀范桐廬述嚴先生祠堂碑

卷五：范饒州夫人挽詞二首

寶元元年（西元一〇三八年）詩：

卷五：范待制約遊廬山以故不往因寄

卷五：范饒州坐中客語食河豚魚

慶曆八年（西元一〇四八年）詩：

卷十二：清躬詩

皇祐四年（西元一〇五二年）詩：

卷十五：聞高平公殂謝述哀感舊以助挽歌三首

（二）裴煜（約於宋眞宗朝至神宗朝在世）

煜字如晦，慶曆六年省元。治平中，以開封府提刑知蘇州，入判三司都磨勘司（註六）。

如晦原與刁經臣同居江南。慶曆二年，始欲西遊京師，值堯臣赴官湖州，邂逅於淮南。堯臣與之酬遊之詩，亦自此始。慶曆五年，堯臣在京，仍與之賦遊。六月，堯臣辟許昌，如晦且與胥平叔、宋中道餞之，堯臣感慨係之，曰「晚節相知人，唯有胥宋裴」。後堯臣爲太常博士，家甚貧，如晦雖不寬裕，仍貸米濟之（註七）。

皇祐五年，如晦喪子，堯臣乃以詩寬慰之（註八）；後五年，如晦復得子，堯臣又脩書賀之（註九）。

今宛陵集收有堯臣與之詩篇二十八首，列序如下。

慶曆二年（西元一〇四二年）詩：

卷八：舟中值雨裴刁二君相與見過

卷八：前者裴君雨中見過因以詩謝復承來章輒依韻奉和

卷八：發陶莊卻寄刁經臣裴如晦

卷十一：元夕同次道中道平叔如晦賦詩得閑字

慶曆五年（西元一〇四五年）詩：

卷二十四：次道約食後同敏叔中道平叔如晦詣景德浴以風埃遂止

卷二十四：和裴如晦雨中過其亡兄易居

卷二十四：雨中宿謝胥裴三君書堂

卷二十五：乙酉六月二十一日予應辟許昌……友人則胥平叔宋中道裴如晦各携肴酒送我于王氏之園盡歡而去明日予作詩以寄焉。

卷二十五：答裴送序意

卷二十六：送胥裴二子回馬上作

卷二十六：答裴如晦

慶曆六年（西元一〇四六年）詩：

卷二十八：宿安上人門外裴如晦胥平叔來訪

慶曆七年（西元一〇四七年）詩：

卷三十：裴如晦赴河陽幕

卷三十：裴如晦自河陽至同韓玉汝謁之

慶曆八年（西元一〇四八年）詩：

卷三十一：讀裴如晦萬里集書後

卷三十四：九月二日夢後寄裴如晦

皇祐三年（西元一〇五一年）詩：

卷三十八：貸米於如晦

卷三十八：依韻和裴如晦秋懷

卷十三：月下懷裴如晦宋中道

皇祐四年（西元一〇五二年）詩：

卷十五：晨起裴吳二直講過門云鳳閣韓舍人物故作五章以哭之

卷十六：裴直講得潤州通判周仲章鹹䜴遺一小餅

卷十六：贈裴直講水梨二顆言太尠答吳甘三顆以爲多走筆呈之

皇祐五年（西元一〇五三年）詩：

卷十七：觀拽龍舟懷裴宋韓李

卷十八：勉裴如晦

嘉祐元年（西元一〇五六年）詩：

卷四十八：李審言相招與刁景純周仲章裴如晦馮當世沈文通謝師厚師直會開寶塔院

卷四十九：送裴如晦宰吳江

卷五十：永叔席上分韻送裴如晦

嘉祐三年（西元一〇五八年）詩：

卷十九：次韻和裴寺丞喜子脩書

（三）宋敏求（宋眞宗天禧三年至神宗元豐二年；西元一〇一九年至一〇七九年）　六十一歲

敏求，字次道。趙州平棘（今河北趙縣南）人。父綬，仁宗朝參知政事。寶元二年，賜進士及第，爲館閣校勘。嘗預修唐書，又私撰唐武宗以下實錄。神宗朝，忤王安石，人爲之懼，帝獨全護之，除史館修撰，集賢院學士。

次道自父綬以來，家富藏書，三萬卷，皆略誦習。士大夫疑議，必就正焉（註十）。堯臣亦嘗假其書，以校諸本（註十一）。

慶曆四年冬，堯臣聞次道與子美、師厚登天清寺塔，因作詩誌之，二人酬和之詩，自此始見。載於宛陵集中，凡二十二首。列之如下。

慶曆四年（西元一〇四四年）詩：

卷十一：聞子美次道師厚登天清寺塔

慶曆五年（西元一〇四五年）詩：

卷十一：元夕同次道中道平叔如晦賦詩得閑字

卷十一：同次道遊相國寺買得翠玉罌一枚

卷二十四：宋次道一百五日往鄭拜墓

卷二十四：次道約食後同敏叔中道平叔如晦詣景德浴以風埃遂止

卷二十四：閒詠寄呈次道

卷二十五：寄宋次道中道

慶曆六年（西元一〇五六年）詩：

卷二十七：答宋學士次道寄澄心堂紙百幅

慶曆七年（西元一〇四七年）詩：

卷三十：韓玉汝遺澄心紙二軸初得此物歐陽永叔又得於宋次道又得於君伯氏子華今則四矣

卷三十一：宋次道得廣南金橘爲餉且有詩因和酬

慶曆八年（西元一〇四八年）詩：

卷三十二：宋次道家摘寶相花歸清平里

皇祐元年（西元一〇四九年）詩：

卷三十六：冬至日得師厚宋次道中道書

皇祐三年（西元一〇五一年）詩：

卷十三：十月晦夢遊嵩山明日訪宋中道見次道寄宿岳寺

皇祐四年（西元一〇五二年）詩：

卷十四：寄西京通判宋次道學士

皇祐五年（西元一〇五三年）詩：

卷十七：觀拽龍舟懷裴宋韓李

嘉祐二年（西元一〇五七年）詩：

卷五十五：和宋次道答弟中道寄懷

嘉祐三年（西元一〇五八年）詩：

卷五十六：送次道學士知太平州因寄曾子固

卷五十九：依韻和宋次道學士紫宸早謁

卷五十九：和次道省中初直

卷五十九：和宋次道龔石昌言舍人

卷五十九：去年宋中道自洛州以書令魏殊來謁予魏遂託主第後辭歸予因中道之兄次道有孔雀賦以

送魏生
卷五十九：依韻和宋次道答弟中道喜還朝

（四）宋敏修（約當宋仁宗朝至神宗朝在世）

敏修字中道，敏求弟。官至都官郎中。

中道兄弟皆與堯臣交密，而中道尤善。自慶曆年間，識堯臣於京師以來，十餘載如新，故堯臣曰「晚得二友生」（註十二），乃謂宋敏修及裴如晦，皆堯臣晚得知交也。

中道性躁，雖與堯臣至交，輒任性發怒。堯臣知之，每每忍勸，若謂「吾今敢告子，幸願少適情」（註十三），「爾書我不答，爾怒從爾罵。……儻我一日死，爾豈無悲吒。唯知道義深，小失不足謝。」（註十四）。中道實乃率直至情者，甚投堯臣肝腸，故二人相聚雖暫，友情卻足長存。今宛陵集收有堯臣與之唱遊詩三十三首。

慶曆五年（西元一〇四五年）詩：

卷十一：元夕同次道中道平叔如晦賦詩得閑字
卷二十四：次道約食後同敏叔中道平叔如晦詣景德浴以風埃遂止
卷二十四：依韻和中道寶相花
卷二十四：和中道兩樹
卷二十四：答中道小疾見寄

卷二十四：和中道雨中見寄
卷二十五：和中道伏日次韻
卷二十五：乙酉六月二十一日予應辟許昌……友人則胥平叔宋中道裴如晦各携酒送我于王氏之園盡歡而去明日予作詩以寄焉
卷二十五：寄宋次道中道

慶曆六年（西元一〇四六年）詩：
卷二十八：寄宋中道
卷二十八：宋中道失小女戲寬之

慶曆七年（西元一〇四七年）詩：
卷三十：九月十六日自許昌迴至京師胥平叔宋中道迓於郊外
卷三十：宋中道快我生女
卷三十：詠宋中道宅椶櫚

慶曆八年（西元一〇四八年）詩：
卷三十一：和宋中道元夕二首
卷三十一：依韻和宋中道雨後
卷三十二：送宋中道鄭州拜掃

卷三十四：看山寄宋中道
皇祐元年（西元一〇四九年）詩：
卷三十六：冬至日得師厚宋次道中道書
皇祐三年（西元一〇五一年）詩：
卷三十八：和宋中道喜至次用其韻
卷十三：十月晦夢遊嵩山明日訪宋中道見次道寄宿岳寺。
卷十三：十一月七日雪中聞宋中道與其內祥源觀燒香
卷十三：月下懷裴如晦宋中道
卷十三：同蔡君謨江鄰幾觀宋中道書畫
皇祐四年（西元一〇五二年）詩：
卷十四：送宋中道朝陵仍於西都省親
卷十四：重送宋中道
至和元年（西元一〇五四年）詩：
卷四十一：夢後得宋中道書 四月十九日
嘉祐元年（西元一〇五六年）詩：
卷四十九：依韻和宋中道觀八月二十八日車駕朝謁景靈宮

卷五十：送宋中道太博倅廣平

嘉祐二年（西元一〇五七年）詩：

卷五十五：和宋次道答弟中道寄懷

嘉祐三年（西元一〇五八年）詩：

卷五十九：去年宋中道自洛州以書令魏殊來謁予魏遂託主第後辭歸予因中道之兄次道有孔雀賦以
送魏生

卷五十九：依韻和宋中道見寄

卷五十九：依道和宋次道答弟中道喜還朝

（五）蘇舜欽（宋眞宗大中祥符元年至仁宗慶曆八年；西元一〇〇八至一〇四八年）　四十一歲

舜欽字子美。梓州銅城人，家開封。景祐元年，舉進士，范仲淹愛其才，薦爲集賢校理，監進奏院。坐用鬻故紙公錢宴樂，除名。乃寓吳中，作滄浪亭，益讀書，時發憤懣於歌詩。後得湖州長史，卒。

子美少慷慨，有大志，壯貌怪偉。當天聖中，學者多病偶對，獨君與河南穆修，好爲古文歌詩，一時豪俊多從之游。其詩豪放雄健，往往驚人；且善草書，每酣酒落筆，爲人所爭傳（註十五）。堯臣嘗之曰「君詩壯且奇，君筆工復妙」（註十六）。

慶曆四年，子美既監進奏院，適堯臣湖州任滿，解官返京，故相與酬遊。歐陽修嘗謂二人「放檢不同調」，而能「握手幸相笑」（註二十一）。堯臣亦愛賞其格，乃欲「引吭和其音，力盡猶勉彊」（註十七）。子美卒後數年，堯臣尚偶見其遺墨而悲之（註十八）。

子美有兄曰舜元字才翁，弱冠即識堯臣（註十九），卒後二年，與子美同葬，堯臣作挽詞三首哀之。詩見宛陵集中。

慶曆四年（西元一〇四四年）詩：

卷十一：詠蘇子美庭中千葉菊樹子

卷十一：蘇子美竹軒和王勝之

卷十一：偶書寄蘇子美

卷十一：送蘇子美

卷十一：聞子美次道師厚登天清寺塔

慶曆五年（西元一〇四五年）詩：

卷二十四：讀蟠桃詩寄子美永叔

慶曆七年（西元一〇四七年）詩：

卷二十九：寄題蘇子美滄浪亭

至和二年（西元一〇五五年）詩：

卷四十五：張聖民學士出御書幷法帖共閱之又一軸蘇子美書杜懿病焉

嘉祐元年（西元一〇五六年）詩：

卷四十七：過山陽水陸院智洪上人房 有蘇子美墨蹟

卷四十九：度支蘇才翁挽詞三首 子美同葬

（六）晏殊（宋太宗淳化二年至仁宗至和元年；西元九九一至一〇五五年）　六十五歲

殊字同叔，撫州臨川人。年十三，以神童召試，賜進士出身。累擢知制誥翰林學士。拜集賢殿學士、同中書門下平章事，兼樞密使。徙知河南府兼西京留守，以疾卒于京師。

殊爲人剛簡，遇人必以誠。平居好賢，及爲相，范仲淹、韓琦、富弼，皆得進用（註二十）。

慶曆五年，殊罷執政，知潁州。明年秋，堯臣既娶刁氏於京，返許昌任途中，過汝陰而謁之，相見甚歡，經旬乃別。後二年，殊遷陳州，乃辟堯臣來郡，日與酬遊。旋因堯臣父喪返鄉。殊並致書慰之。堯臣乃大感激，謝曰「哀憂向二年，朋戚誰與書？敢意大丞相，尺題傳義廬。」

宛陵集載堯臣與之詩篇凡二十六首，列之如下。

慶曆五年（西元一〇四五年）詩：

卷二十四：丞相二章

慶曆六年（西元一〇四六年）詩：

卷二十八：八日就湖上會飲呈晏相公

卷二十八：九日擷芳園會呈晏相公

卷二十八：謝晏相公

卷二十八：道中謝晏相公寄酒

卷二十八：依韻和晏相公

卷二十八：以近詩贄尚書晏相公忽有酬贈之什稱之甚過不敢輒有所敍謹依韻綴前日坐末教誨之言以和

卷二十八：途中寄上尚書晏相公二十韻

卷二十八：舟中夜與家人飲

慶曆八年（西元一〇四八年）詩：

卷三十二：依韻朱學士廉叔憶潁川西湖春色寄尚書晏公且將有宛丘之命

卷三十三：泊姑熟江口邀刁景純相見時陳州晏相公辟

卷三十四：謹和相國屋上叢菊

卷三十四：十月花下小飲賦四題（拒霜、九月二十八日牡丹、殘菊、三日讌集）

卷十二：郡閣閱書投壺和呈相國晏公

卷十二：擬王維觀獵晏相公座中探賦

卷十二：題臘藥

按：題下注云：「尚書晏相公臘日投壺輸詩七首，便以臘日所用物賦，先成四首上呈。」

所作七首，乃：「題臘藥」、「臘酒」、「臘脯」、「臘旬」、「和挑菜十二月十二日」、「和臘日」、「啄木二首十二月十二日陪步後園所聞見」

皇祐二年（西元一〇五〇年）詩：

卷三十七：十月二十一日得許昌晏相公書

皇祐三年（西元一〇五〇年）詩：

卷三十八：送張推官洞赴晏相公辟

至和二年（西元一〇五五年）詩：

卷四十四：聞臨淄公薨

嘉祐元年（西元一〇五六年）詩：

卷四十六：依韻和許待制後園宴賓

按：詩後注云：「宛丘城頭有莎場，臨淄公每飲於其間。」

（七）江休復（宋眞宗景德二年至仁宗嘉祐五年；西元一〇〇五至一〇六〇年）　五十六歲

休復字鄰幾，開封陳留人。天聖中，與尹師魯、蘇子美遊，知名當時。舉進士，調藍山尉。累遷集賢校理，判尚書刑部。慶曆四年，蘇子美以祠神會飲得罪，牽連甚廣，鄰幾坐落職，監蔡州商稅。八年，改太尚博士，通判睦州，尋復得集賢校理。入判三司鹽鐵司院、修起居注，遷刑部郎中。鄰幾彊學博覽，爲文淳雅，尤善於詩。喜隸書、琴奕食酒。與人交，久而愈篤（註二十一）。

慶曆六年春，鄰幾旣謫蔡州，乃修書堯臣，略述離懷；宛陵集所載二人酬和之詩，卽自此始。鄰幾好雅遊，善琴奕書畫，雖與堯臣皆貧，而餉客不計有無（二十二）。酬遊甚密，自皇祐三年至嘉祐五年之十年中，除因堯臣母喪歸宣城，暫別兩年外，幾乎焦孟不離。堯臣卒前二月，尙以詩篇寄之。

宛陵集載堯臣與其唱和詩三十七首，序列如下。

慶曆六年（西元一〇四六年）詩：

卷二十七：答江十鄰幾

卷二十七：和江鄰幾見寄 自此許州起慶曆六年夏盡其年終

卷二十七：汝南江鄰幾云：郾南並淮浮光山有張隱居……近董氏黃氏欲買土爲鄰故江有慕之之作予輒次其韻

慶曆八年（西元一〇四八年）詩：

卷三十四：送江學士睦州通判

皇祐三年（西元一〇五一年）詩：

卷三十八：和江鄰幾有菊無酒

卷三十八：和原甫同鄰幾過相國寺淨土院因觀楊惠之塑吳道子畫聽越僧琴閩僧寫宋賈二公眞

卷三十八：江鄰幾邀食餛飩學書謾成

卷十三：夜與鄰幾持國歸

卷十三：和江鄰幾詠雪二十韻

卷十三：同蔡君謨江鄰幾觀宋中道書畫

皇祐四年（西元一〇五二年）詩：

卷三十九：江鄰幾遷居

卷十四：正月二十七日江鄰幾杜挺之劉原甫韓持國邀飲於定力院

卷十五：和江鄰幾景德寺避暑

皇祐五年（西元一〇五三年）詩：

卷十七：飲酒呈鄰幾原甫

卷十七：二十一日雪中赴宿懷鄰幾原甫

卷十七：江鄰幾饌鱠

卷十七：夜與原甫江家步歸 二十三日

卷十八：二十日江鄰幾邀觀三館書畫錄其所見

卷十八：同江鄰幾龔輔之陳和叔登吹臺有感

卷十八：依韻和江鄰幾癸巳六月十日同刁吳韓楊飲范景仁家晚赴館宿覩吳興太守章伯鎮題壁記辛卯仲秋初吉九月十一日十月二十二日十二月十一日壬辰二月一日館直慨然有感

卷十八：飲原甫舍人家同江鄰幾陳和叔學士觀白鷴孔雀鳧鼎周亞夫印鈕玉寶赫連勃勃龍雀刀

卷十八：劉涇州以所得李士衡觀察家號蟾蜍硯……示劉原甫原甫方與予飲……遂作詩予與江鄰幾諸君和之

卷十八：和王景彝晚逢赴江鄰幾飲

嘉祐元年（西元一〇五六年）詩：

卷五十：江鄰幾學士寄酥梨

嘉祐二年（西元一〇五七年）詩：

卷五十五：江鄰幾暫來相見去後戲寄

嘉祐三年（西元一〇五八年）詩

卷五十七：和江鄰幾學士得雷殿直墨竹二軸

卷五十七：江鄰幾沈文通二學士見過

卷五十八：和江鄰幾學士畫鬼拔河篇

卷五十八：和吳沖卿江鄰幾二學士王景彝舍人秋興

卷五十八：九月晦日謁韓子華遂留邀江鄰幾同飲是夕值其內宿不終席明日有詩予次其韻

卷五十九：江鄰幾寄羊羓 去歲爲翊造者

嘉祐四年（西元一〇五九年）詩：

卷十九：和江鄰幾省中賞小桃

卷十九：次韻和江鄰幾送客回同過金明池二首

卷二十：和鄰幾學士桃花

卷二十一：嘲江翁還接䍦（江簡云嘗憶張籍詩有恐偸剪樣尋常嬾戴出書堂）

卷二十二：九日永叔長文原甫景仁鄰幾持國過飲

嘉祐五年（西元一〇六〇年）詩：

卷二十三：次韻王舍人憶省中小桃寄江學士

（八）劉敞（宋眞宗天禧三年至神宗熙寧元年；西元一〇一九至一〇六八年）　五十歲

敞字原父，吉州臨江人。舉慶曆六年進士，通判蔡州，遷太子中允，直集賢院。至和元年九月，擢知制誥，二年八月，奉使契丹。三年，使還，以親嫌求知揚州；在揚，還民田，平寃獄，相傳以爲神明。歲餘，徙鄆州，決獄訟，明賞罰，境內肅然。嘉祐四年，以識論與衆忤，求知永興軍。拜翰林侍讀學士，改集賢院學士，判南京御史臺。考知三代制度，朝廷每有禮樂之事，必就其家以取決。

敞於學博，自佛老、卜筮、天文、方藥、山經、地志，皆究知大略。歐陽修每於書有疑，折簡來門；對其使揮毫答之，不停手（註二十三）。

皇祐三年，敞在登聞鼓院，會堯臣父喪服滿，返京師，始與酬遊。乃堯臣晚歲詩友。敞好古器字畫，常與堯臣及鄰幾賦詠古物，樂此不疲。宛陵集收有堯臣與之唱和之詩，凡四十五首，列之於下。

皇祐三年（西元一〇五一年）詩：

卷三十八：劉原甫觀相國寺淨土楊惠之塑像吳道子畫又越僧鼓琴聞僧寫眞予解其詫

卷三十八：和原甫同鄰幾過相國寺淨土院因觀楊惠之塑吳道子畫聽越僧琴聞僧寫宋賈二公眞

皇祐四年（西元一〇五二年）詩：

卷十四：正月二十七日江鄰幾杜挺之劉原甫韓持國邀飲於定力院

卷三十九：景純以侍兒病期與原甫月圓爲飲

卷三十九：八月三日詠原甫庭前林檎花

卷十六：飲劉原甫家原甫懷二古錢勸酒其一齊之大刀長五寸半其一王莽時金錯刀長二寸半

卷十六：和劉原甫省中新菊

卷十六：和劉原甫十二月十日就墨

皇祐五年（西元一〇五三年）詩：

卷十七：十七日和原甫風花偶書用其韻

卷十七：飲酒呈鄰幾原甫

卷十七：二十一日雪中赴宿懷鄰幾原甫

卷十七：答劉原甫

卷十八：依韻和原甫省中松石畫壁富彥國爲省判日令許道寧畫

卷十八：依韻和原甫廳壁許道寧山水云是富彥國作判官時畫
卷十八：依韻和劉原甫見寄
卷十八：依韻和原甫對月見還不至
卷十八：依韻和原甫月夜獨酌
卷十八：依韻和原甫早赴紫宸朝待旦假寐
卷十八：依韻和原甫新置盆池種蓮花菖蒲養小魚數十之什
卷十八：和原甫六月八日曉雨
卷十八：次韻和永叔退朝馬上見寄兼呈子華原甫
卷十八：劉涇州以所得李士衡觀察家號蟾蜍硯其下刻云天寶八年多端州刺史李元德靈卯石造示劉原甫原甫方與予飲辨云天寶稱載此稱年僞也遂作詩予與江鄰幾諸君和之
卷十八：依韻和原甫廳壁錢諫議畫蟹
卷十八：依韻和原甫昭君辭
卷十八：再依韻
卷十八：飲劉原甫舍人家同江鄰幾陳和叔學士觀白鷴孔雀鳧鼎周亞夫印鈿玉寶赫連勃勃龍雀刀

至和二年（西元一〇五五年）詩：

卷三十五：依韻和永叔澄心堂紙答劉原甫

嘉祐元年（西元一〇五六年）詩：

卷四十八：依韻和劉原甫舍人赴揚州途次贈予馹馹河中船

卷五十：和永叔答劉原甫遊平山堂寄

卷五十：答劉原甫寄糟薑

嘉祐二年（西元一〇五七年）詩：

卷五十五：依韻和永叔內翰酬寄揚州劉原甫舍人

嘉祐三年（西元一〇五八年）詩：

卷五十六：依韻和劉原甫舍人揚州五題

卷五十八：和劉原父舍人樂郊詩

卷五十八：次韻和劉原甫遊樂郊贈同遊

嘉祐四年（西元一〇五九年）詩：

卷二十：次韻和劉原甫紫微過予飲酒

卷二十一：同梅二十五飲永叔家觀所鈔集近事劉敞

按：此詩實乃原甫所作，誤雜宛陵集中

卷二十一：次韻和永叔原甫致齋集禧

卷二十一：次韻和原甫閣下午寢晚歸見示

卷二十一：六月晦日定力院同原父賦送伯鎮景純樞言三學士

卷二十二：和劉原甫白鸚鵡

卷二十二：十一月二十三日歐陽永叔劉原甫范景仁何聖徒見訪之什

卷二十二：次韻和原甫陪永叔景仁聖徒飲余家題庭中枯菊之什

嘉祐五年（西元一〇六〇年）詩：

卷二十三：次韻和劉原甫社後對雪

卷二十三：次韻和永叔雨中寄原甫舍人

卷二十三：和劉原甫復雨寄永叔

（九）王安國（宋仁宗天聖六年至神宗熙寧七年；西元一〇二八年至一〇七四年） 四十七歲

安國字平甫，撫州臨川人。幼敏悟，年十二，出所為詩銘論賦數十篇示人，語皆警拔。數舉進士不售，舉茂才異等。母喪，廬于墓三年。除西京國子教授，改秘閣校理。早卒，故不見於用（註二十四）。

至和元年，平甫二十七歲，才名稱於當世，堯臣嘗和其詩一首。後二年春，堯臣母喪服滿，赴京求仕，途次揚州，而平甫來謁，堯臣與之「一見如舊心相傾，談經樹下任日炙」（註二十九），遂相交善。後平甫與兄安石，赴任江南，詩酬漸少。

宛陵集收有堯臣與安國酬和之詩，列之於下。

至和元年（西元一〇五四）詩：

卷四十一：依韻和王介甫兄弟舟次蕪江懷寄吳正仲

嘉祐元年（西元一〇五六年）詩：

卷四十六：次韻和王平甫見寄

卷四十七：阻淺挺之平甫來飲

卷四十七：依韻和表臣聞與挺之宣叔平甫飲

卷四十七：釋悶呈挺之平甫

卷四十七：次韻和表臣惠符離去歲重醞酒時與杜挺之李宣叔王平甫飲於阻水仍有筍醬之遺

卷四十七：醉中和王平甫用其韻

卷四十八：泊徐城寄杜挺之王平甫

卷四十八：吳沖卿學士以王平甫言淮甸會予予久未至沖卿與平甫作詩見寄答之

嘉祐二年（西元一〇五七年）詩：

卷五十三：送王平甫擬離騷

卷五十五：依韻和王平甫見寄

嘉祐三年（西元一〇五八年）詩：

卷五十七：王平甫畫水臥屏

（十）王安石（宋眞宗天禧五年至哲宗元祐元年；西元一〇二一至一〇八六年）　六十六歲

安石，字介甫，平甫之兄。宋朝名臣，神宗時變法，有名於當世。初亦與堯臣相識，但情誼泛泛。

宛陵集載有堯臣與安石酬和之詩，列之於下：

至和元年（西元一〇五四年）詩：

卷四十一：依韻和王介甫兄弟舟次蕪江懷寄吳正仲

嘉祐二年（西元一〇五七年）詩：

卷五十三：送王介甫知毘陵

卷五十五：得王介甫常州書

嘉祐五年（西元一〇六〇年）詩：

卷二十三：和介甫明妃曲

（十一）張谷（約當宋眞宗至仁宗朝在世）

谷字仲容，天聖八年進士。明道元年，替堯臣爲河南主簿。與之交善，十餘載不輟。

谷與歐陽修同年進士，又同吏河南，故修爲之改字曰應之（註五）。慶曆五年，谷從軍役，堯臣送之。後三年還邑，堯臣又以詩迎之。見宛陵集中。

明道二年（西元一〇三三年）詩：

卷三：河南張應之東齋

慶曆四年（西元一〇四四年）詩：

卷十：張法曹歸闕

慶曆五年（西元一〇四五年）詩：

卷二十四：依韻和張應之見寄

卷二十五：和張士曹應之晚景

慶曆八年（西元一〇四八年）詩：

卷三十二：和應之還邑道中見寄

（十二）曾鞏（宋眞宗天禧三年至神宗元豐六年；西元一〇一九至一〇八三年）　六十五歲

鞏字子固，建昌南豐人。生而警敏，讀書卽成誦。年十二，試作六論，援筆立成。歐陽修見其文而奇之。舉嘉祐二年進士（註二十六）。

堯臣早知子固文章，遲至至和二年，母喪服滿，赴京途中，始識之於揚州（註二十七）。後子固應進士舉，堯臣且爲考官。

今宛陵集載堯臣送子固之詩七首，次之於后。

慶曆七年（西元一〇四七年）詩：

卷三十：得曾鞏秀才所附滁州歐陽永叔書答意

至和二年（西元一〇五五年）詩：

卷四十五：逢曾子固

嘉祐二年（西元一〇五七年）詩：

卷五十二：和楚屯田同曾子固陸子履觀予堂前石榴花

卷五十三：送曾子固蘇軾

卷五十三：夜值廣文有感寄曾子固

卷五十三：重送曾子固

嘉祐三年（西元一〇五八年）詩：

卷五十六：送次道學士知太平州因寄曾子固

（十三）杜且（約當宋眞宗至仁宗朝在世）

且字挺之，皇祐三年知和州（今安徽省和縣），嘗與堯臣酬遊。至和二年，堯臣離鄉赴京，途次歷陽，值挺之任滿，遂約同入汴。同年，得知虔州。

堯臣與挺之唱和之作凡二十首，載宛陵集中

慶曆七年（西元一〇四七年）詩：

卷三十一：杜挺之贈端溪圓硯

皇祐三年（西元一〇五一年）詩：

卷三十八：杜挺之新得和州將出京遺予薪芻豆

皇祐四年（西元一〇五二年）詩：

卷十四：正月二十七日江鄰幾杜挺之劉原甫韓持國邀飲於定力院

至和元年（西元一〇五四年）詩：

卷四十二：杜和州寄新醅

至和二年（西元一〇五五年）詩：

卷四十五：歷陽過杜挺之遂約同入汴

嘉祐元年（西元一〇五六年）詩：

卷四十六：讀邵不疑學士詩卷杜挺之忽來因出示之且伏高致輒書一時之語以奉呈

卷四十六：依韻和不疑寄杜挺之以病雨止冷淘會

卷四十六：答杜挺之遺鰍魚乾

卷四十七：先至山陽懷杜挺之

卷四十七：閏三月八日淮上遇風杜挺之先至洪澤遣人來迎

卷四十七：阻淺挺之平甫來飲

卷四十七：依韻和表臣聞與挺之宣叔平甫飲

卷四十七：聞宣叔挺之圍棋

卷四十七：釋悶 呈挺之平甫

卷四十七：依韻和挺之晨起見寄 時阻汴淺

卷四十七：次韻和表臣惠符離去歲重醞酒時與杜挺之李宣叔王平甫飲於阻水仍有筍醬之遺

卷四十七：將赴表臣會呈杜挺之

卷四十八：泊徐城寄杜挺之王平甫

卷四十八：至靈璧鎮於許供奉處得杜挺之書及詩

卷四十九：送杜挺之郎中知虔州

（十四）司馬光（宋眞宗天禧三年至哲宗元祐元年；西元一〇一九至一〇八六年） 六十八歲

光字君實，陝州夏縣人。生七歲，凜然如成人，聞講左氏春秋，即了其大旨，舉寶元初年進士甲科，同知諫院。神宗時爲御史中丞，因議王安石新法，不合，去，居洛十五年，絕口不論時事（註二十八）

皇祐三年，堯臣和其上辛詩一首，二人酬和之作，自此始見。明年，光通判鄆州，堯臣並以詩送之。今宛陵集有堯臣與其唱和之詩五首，列次如下。

皇祐三年（西元一〇五一年）詩：

卷十三：和司馬學士上辛祀事出郊寄馮學士

皇祐四年（西元一〇五二年）詩：

卷三十九：送司馬君實學士通判鄆州

嘉祐二年（西元一〇五七年）詩：

卷五十五：司馬君實遺甘草杖

嘉祐三年（西元一〇五八年）詩：

卷五十七：次韻和司馬君實同錢君倚二學士見過

卷五十八：次韻和司馬學士𢈔四

（十五）林逋（宋太祖乾德五年至仁宗天聖六年；西元九六七王一〇二八年）　六十二歲

逋字君復，錢塘人。隱杭州西湖之孤山。工筆畫，善爲詩。卒，謚和靖先生。

天聖元年，堯臣隨叔父之楚州，嘗訪逋於雪中。皇祐五年，並爲其詩集作序。逋之姪孫大年，亦偶與堯臣交往。有詩載於宛陵集中。

慶曆七年（西元一〇四七年）詩：

卷三十一：對雪憶往歲錢塘西湖訪林逋三首

卷三十：送韓玉汝宰錢塘（詩句中言及林逋）

皇祐五年（西元一〇五三年）詩：

卷六十：林和靖先生詩集序

卷十八：送林大年寺丞宰蒙城先歸餘杭逋之姪孫

嘉祐四年（西元一〇五九年）詩：

卷二十一：送林大年殿丞登第倅知州

（十六）王幾道（約當宋眞宗朝至仁宗嘉祐二年；——西元一〇五七年）

幾道爲堯臣洛中舊友。明道二年爲隰州判官，皇祐中，知磁州（今河北磁縣）。嘉祐二年，解官待闕於洛陽，以衄血，卒。堯臣作挽詩三首哭之。見宛陵集中。

明道元年（西元一〇三二年）詩：

卷一：同尹子漸王幾道訪郭三別墅不遇

卷二：依韻和王幾道塗次杏花有感

卷二：希深惠書言與師魯永叔子聰幾道遊嵩因誦而韻之

卷二：依韻和永叔雪後見寄兼云自尹家兄弟及幾道散後子聰下縣久不得歸頗有離索之歎

明道二年（西元一〇三三年）詩：

卷三：幾道隰州判官

皇祐四年（西元一〇五二年）詩：

卷三十九：依韻和磁守王幾道屯田暑夜寄懷

嘉祐二年（西元一〇五七年）詩：

卷五十二：王幾道罷磁州遺澄泥古瓦二硯

卷五十四：哭王畿道職方三首

按：詩後注云：「君當入西川官。雖抱病、無由免。待闕於緱氏，因衄血，國醫以藥下之，乘虛而卒。」

（十七）韓綱（宋眞宗至仁宗朝在世）

韓億，開封雍丘人。仁宗朝官至參政。以太子太傅致仕。性方重，治家嚴飭，雖燕居，未嘗有惰容。娶王旦長女，生八子，依次爲：綱、綜、絳、繹、維、縝、緯、緬，皆爲高官（註二十九）。王旦，大名莘人。眞宗景德三年爲參政，朝廷之士多爲其所薦。天禧元年卒；眞宗臨哭，輟視朝三日。子三人，長曰司封郎中雍，次曰贊善大夫沖，次曰素。女四人，長適太子太傅韓億（註三十）。韓氏昆弟及舅氏道損、仲儀皆與堯臣交善。王仲儀，弱冠即識堯臣於洛陽，濶別二十載，始重逢於汝州。時堯臣官許昌，適逢韓氏昆弟歸鄉省親，英才際遇，遂爲一時盛會。

茲將韓氏昆弟及舅氏關係，列表示之如下：

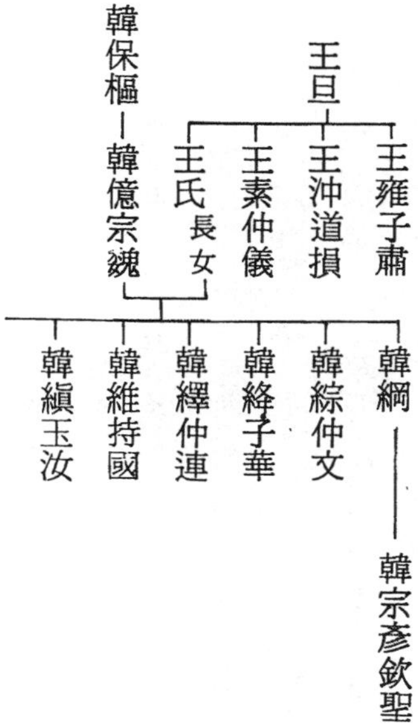

┌韓緯崇道
└韓緬

茲爲便利起，先敍韓綱：

慶曆中，綱知光化軍，性苛急，不能撫循士卒。會盜刼至境上，坐棄城除名（註三十一）。堯臣雖未單獨與綱唱和，而有與韓氏昆弟會酬之詩，綱亦當在內。載諸宛陵集之詩，列之於后：

卷二十九：依韻和韓子華陪王舅道損宴集（韓氏兄弟八人而七人在坐）

按：同卷又有詩，題云「前此諸韓來飲，獨仲連以小兒病不至」知韓綱當與宴。

卷二十九：同諸韓飲曼叔家

卷二十九：諸韓來會別

卷三十：同諸韓及孫曼叔晚遊西湖三首

卷二十九：飲韓仲文家。詩云：「坐客十餘人，七子實棣萼。」

（十八）韓綜（宋眞宗大中祥符元年至仁宗皇祐四年；西元一〇〇八至一〇五二年）　享年四十五

綜，字仲文，於慶曆六年夏，始識堯臣於許昌，嘗遺堯臣越鄉海味。次年，奉使契丹，契丹主以其父子仍世奉使，離席酌酒勸之。既還，宰相陳執中以爲生事，出知滑州。其爲契丹館伴使，嘗一語解疑。其後朝廷擇館伴契丹使者，帝曰：「孰有如韓綜者乎？」（註三十二）迨其卒，堯臣哭之曰「使虜嘗專對，江湖謫幾年。」

堯臣與綜唱酬之詩十五首，列之於后。

慶曆六年（西元一〇四六年）詩：

卷二十七：夏日對雨偶成寄韓仲文昆弟

卷二十七：病癰在告韓仲文贈烏賊觜生醅醬蛤蜊醬因筆戲答

卷二十九：依韻和酬韓仲文昆季聯句見謝 予前與道損遊西湖淨居堂因至其第

卷二十九：飲韓仲文家

卷二十九：和韓仲文西齋閑夜有懷道損舅及予

慶曆七年（西元一〇四七年）詩：

卷二十九：與仲文子華陪觀新水磑

卷二十九：與道損仲文子華陪泛西湖

卷二十九：與仲文西湖野步至新堰二首

卷二十九：送仲文

卷三十：送韓仲文奉使

慶曆八年（西元一〇四七年）

卷三十一：聞韓仲文使歸

卷三十二：送韓仲文知許州

卷三十四：夢同諸公餞仲文夢中坐上作

皇祐三年（西元一〇五一年）詩：

卷三十八：太廟致齋答韓舍人簡

皇祐四年（西元一〇五二年）詩：

卷十五：晨起裴吳二直講過門云鳳閣韓舍人物故作五章以哭之

（十九）**韓絳（宋眞宗大中祥符五年至哲宗元祐三年；西元一〇一二至一〇八八年）享年七十七**

絳，字子華。於慶曆三年，登進士甲科，通判陳州。六年，歸許昌省親，始識堯臣，一見如故（註三十三），遂相酬酢。後絳雖顯貴，仍與堯臣交遊不輟。昆弟中，最與堯臣深交。堯臣卒前一年，仍與之詩相往來。

宛陵集載堯臣與其唱酬詩共三十五首，列之於后。

慶曆六年（西元一〇四六年）詩：

卷二十七：答韓三子華韓五持國韓六玉汝見贈述詩

卷二十七：前以詩答韓三子華後得其簡因敘下情

卷二十八：和韓子華桂花

卷二十九：依韻和韓子華陪王舅道損宴集

卷二十九：奉和子華持國玉汝來飲西軒

慶曆七年（西元一〇四七年）詩：

卷二十九：與仲文子華陪觀新水磑

卷二十九：與道損仲文子華陪泛西湖

卷二十九：同諸韓飲曼叔家

卷二十九：諸韓來會別

卷二十九：送子華

卷二十九：和韓子華寄東華市玉版鮓

卷三十：同諸韓及孫曼叔晚遊西湖三首

卷三十：送韓子華十月拜掃

卷三十：詠象韓子華邀賦

卷三十一：晚歸聞韓子華見訪

慶曆八年（西元一〇四八年）詩：

卷三十一：和答韓子華餉子魚

卷三十二：送韓子華歸許昌

卷三十二：韓子華約遊園上馬後雨作遂歸

卷三十二：下土橋送刁景純忽大風，韓子華先歸，遺其小方巾，明日持還，副以此詩。

卷三十二：韓子華訪石昌言不遇石有詩韓邀和答

皇祐三年（西元一〇五一年）詩：

卷三十八：韓子華江南安撫

皇祐四年（西元一〇五二年）詩：

卷三十九：韓子華遺冰

皇祐五年（西元一〇五三年）詩：

卷十七：三月十日韓子華招飲歸成

卷十八：醉和范景仁賦子華東軒樹次其韻五月十日

卷十八：五月十四日與子華自內中歸

卷十八：次韻和永叔退朝馬上見寄兼呈子華原甫

嘉祐元年（西元一〇五六年）詩：

卷五十：歐陽永叔王原叔二翰林韓子華吳長文二舍人同過弊廬值出不及見十二月七日

嘉祐二年（西元一〇五七年）詩：

卷五十二：書事和韓子華舍人

卷五十四：韓子華吳長文石昌言三舍人見訪

嘉祐三年（西元一〇五八年）詩：

卷五十五：上元夕有懷韓子華閣老

卷五十七：韓子華內翰見過

卷五十八：九月晦日謁韓子華，遂邀江鄰幾同飲。是夕值其內宿，不終席。明日有詩，予次其韻

嘉祐四年（西元一〇五九年）詩：

卷十九：次韻和韓子華內翰於李右丞家移紅薇子種學士院

卷十九：次韻和長文禖祀郊外見寄并呈韓子華

卷二十：看花呈子華內翰

（二十）韓繹（約宋眞宗大中祥符八年至仁宗朝在世）

繹，字仲連，於慶曆六年回許昌省親。因兄弟酬遊，始識堯臣，交往甚暫。明年，繹返任，即少唱和。

宛陵集錄有堯臣與其唱酬之詩，共四首，列之於后。

慶曆六年（西元一〇四六年）詩：

卷二十九：前此諸韓來飲獨仲連以小兒病不至明日仲連有夜坐見懷之什因成答章

慶曆七年（西元一〇四七年）詩：

卷二十九：諸韓來會別

卷二十九：送仲連

卷三十：同諸韓及孫曼叔晚遊西湖三首

（二十一）韓維（宋眞宗天禧元年至哲宗元符元年；西元一〇一七至一〇九八年）　八十二歲

維好古嗜學，安於靜退。風節凜然而情致風流；神宗朝以太子少傅致仕。

維字持國，與三兄子華、六弟玉汝最先結識堯臣，且交往亦最密切。堯臣甚敬賞之，因謂「我初見韓子，蜿蜒噴雷雹」（註三十四），亦驚其才劇也。

堯臣在許昌寓所，題曰西軒，風景幽絕；常於西軒宴其嘉賓。後持國亦於西軒近處，闢營茅廬。堯臣因有詩贊之（註三十五）。二人交往凡十四載，日久重見情深。

堯臣與維唱酬之詩，共二十六首，列之於下。

慶曆六年（西元一〇四六年）詩：

卷二十七：答韓三子華韓五持國韓六玉汝見贈述詩

卷二十九：韓持國邀賦鬥山鵲

卷二十九：和韓五持國乞分道損山藥之什

卷二十九：奉和子華持國玉汝來飲西軒

慶曆七年（西元一〇四七年）詩：

卷二十九：答持國遺魦魚皮膾

卷二十九：和持國石蘚

卷二十九：同諸韓飲曼叔家
卷二十九：諸韓來會別
卷二十九：同道損持國訪孔旼處士
卷二十九：奉和持國曼叔方叔送師直歸馬上同賦之什
卷二十九：依韻和持國新植西軒
卷二十九：西湖觀新出鵝兒道損持國曼叔請予賦之
卷三十：欲晚訪韓持國忽道損見過不克往持國示詩因答
卷三十：泛舟和持國
卷三十：持國遺食
卷三十：同諸韓及孫曼叔晚遊西湖三首
卷三十一：吳沖卿示和韓持國詩一卷
卷三十一：李廷老席上送韓持國歸許昌得早字
卷三十一：送韓持國

慶曆八年（西元一〇四八年）詩：

卷十二：得韓持國書報新作茅廬

皇祐三年（西元一〇五一年）詩：

卷十三：夜與鄰幾持國歸

皇祐四年（西元一〇五二年）詩：

卷十四：正月二十七日江鄰幾杜挺之劉原甫韓持國邀飲於定力院

皇祐五年（西元一〇五三年）詩：

卷十七：觀拽龍舟懷裴宋韓李

嘉祐二年（西元一〇五七年）詩：

卷五十二：韓持國遺洛筍

卷五十三：韓持國再遺洛中斑竹筍

嘉祐四年（西元一〇五九年）詩：

卷二十二：九日永叔長文原甫景仁鄰幾持國過飲

（二十二）韓縝（宋眞宗天僖三年至哲宗紹聖四年；西元一〇一九至一〇九七年）　七十九歲

縝字玉汝，哲宗朝以太子太保致仕。

縝外事莊重，所至以嚴稱。雖出入將相而寂無功烈，厚自奉養。嘗知秦州，秦人語云：「寧逢乳虎，莫逢玉汝」，嚴苛若此（註三十六）！

縝於慶曆六年識堯臣於許昌，交結甚懽，常相酬贈。堯臣晚年居京師，亦嘗與之酬唱。

宛陵集收有堯臣與縝唱酬之詩，凡十八首，列之於后。

慶曆六年（西元一〇四六年）詩·

卷二十七：答韓三子華韓五持國韓六玉汝見贈述詩

卷二十九：答韓六玉汝戲題西軒

卷二十九：玉汝贈永興冰蜜梨十顆

卷二十九：奉和子華持國玉汝來飲西軒

慶曆七年（西元一〇四七年）詩

卷二十九：同諸韓飲曼叔家

卷二十九：諸韓來會別

卷二十九：送玉汝

卷二十九：玉汝遺橄欖

卷二十九：依韻和玉汝對月懷西軒

卷二十九：依韻和玉汝舟中見懷

卷三十：韓玉汝遺澄心紙二軸

卷三十：七月二十一日夜聞韓玉汝宿城北馬鋪

卷三十：送韓六玉汝宰錢塘

卷三十：裴如晦自河陽至同韓玉汝謁之

嘉祐元年（西元一〇五六年）詩：

卷四十九：送韓僉判玉汝還南京 持賀太禮表

嘉祐二年（西元一〇五七年）詩：

卷五十五：觀韓玉汝胡人貢奉圖

卷五十二：韓玉汝遺油

嘉祐四年（西元一〇五九年）詩：

卷十九：送韓玉汝太傅知洋州三首

（二十三）韓縡（約宋眞宗乾興年間至哲宗朝在世）

縡字崇道，識堯臣時，年約二十五、六，詩文不顯，故堯臣交之稍疏。與酬唱之詩凡六首，皆作於慶曆七年（西元一〇四七年）春，堯臣官許昌時，茲列之於下：

卷二十九：同諸韓飲曼叔家

卷二十九：諸韓來會別

卷二十九：送韓奉禮 崇道

卷三十一：答韓奉禮餉荔枝

卷三十二：送韓奉禮隨侍之許昌

卷三十：同諸韓及孫曼叔晚遊西湖

（二十四）韓緬（約宋仁宗初年至哲宗朝在世）

緬逾弱冠，官太祝，會返鄉省親，乃識堯臣於許昌。時緬年少潔腴，頷鬚茸茸，貌甚美好，堯臣作詩戲讚（註三十七）。今宛陵集存有堯臣與之唱和詩五首，皆作於慶曆七年（西元一〇四七年）。

卷二十九：同諸韓飲晏叔家

卷二十九：諸韓來會別

卷三十：同諸韓及孫曼叔晚遊西湖

卷三十：送韓八太祝歸京師求醫

卷三十二：依韻和太祝同諸君遊園湖見寄

（二十五）韓宗彥（約宋仁宗朝至哲宗朝在世）

宗彥字欽聖，綱之子。舉進士甲科，爲朝官，有諫聲（註三十八）。

宗彥與堯臣早識。慶曆五年，堯臣待闕京中，值宗彥通判鄧州，遂以詩送之。逾十二載，宗彥爲京西提刑，堯臣又送之。宛陵集有詩，凡四首。

慶曆五年（西元一〇四五年）詩：

卷二十五：韓宗彥寺丞通判鄧州

卷二十五：韓欽聖問西洛牡丹之感

嘉祐二年（西元一〇五七年）詩：

卷五十四：送韓欽聖學士京西提刑

卷五十五：和韓欽聖學士襄陽聞喜亭

（二十六）王沖（宋太宗端拱二年至仁宗嘉祐元年；西元九八九至一〇五六年）　六十八歲

沖字道損，官至太子贊善大夫。

慶曆六年冬十月，沖始結識堯臣於許昌。一時交密。六年後，堯臣監永濟倉，沖至京師，尚曾過訪之。

宛陵集載堯臣與道損唱酬之詩十六首，列之於下。

慶曆六年（西元一〇四六年）詩：

卷二十九：次韻和王道損風雨戲寄

卷二十九：和道損欲雪與家人小兒輩飲

卷二十九：依韻和酬韓仲文昆季聯句見謝（予前與道損約遊西湖靜居堂因至其第）

卷二十九：依韻和韓子華陪舅道損宴集

卷二十九：和韓五持國乞分道損山藥之什

卷二十九：王道損贈永興冰蜜梨四顆

卷二十九：和韓仲文西齋閑夜有懷道損舅及予

慶曆七年（西元一〇四七年）詩：

卷二十九：和道損喜雪

卷二十九：與道損仲文子華陪泛西湖

卷二十九：和王待制出郊馬上口占寄兄道損次韻

卷二十九：同道損持國訪孔旼處士

卷二十九：西湖觀新出鵝兒道損持國晏叔請賦

卷三十：欲晚訪韓持國忽道損見過不克往持國示詩因答

卷三十：記春水多紅雀傳云自新羅而至道損得之請余賦

卷三十：同道損世則元輔遊西湖於卞氏借雙鶴以觀

皇祐四年（西元一〇五二年）詩：

卷十六：道損司門前日過訪別且云計程二月到郡正看暗惡海棠頗見太守風味因為詩以送行

（二十七）王素（宋真宗景德四年至神宗熙寧六年；西元一〇〇七至一〇七三年）　六十七歲

素，字仲儀，以父蔭，賜進士出身。方壯年，遇事感發，擢知諫院。數諫，帝皆動容以納。官終工部尚書（註三十九）。

素早識堯臣於洛陽，時堯臣新婚，故二人情誼泛泛（註四十）。慶曆四年夏，堯臣去鄉赴京，途中嘗重逢之。又二年，堯臣妻卒而官許昌，心情鬱悶，值素守汝州，地在毗鄰，故往遊其所。

宛陵集載堯臣與其酬唱之詩九首，列之於下。

慶曆四年（西元一〇四四年）詩：

卷十：邵伯堰下王君玉餞王仲儀赴渭州經略席上命賦

慶曆六年（西元一〇四六年）詩：

卷二十六：留別汝守王待制仲儀

卷二十七：汝州王待制以長篇勸予復飲酒因謝之

卷二十七：陪王待制清涼院觀牡丹賦詩

卷二十七：和王待制牡丹詠

卷二十七：再別仲儀

卷二十七：和王仲儀詠瘿二十韻

卷二十九：王仲儀寄鬪茶

慶曆七年（西元一〇四七年）詩：

卷二十九：和王待制出郊馬上口占見寄兄道損次韻

【註釋】

註一：宋史卷三百十四范仲淹傳。

註二：見上述各年續資治通鑑所載。

註三：宛陵集卷十五、聞高平公殂謝。

註四：見年譜「慶曆四年」。

註五：宛陵集卷十二、清躬詩。

註六：宋詩紀事卷十六。

註七：宛陵集卷三十四、九月二日夢：「索米奈貧何」；卷三十八、貸米於如晦：「大貧匄小貧」。

註八：宛陵集卷十八、勉裴如晦。

註九：宛陵集卷十九、次韻和裴寺丞喜子脩書。

註十：宋史卷二百九十一宋綬傳。

註十一：宛陵集卷二十五、寄宋次道中道。

註十二：宛陵集卷五十、宋中道倅廣平。

註十三：宛陵集卷二十四、中道小疾。

註十四：宛陵集卷二十八、寄宋中道。

註十五：宋史卷四四二、蘇舜欽傳；歐陽修全集卷二、居士集二、湖州長史蘇君墓誌銘序。

註十六：宛陵集卷十一、偶題寄蘇子美。

註十七：宛陵集卷十一、偶題寄蘇子美。

註十八：宛陵集卷二十四、讀蟠桃詩寄子美永叔。

註十九：宛陵集卷四十七、過智洪山人房：「十載七來此，……遺墨悲蘇倩」。

註二十：宋史卷三百十一晏殊傳；歐陽修全集卷一、居士集一、觀文殿大學士晏公神道碑。

註二十一：宋史卷四百四十三江休復傳；歐陽修全集卷二居士集二、江鄰幾墓誌銘序。

註二十二：宛陵集卷十七、二十一日雪中：「劉郎與江叟，相對定奕棋」。卷十三、和江鄰幾：「共是空囊客，曾非煖席儒」；卷三十八、邀食餛飩：「與君共貧君餉我……一餐豈計有與無」。另有鄰幾與堯臣觀畫之詩數首，可參照。由此可證堯臣之性格。

註二十三：宋史卷三百一十九劉敞傳；歐陽修全集卷二居士集二、集賢院學士劉公墓誌銘序。

註二十四：宋史卷三百二十七王安國傳；王安石文集卷五十三、王平甫墓誌。

註二十六：宋史卷三百一十九曾鞏傳。

註二十七：宛陵集卷四十五、逢曾子固。

註二十八：宋史卷三百三十六司馬光傳。

註二十九：宋史卷三百十五韓億傳；歐陽修全集卷一、居士集一、太尉文正王公神道碑序；蘇舜欽集卷十六、太子太保韓公行狀。

註三十：同註二十九。又見蘇舜欽集卷十五、兩浙路轉運使司封郎中王公墓表。

註三十一：宋史卷三百一十五韓億傳。

註三十二：同註三十一。

註三十三：宛陵集卷二十九、送子華。

註三十四：宛陵集卷三十一、送韓持國歸許昌。

註三十五：宛陵集卷十二：新作茅廬。

註三十六：宋史卷三百一十五韓縝傳。

註三十七：宛陵集卷三十、送韓八求醫。

註三十八：宋史卷三百一十五韓億傳。

註三十九：宋史卷三百二十王素傳。

註四十：宛陵集卷二十六、留別王素詩云「邂逅二十年」，此詩作於慶曆六年，逆推二十載，知二人相識當在堯臣二十六歲；又卷二十七、觀牡丹詩云「洛陽年少時」，知初識在洛陽。

三、交往較疏者

（一）王尚恭（宋眞宗景德四西至神宗元豐七年；西元一〇〇七至一〇八四年）　七十八歲

尙恭字安之，家河南。少力學，景祐元年進士，爲成州軍事判官。歷知芮城、陽武、緱氏諸縣。

梅氏與其酬唱之詩，列之於后：

嘉祐三年（西元一〇五八年）詩：

卷五十九：陽武王安之寄石榴

卷五十九：依韻和答王安之因石榴詩見贈

卷五十九：陽武王安之寄冤魚

嘉祐四年（西元一〇五九年）詩：

卷二十二：寄題陽武宰王安之慶豐亭

（二）王存（宋仁宗天聖元年至徽宗建中靖國元年；西元一〇二三至一一〇一年）七十九歲

存字正仲，潤州人。慶曆六年進士，神宗朝歷龍圖閣直學士。知開封府。玆將梅氏與其酬唱之詩，列之如下。

皇祐三年（西元一〇五一年）詩：

卷十三：四月二十七日與王正仲飲

卷十三：四月二十八日記與王正仲及舍弟飲

卷三十八：送王正仲長官

皇祐四年（西元一〇五二年）詩：

卷二十三：送正仲都官知睦州

至和二年（西元一〇五五年）詩：

卷三十五：依韻和正仲賦楊兵部吳興五題

（三）王珪（宋眞宗天禧三年至神宗元豐八年；西元一〇一九至一〇八五年）六十七歲

珪字禹玉，成都華陽人。慶曆二年進士。嘉祐二年，堯臣爲進士考官，闈中與之唱和數首。列之如下。

嘉祐二年（西元一〇五七年）詩：

卷五十二：較藝和王禹玉內翰

卷五十二：再和

卷五十二：謝永叔答述舊之作和禹玉

卷五十二：較藝贈永叔和禹玉

卷五十二：較藝將畢和禹玉

卷五十二：定號依韻和禹玉

（四）王洙（宋太宗至道三年至仁宗嘉祐二年；西元九九七至一〇五七年）六十一歲

洙字原叔，應天宋城人。少聰悟，圖緯、方技、陰陽、五行、音律、篆隸之學，無所不通。舉進士，官龍圖閣學士。

慶曆五年，洙知江陵，堯臣送之；七年，徙襄州，堯臣再作詩送之。及卒，並爲挽詩三首以哀之。

慶曆五年（西元一〇四五年）詩：

卷二十六：王龍圖知江陵

慶曆七年（西元一〇四七年）詩：

卷二十九：送王龍圖源叔之襄陽

皇祐五年（西元一〇五三年）詩：

卷十七：寄渭州經略王龍圖

嘉祐元年（西元一〇五六年）詩：

卷五十：歐陽永叔王原叔二翰林韓子華吳長文二舍人同過弊廬值出不及見十二月七日

卷五十：王原叔內翰宅觀山水圖

嘉祐二年（西元一〇五七年）詩：

卷五十四：王侍講原叔挽詞三首

（五）王益柔（約當宋眞宗至神宗朝在世）

益柔字勝之，曙子。仁宗朝用蔭至殿中丞。坐蘇舜欽奏邸獄，黜監復州酒。其逐，堯臣以詩送之。

慶曆四年（西元一〇四四年）詩：

卷十一：蘇子美竹軒和王勝之

卷十一：送逐客王勝之不及遂至屠兒原

（六）王德言（約當宋眞宗至英宗朝在世）

慶曆五年，堯臣任職許昌，閒居輒與資政侍郎王德言、通判太博某氏酬遊，二年間，酬和之詩甚夥。六年，王侍郎遷南京留守，通判亦去官，遊遂息。

與王侍郎詩：

慶曆五年（西元一〇四五年）詩：

卷二十六：依韻和資政侍郎雪後書事

卷二十六：近有謝師厚寄襄陽柑子乃吳人所謂綠橘耳今王德言遺姑蘇者十枚此眞物也因以詩答之

卷二十六：依韻和資政侍郎雪後登山看亭

卷二十六：雪後資政侍郎西湖宴集偶書

慶曆六年（西元一〇四六年）詩：

卷二十六：資政王侍郎命賦梅花用芳字

卷二十七：王德言自後圃來問疾且曰圃甚蕪何不治因答

卷二十八：王德言夏日西湖晚步十韻次而和之

卷二十八：和資政侍郎湖亭雜詠絕句十首

卷二十八：資政王侍郎南京留守

與通判太博詩：

慶曆五年（西元一〇四五年）詩：

卷二十五：通判桃花廳　自此詩許州起慶曆五年秋盡六年夏

卷二十五：和通判太博鷄冠花十韻

卷二十五：依韻和通判太博八月十五夜招玩月二章

卷二十五：依韻和通判把菊有寄

卷二十六：依韻和通判太博雪後招飲二首

卷二十六：雪中通判家飲迴

慶曆六年（西元一〇四六年）詩：

卷二十六：余之親家有女子能點酥為詩并花果麟鳳等物一皆妙絕其家持以為歲日辛盤之助余喪偶兒女服未除不作歲因轉贈通判通判有詩見答故走筆酬之

卷二十六：通判遺新柳

卷二十六：依韻和通判二月十五日雨中

卷二十七：孟夏二日通判太博惠庭花二十枝云是手植因以答之

卷二十八：送通判太博

（七）毛君實

至和元年，堯臣守母喪於宣城故里，毛君適任宣城主簿，故堯臣有詩與之。

至和元年（西元一〇五四年）詩：

卷四十一：送毛秘校宣城主簿被薦入補令

卷四十二：讀毛秘校新詩

至和二年（西元一〇五五年）詩：

卷三十五：眞上人因送毛令傷足復傷冷二首

嘉祐五年（西元一〇六〇年）詩：

卷二十三：毛君寶秘校將出京示予詩因以答之

（八）石揚休（宋太宗至道元年至仁宗嘉祐二年；西元九九五至一〇五七年）六十三歲

揚休字昌言，京兆人。寶元初進士，歷刑部員外郎，知制誥，同判太常寺，遷工部郎中。喜閑放，平居養猿鶴收圖書以自適。

慶曆八年，堯臣在京師，始與昌言酬和，其卒，堯臣作挽詞三首。

慶曆八年（西元一〇四八年）詩：

卷三十二：韓子華訪石昌言不遇石有詩韓邀和答

卷三十二：和石昌言學士官舍十首

卷十二：和石昌言求牡丹栽

皇祐四年（西元一〇五二年）詩：

卷十四：賦石昌言括蒼石屏

卷十五：依韻和石昌言學士求鼠鬚筆之什鼠鬚鼠尾者前遺君謨今以松管代贈

卷十五：和石昌言以蜀牋南牋答松竹管之什

卷十五：送石昌言學士

嘉祐元年（西元一〇五六年）詩：

卷四十九：送石昌言舍人使匈奴

嘉祐二年（西元一〇五七年）詩：

卷五十四：韓子華吳長文石昌言三舍人見訪

卷五十四：送石昌言舍人還蜀拜掃

嘉祐三年（西元一〇五八年）詩

卷五十九：哀石昌言舍人三首 十一月二日

卷五十九：依韻答景彝謝予訪其居 其日聞昌言卒

卷五十九：和宋次道奠石昌言舍人

（九）朱表臣

慶曆元年，表臣宰櫟陽，堯臣以詩送之。嘉祐元年，表臣知泗州，會堯臣赴京過之，乃酬飲甚久。後表臣再遷眞州，堯臣仍有詩送之。

慶曆元年（西元一〇四一年）詩：

卷八：送櫟陽宰朱表臣

慶曆三年（西元一〇四三年）詩：

卷十：依韻和孫秀才朱表臣見寄

嘉祐元年（西元一〇五六年）詩：

卷二十一：寄題朱表臣職方眞州新園

卷四十七：泗州郡圃四照堂

卷四十七：泗守朱表臣都官瓶北園

卷四十七：同朱表臣及諸君遊樊氏園

卷四十七：七里灣得朱表臣寄千葉樓子髻子芍藥

卷四十七：併日得朱表臣酪及櫻桃

卷四十七：依韻和表臣奎野亭

卷四十七：依韻和表臣先春亭

卷四十七：和表臣河南庾署西軒

卷四十七：依韻和表臣見贈

卷四十七：依韻和表臣聞與挺之宣叔平甫飲

卷四十七：表臣惠蜀牋偕玉硯池

卷四十七：表臣以阻水見勉次其韻

卷四十七：依韻和表臣憶遊竹園山寺

卷四十七：次韻和表臣惠符離去歲重醞酒時與杜挺之李宣叔王平甫飲於阻水仍有筍醬之遺

卷四十七：表臣齋中閱畫而飲

卷四十七：將解舟走呈表臣

卷四十七：和再答

卷四十七：非意篇呈表臣

卷四十八：表臣都官至十三里店

卷五十六：送朱表臣職方提舉塩運

（十）李壽朋（約宋仁宗至神宗朝在世）

壽朋字廷老。慶曆初與弟復圭同試學士院，賜進士出身。知汝州，歷開封府推官、戶部判官，知鳳翔府滄州。

慶曆五年（西元一〇四五年）詩：

卷二十四：李廷老通判蔡州

卷二十五：和李廷老三月十四日
卷二十六：李廷老自蔡州見訪云明日便歸鄭
慶曆七年（西元一〇四七年）詩：
卷三十：送李廷老歸河陽
卷三十一：李廷老席上送韓持國歸許昌得早字
慶曆八年（西元一〇四八年）詩：
卷三十一：李廷老許遺結絲勒帛
皇祐四年（西元一〇五二年）詩：
卷十四：和李廷老家會飲
皇祐五年（西元一〇五三年）詩：
卷十七：廷老傳沛語戲作
卷十八：山茶花樹子贈李廷老
嘉祐四年（西元一〇五九年）詩：
卷十九：李廷老祠部寄荆柑子

（十一）李復圭

復圭字審言，廷老弟。臨事敏決，稱健吏，與人交不以利害避。然輕率急躁，無威重，喜以語侵人。獨爲王安石所知，故旣廢卽起。

慶曆五年（西元一〇四五年）詩：

卷二十四：李審言歸鄭州

慶曆七年（西元一〇四七年）詩：

卷三十一：送李審言殿丞歸河陽

卷三十一：李審言將歸河陽值雪遺金波酒

皇祐四年（西元一〇五二年）詩：

卷十五：李審言遺酒

嘉祐元年（西元一〇五六年）詩：

卷四十八：李審言相招與刁景純周仲章裴如晦馮當世沈文通謝師厚師直會開寶塔院

卷五十：送李涇州審言二首

（十二）李中師（宋眞宗大中祥符八年至神宗熙寧八年；西元一〇一五至一〇七五年）六十一歲

中師字君錫，家開封。景祐元年進士，歷大理寺丞、淮南轉運使，天章閣待制。神宗朝，累官龍圖閣直學士，知河南府。厚結中人，希旨多取於民。

皇祐四年，堯臣監永濟倉，始與酬遊。嘉祐中，君錫使遼，堯臣並以詩送之。皆載宛陵集中。

皇祐四年（西元一〇五二年）詩：

卷三十九：送淮南轉運李學士君錫

嘉祐元年（西元一〇五六年）詩：

卷四十七：淮南轉運李學士君錫示卷

卷四十七：書二客論呈李君錫學士

卷四十七：留別李君錫學士

嘉祐三年（西元一〇五八年）詩：

卷五十六：送李君錫學士使契丹弔慰

卷五十六：依韻和李君錫學士北使見寄

（十三）李寬（宋眞宗景德三年至英宗治平二年；西元一〇〇六至一〇六五年）六十歲

寬字伯強，南昌人。以蔭守將作監主簿，監洪州鹽院。歷知吉、衡、江、潤諸州。終廣西轉運使。

慶曆四年，堯臣在京師，曾爲李氏洪州所建之涵虛閣寄題云云，七年，寬守丹陽，堯臣以詩誌之。

慶曆四年（西元一〇四四年）詩：

卷十一：寄題洪州李氏涵虛閣

卷十一：寄洪州致仕李國博

慶曆七年（西元一〇四七年）詩：

卷三十一：送丹陽新守李國博歸洪州寬

慶曆八年（西元一〇四八年）詩：

卷三十一：李國博遺浙薑建茗

（十四）李琮（約宋仁宗至神宗朝在世）

琮字獻甫，江寧人。慶曆間進士，調寧國軍推官，知陽武縣，累官寶文閣待制，知河南瀛州。琮長於吏治，而所至掊克，爲士論嗤鄙。

皇祐三年，正月，堯臣在京，而獻甫將歸金陵，初獻甫來京，嘗以詩謁堯臣，故其去，堯臣卽以詩送之。日後二人頗有往還，獻甫嘗遺堯臣香爐、椰子等物；嘉祐四年，獻甫知虹縣，堯臣亦以詩送之。載宛陵集中。

皇祐五年（西元一〇五三年）詩：

卷十八：送李獻甫

至和元年（西元一〇五四年）詩：

卷四十二：避爲師依韻答李獻甫

至和二年（西元一〇五五年）詩：

卷三十五：辨疑贈獻甫

卷三十六：寄李獻甫

卷四十三：香爐 李獻甫惠

卷四十三：獻甫過

卷四十四：李獻甫於南海魏侍郎得椰子見遺

嘉祐四年（西元一〇五九年）詩：

卷二十二：送李獻甫寺丞知虹縣先歸金陵

（十五）李宣叔

嘉祐元年，堯臣赴京途中，約杜挺之同行，舟阻泗上，乃泊岸與諸友飲宴，宣叔即酒友之一。

嘉祐元年（西元一〇五六年）詩：

卷四十七：依韻和表臣聞與挺之宣叔平甫飲

卷四十七：聞宣叔挺之圍棋

卷四十七：李宣叔秘丞遺川牋及粉紙二軸

卷四十七：次韻和表臣惠符離去歲重醞酒時與杜挺之李宣叔王平甫飲於阻水仍有筍醬之遺

卷四十七：依韻答宣叔行舟相隔見寄

卷四十七：徒步訪李宣叔宣叔有詩依韻答

（十六）杜衍（宋太宗太平興國三年至嘉祐二年；西元九七八至一〇五七年）八十歲

衍字世昌，越州山陰人。大中祥符元年進士，仁宗朝拜同中書門下平章事，罷知兗州，以太子少師致仕。

衍長於書法，堯臣特敬奉之，嘗爲詩以贊。其卒，堯臣且爲挽詞五首悼之。

皇祐四年（西元一〇五二年）詩：

卷十五：依韻和杜相公謝蔡君謨茶

至和元年（西元一〇五四年）詩：

卷四十：太師杜相公眞草過人遠甚而特獎後進流于詠言輒依韻和

嘉祐元年（西元一〇五六年）詩：

卷四十八：依韻和酬太師杜相公衍

嘉祐二年（西元一〇五七年）詩：

卷五十二：太師杜公挽詞五首

（十七）杜叔元（約宋仁宗至神宗朝在世）

叔元字君懿，四川成都人。至和二年通判宣州，堯臣嘗以詩送之，載宛陵集中。

皇祐四年（西元一〇五二年）詩：

卷十六：送襄邑知縣杜君懿太博

至和二年（西元一〇五五年）詩：

卷四十五：送杜君懿屯田通判宣州

卷四十五：張聖民學士出御書幷法帖共閱之又一軸蘇子美書杜懿病焉

(十八)吳中復(宋眞宗大中祥符四年至哲宗元符元年；西元一〇一一至一〇九八年) 八十八歲

中復字仲庶，興國永興人。寶元元年進士。累官殿中侍御史，歷龍圖閣直學士，出知成都。有善政，以沮青苗法，坐事免官。堯臣與之唱和詩四首，列之於下。

至和二年(西元一〇五五年)詩：

卷三十五：吳仲庶殿院寄示與呂沖之馬仲塗唱和詩六篇邀余次韻焉次韻被命出城共泛

嘉祐二年(西元一〇五七年)詩：

卷五十五：送吳仲庶殿院使北

嘉祐三年(西元一〇五八年)詩：

卷五十八：次韻和吳仲庶舍人送德化郭尉

卷五十九：次韻和吳仲庶苗蔡二君村墅閒居

(十九)吳充(宋眞宗天禧五年至神宗元豐三年；西元一〇二一至一〇八〇年)六十歲

充字沖卿，建州浦城人。未冠，寶元元年進士。爲吳王宮教授，以嚴見憚。

慶曆七年，堯臣始識沖卿於京師。明年，沖卿歸蔡州，堯臣以詩送之。其後，二人酬遊、唱和詩多首，至堯臣卒前一年，始止。凡十六首，皆見宛陵集中。

慶曆七年(西元一〇四七年)詩：

卷三十一：吳沖卿示和韓持國詩一卷

慶曆八年（西元一〇四八年）詩：

卷三十二：送吳沖卿學士歸蔡州

皇祐四年（西元一〇五二年）詩：

卷三十九：依韻吳沖卿秋蟲

卷三十九：依韻和吳沖卿新葺南齋

皇祐五年（西元一〇五三年）詩：

卷十七：和吳沖卿元會

卷十八：吳沖卿出古飲鼎

卷十八：依韻和吳沖卿秘閣觀逸少墨蹟

卷十八：次韻和吳沖卿傷何濟川

嘉祐元年（西元一〇五六年）詩：

卷十九：次韻和吳沖卿歲暮有感

卷十九：次韻和吳沖卿元日

嘉祐三年（西元一〇五八年）詩：

卷五十八：和吳沖卿江鄰幾二學士王景彝舍人秋興

卷五十八：和吳沖卿學士省中植菊

卷五十九：和吳沖卿學士冬日私居事
卷五十九：和吳沖卿藏菜
卷五十九：吳仲卿鼓契 猶是唐時契有司嘗欲昌刊上不許
嘉祐四年（西元一〇五九年）詩：
卷四十九：和吳沖卿學士石屏

（二十）吳季野（約宋仁宗至神宗朝在世）

至和元年，堯臣守母喪於宣城，與季野酬遊二載。
至和元年（西元一〇五四年）詩：
卷四十一：依韻和吳季野馬上口占
卷四十一：依韻和季野見招
卷四十一：送吳季野太博移蜀靈泉先至輦
卷四十一：讀吳季野芝草篇
卷四十一：送吳季野
卷四十一：吳季野話撫州潛心閣
至和二年（西元一〇五五年）詩：
卷四十四：次韻和吳季野游山寺登望文脊山 山屬宣城

卷四十五：次韻和吳季野題岳上人澄心湖

（二十一）吳奎（宋眞宗大中祥符三年至宋英宗至平四年；西元一〇一〇至一〇六七年）五十八歲

奎字長文，濰州北海人。年十七，與五經中第，仁宗時累官判登聞檢院。

嘉祐元年（西元一〇五六年）詩：

卷五十：歐陽永叔王原叔二翰林韓子華吳長文二舍人同過弊廬値出不及見十二月七日

嘉祐二年（西元一〇五七年）詩：

卷五十一：還吳長文舍人詩卷

卷五十四：韓子華吳長文石昌言三舍人見訪

卷五十五：依韻和吳長文舍人對雪懷永叔內翰

嘉祐三年（西元一〇五八年）詩：

卷五十八：吳長文紫微見過

嘉祐四年（西元一〇五九年）詩：

卷十九：次韻和吳長文舍人卽事見寄

卷十九：次韻和長文社日禖祀出城

卷十九：次韻和長文禖祀郊外見寄并呈韓子華

卷十九：依韻和長文紫徽春雨二首

卷二十二：九日永叔長文原甫景仁鄰幾持國過飲

（二十二）吳正仲

皇祐五年，堯臣母喪，廬居宣城，因與正仲相識而酬遊。三年之中，唱酬頻密。

皇祐五年（西元一〇五三年）詩：

卷四十：依韻和吳正仲屯田重臺梅花詩

卷四十：讀吳正仲重臺梅花詩（此樹在靈濟王廟）

卷四十：正仲見贈依韻和荅

卷四十：正仲往靈濟廟觀重臺梅

至和元年（西元一〇五四年）詩：

卷四十：嘗正仲所遺撥醅

卷四十：依韻和正仲寄酒因戲之

卷四十一：與正仲屯田遊廣教寺

卷四十一：依韻王介甫兄弟舟次蕪江懷寄吳正仲

卷四十一：昨於發運馬御史求海味馬已歸闕吳正仲忽分餉黃魚鱟醬紫仔因成短韻

卷四十一：正仲荅云鱟醬乃是毛魚耳走筆戲之（詩句下原注云：「正仲詩云：鱘黃紫子出蘇臺，蘇臺非出紫也」）

卷四十一：吳正仲見訪囘日暮必未晚膳因以解嘲
卷四十一：吳正仲遺新茶
卷四十一：依韻和吳正仲赤目見寄
卷四十二：吳正仲遺蛤蜊
卷四十二：依韻和吳正仲冬至
卷四十二：杜和州寄新醅吳正仲云家有海鮮約予携往就酌逡巡又云幕中有會且罷此飲
卷四十二：依韻答吳正仲罷飲
卷四十二：和正仲再和罷飲
卷四十二：和韻三和戲示
卷四十二：依韻四和正仲

至和二年（西元一〇五五年）詩：

卷四十三：依韻和吳正仲聞重梅已開見招
卷四十三：吳正仲和紅梅接頭
卷四十三：二月七日吳正仲遺活蟹
卷四十四：吳正仲遺二物詠之
卷四十四：送吳正仲嫠倅歸梅谿待闕

卷四十四：再送正仲

卷四十四：送冏上人 因往湖州謁吳正仲

卷三十五：依韻和正仲賦楊兵部吳興五題

卷三十六：將離宣城寄吳正仲

（二十三）邵必

必字不疑，丹陽人。寶元元年進士，官龍圖閣直學士，知成都。

嘉祐元年，堯臣在京師，偶與不疑酬遊，有詩四首。

嘉祐元年（西元一〇五六年）詩：

卷四十六：讀邵不疑學士詩卷杜挺之忽來因出示之且伏高致輒書一時之語以奉呈

卷四十六：依韻和酬邵不疑見答

卷四十六：依韻和不疑寄杜挺之以病雨止冷淘會

卷四十七：觀邵不疑學士所藏名書名畫

（二十四）周延雋

延雋字仲章，鄒平人。治平間，以職方郎中知台州。

皇祐三年，仲章通判潤州，嘉祐元年，通判湖州，堯臣皆以詩送之。

皇祐三年（西元一〇五一年）詩：

卷三十八：周仲章通判潤州

皇祐四年（西元一〇五二年）詩：

卷十六：裴直講得潤州通判周仲章鹹鼓遺一小缾

嘉祐元年（西元一〇五六年）詩：

卷四十八：李審言相招與刁景純周仲章裴如晦馮當世沈文通謝師厚師直會開寶塔院

卷四十八：送周仲章都官通判湖州

卷四十九：重送周都官

卷五十九：周仲章都官示卷因以贈之

（二十五）**胡宿（宋太宗至道二年至英宗治平四年；西元九九六至一〇六七年）**七十二歲

宿字武平，常州晉陵人。天聖二年進士，歷兩浙轉運使。召修起居注，知制誥，翰林學士，以太子少卿致仕。

慶曆元年，堯臣監湖州稅，宿時爲太守，二人乃相唱和。五年，堯臣官許昌，乃絕音訊。

慶曆二年（西元一〇四二年）詩：

卷八：胡武平遺牡丹一盤 以下湖州後詩

卷九：依韻和胡武平懷京下游好

卷九：依韻和武平九月十五日夜北樓望太湖

卷九：依韻和武平憶玉晨觀
卷九：冬日部胡武平遊西余精舍
卷九：依韻和武平苕霅二水
卷九：依韻和武平昇卞二山
慶曆三年（西元一〇四三年）詩：
卷九：陪武平遊雅上人房卞峯亭
卷九：送胡武平
卷九：依韻和武平別後見寄
慶曆五年（西元一〇四五年）詩：
卷二十四：朱武太博通判常州兼寄胡武平

（二十六）范鎮（宋眞宗景德四年至哲宗元祐二年；西元一〇〇七至一〇八七年）八十一歲

鎮字景仁，成都華陽人。寶元元年，會試第一。仁宗時知諫院，嘗請建儲，面陳懇切，至泣下。後爲翰林學士，論新法，與王安石不合，致仕。

慶曆七年，堯臣在京師，始與景仁酬遊。嘉祐二年，御試進士，堯臣爲小試官，景仁任主官，又相酬唱。四年，酬遊更密。詩載宛陵集中。

慶曆七年（西元一〇四七年）詩：

卷三十一：范景仁席中賦葡萄

卷三十二：送范景仁學士歸蜀楼黃

皇祐五年（西元一〇五三年）詩：

卷十八：醉中和范景仁賦子華東軒樹次其韻五月十日

卷十八：依韻和江鄰幾癸巳六月十日同刁吳韓楊飲范景仁家。

嘉祐二年（西元一〇五七年）詩：

卷五十二：明經試大義多不通有感依韻和范景仁舍人

嘉祐三年（西元一〇五八年）詩：

卷五十八：范景仁紫微見過亦謁不遇道上逢之

嘉祐四年（西元一〇五九年）詩：

卷十九：次韻和范景仁舍人對雪

卷十九：次韻和景仁對雪

卷十九：次韻三和景仁對雪

卷二十：和范景仁王景彝殿中雜題三十八首並次韻

卷二十一：次韻景彝三月十六日范景仁家同飲還省宿

卷二十二：九日永叔長文原甫景仁鄰幾持國過飲

卷二十二：十一月二十三日歐陽永叔劉原甫范景仁何聖徒見訪之什
卷二十二：次韻和原甫陪永叔景仁聖徒飲余家題庭中枯菊之什

（二十七）施景仁

慶曆八年，景仁提點江南坑冶，適堯臣奔父喪，途次虹縣，與之過往。至和元年，景仁在宣城，堯臣又值母喪守廬故里，再與之酬遊。

慶曆八年（西元一〇四八年）詩：
卷三十二：送施景仁太博提點江南坑冶
卷三十二：夜泊虹縣同施景仁太博河上納涼書事
卷三十二：施景仁邀詠泗州普照王寺古檜

皇祐五年（西元一〇五三年）詩：
卷十八：送施屯田提點銅場兼相度嶺外塩入虔吉
卷十八：送叔昭上人附施屯田歸宣城

至和元年（西元一〇五四年）詩：
卷四十一：病酒呈馬施二公
卷四十二：昭亭別施度支

（二十八）祖無擇（宋眞宗景德三年至神宗元豐八年；西元一〇〇六至一〇八五年）八十歲

無擇字擇之，上蔡人。少從孫明復學經術，又從穆修爲文章。舉進士甲科，歷遷入集賢院。慶曆八年，擇之知海州，堯臣以詩送之，酬遊之詩，自此始見。十載後，擇之北使，赴陝州，堯臣皆爲之送別。詩載宛陵集中。

慶曆八年（西元一〇四八年）詩：

卷三十一：答祖擇之遺新羅墨

卷三十二：送祖擇之秘丞知海州

至和二年（西元一〇五〇年）詩：

卷四十五：胡公疎示祖擇之盧氏石詩和之

嘉祐二年（西元一〇五七年）詩：

卷五十五：答祖擇之惠黃雀鮓

嘉祐三年（西元一〇五八年）詩：

卷五十八：送祖擇之學士北使

卷五十九：重送祖擇之北使

嘉祐四年（西元一〇五九年）詩：

卷二十一：送祖擇之赴陝府

卷二十一：次韻和永叔贈別擇之赴陝州

（二十九）馬行之

皇祐元年，堯臣守父喪於宣城，初識行之。皇祐五年，行之爲宣州僉判，堯臣以母喪守廬，又於宣城與之酬遊，至至和元年，交往三年，酬和甚繁。

卷三十六：檥舟昭亭送都官暫歸錢唐

皇祐五年（西元一〇五三年）詩：

卷十七：送宣州簽判馬屯田兼寄知州邵司勳

卷四十：依韻和簽判都官昭亭謝雨回廣教見懷

至和元年（西元一〇五四年）詩：

卷四十一：依韻和馬都官春日憶西湖寄陸生

卷四十一：依韻馬都官宿縣齋

卷四十二：馬都官行之惠黃柑荔枝醋壺

卷四十二：前以相子詩酬行之既食乃綠橘也頃年襄陽人遺柑予辨自綠橘今反自笑之

至和二年（西元一〇五五年）詩：

卷四十四：烏賊魚（黃馬二君餉）

卷四十四：依韻和行之枇杷（予送紅梅與之）

卷四十四：送紅梅行之有詩依其韻和

卷四十五：次韻馬都官宛陵浮橋
卷四十五：次韻和馬都官苦熱
卷四十五：依韻和馬都官齊少卿酬和
卷三十五：依韻和行之都官芭蕉詩

嘉祐四年（元一〇五九年）詩：

卷十九：送馬行之都官

（三十）馬遵（宋真宗大中祥符四年至仁宗嘉祐二年；西元一〇一一年至一〇五七年）四十七歲

遵字仲塗，樂平人。景祐元年進士。至和元年，坐論宰相，謫知宣州。時堯臣因母喪，在宣城守廬，故與之酬遊。嘉祐之年，遵北使，堯臣且以詩送之。

至和元年（西元一〇五四年）詩：

卷四十一：昨於發運馬御史求海味馬已歸闕吳正仲忽分餉黃魚鱟醬紫仔因成短韻
卷四十一：九日陪京東馬殿院會叠嶂樓
卷四十一：酒病自責呈馬施二公
卷四十一：宣城馮御史酒闌一夕而西因以寄之御史嘗留老馬與予僕
卷四十二：書席語送馬御史
卷四十三：老馬　馬御史所留

至和二年（西元一〇五五年）詩：

卷三十五：與仲庶殿院寄示與呂沖之馬仲涂唱和詩六篇邀余次韻焉次韻被命出城共泛

嘉祐元年（西元一〇五六年）詩：

卷五十：送馬仲塗司諫使北

（三十一）孫永（宋眞宗天禧四年至哲宗元祐二年；西元一〇二〇至一〇八七年）六十八歲

永字曼叔，世爲趙人，徙家長社。慶曆六年進士。元豐間累官端明殿學士，以疾辭。

慶曆五年（西元一〇四五年）詩：

卷二十六：送孫曼卿鏁廳赴舉

慶曆六年（西元一〇四六年）詩：

卷二十八：孫曼叔暮行汴上見鶻擊蝙蝠以去語於予

卷二十九：鬬飲鶉孫曼叔邀作

慶曆七年（西元一〇四七年）詩：

卷二十九：同諸韓飲曼叔家

卷二十九：奉和持國曼叔方叔送師直歸馬上同賦之什

卷二十九：西湖觀新出鵝兒道損持國曼叔請予賦之

卷三十：同諸韓及孫曼叔晚遊西湖三首

卷三十：送曼叔襄城尉

（三十二）張獻民

獻民爲宣城主簿，堯臣時在宣城守母喪，因與酬遊。

至和二年（西元一〇五五年）詩：

卷三十五：答宣城張主簿遺雅山茶次其韻

卷三十六：和張簿寧國山門六題

卷四十四：依韻和宣城張主簿見贈

（三十三）陸經

經字子履，越州人。仁宗朝爲集賢殿修撰。

嘉祐元年（西元一〇五六年）詩：

卷四十九：陸子履見過

卷五十二：和楚屯田同曾子固陸子履觀予堂前石榴花

嘉祐二年（西元一〇五七年）詩：

卷五十三：陸子履示秦篆寶

卷五十四：送陸子履學士通判宿州

（三十四）許元（宋太宗端拱二年至仁宗嘉祐二年；西元九八九至一〇五七年）六十九歲

元字子春，宣州宣城人。慶曆中擢爲江浙制置發運判官，在江淮中三年，以聚歛刻薄爲能。急於進取，多聚珍奇，以賂權貴，尤爲王堯臣所知。

慶曆八年，歐陽修邀堯臣中秋賞月於揚州，亦請子春爲陪客，交酬始密。嘉祐元年，子春知越州，堯臣尙以詩送之。

慶曆七年（西元一〇四七年）詩：

卷三十：依韻和發運許主客詠影

慶曆八年（西元一〇四八年）詩：

卷三十三：依韻和歐陽永叔中秋邀許發運

卷三十三：寄許主客

卷三十三：寄酬發運許主客

卷三十四：依韻許主客北樓夜會

皇祐元年（西元一〇四九年）詩：

卷十二：依韻和許發運遊泗州草堂寺之什

卷十二：依韻和許發運眞州東園新成

皇祐五年（西元一〇五三年）詩：

卷四十：許發運待制見過夜話

至和二年（西元一〇五五年）詩：

卷四十四：寄維陽許待制

卷四十五：眞州東園

卷四十五：依韻和揚州許待制竹桂杖

嘉祐元年（西元一〇五六年）詩：

卷四十五：贈許待制歲旦生旦

卷四十六：依韻和許待制春雪

卷四十六：依韻和許待制後園宴賓

卷四十六：依韻和許待制偶書

卷四十六：依韻和許待制病起偶書

卷四十六：依許待制送行詩韻詠燕以寄

卷四十七：寄送許待制知越州

卷五十：寄許越州

（三十五）梅摯

摯字公儀，新繁人。以進士通判蘇州。慶曆中，擢侍御史。嘉祐二年。堯臣與之皆爲進士考官，在闈中相酬詩篇甚夥，皆載宛陵集中。

嘉祐二年（西元一〇五七年）詩：

卷五十一：和公儀龍圖戲勉

卷五十一：再和公儀龍圖

卷五十一：和公儀龍圖憶小鶴

卷五十一：和公儀龍圖小桃花

卷五十一：琴高魚和公儀

卷五十一：嘗茶和公儀

卷五十二：謝鸝和公儀

卷五十二：迸白鸝與永叔依韻和公儀

卷五十二：上馬和公儀

卷五十二：依韻和公儀龍圖招諸公觀舞及畫三首

卷五十三：依韻和梅龍圖觀小鵨

卷五十四：和公儀龍圖新居栽竹二首

卷五十四：迸公儀龍圖知杭州

嘉祐三年（西元一〇五八年）詩：

卷五十五：依韻和杭州梅龍圖入懷見寄

（三十六）黃國博

至和元年（西元一〇五四年）詩：

卷四十二：黃國博遺銀魚乾二百枚

至和二年（西元一〇五五年）詩：

卷四十四：烏賊魚　黃馬二君餉

卷三十五：送通判黃國博入浙

卷三十五：潘歙州怪予遂行與黃君同路黃先游浙矣依韻寄酬

嘉祐二年（西元一〇五七年）詩：

卷五十五：送黃國博知撫州

（三十七）雷簡夫（約晚於堯臣四歲）

簡夫字太簡，郃陽人。康定中，杜衍薦之以校書郎簽書，秦州觀察判官。天聖三年，初識堯臣於河內，年約弱冠。嘉祐二年，始與堯臣酬和於京師。

嘉祐二年（西元一〇五七年）詩：

卷五十五：逢雷太簡殿丞

卷五十五：得雷太簡自製蒙頂茶

嘉祐三年（西元一〇五八年）詩：

卷五十七：和江鄰幾學士得雷殿直墨竹二軸

卷五十九：雷逸老以仿石鼓文見遺因呈祭酒吳公

嘉祐五年（西元一〇六〇年）詩：

卷二十三：送雷太簡知虢州

（三十八）潘谷

谷字伯恭，歙人。造墨精巧，價不二。或不持錢求墨，不計多少與之。

至和元年，堯臣守母喪於宣城，伯恭吏新安，遂以詩文交酬。嘉祐元年，伯恭提刑廣西，堯臣且以詩送之。

至和元年（西元一〇五四年）詩：

卷四十二：潘歙州話廬山

卷四十二：送潘歙州　潘過宣城而謝之

卷四十二：新安潘侯將行約遊山門寺予以濘淖遂止因爲詩以見懷

卷四十二：依韻自和寄潘歙州

卷四十二：三和寄潘歙州

至和二年（西元一〇五五年）詩：

卷三十五：寄潘歙州伯恭

卷三十五：再寄潘歙州伯恭

卷三十五：潘歙州恠予遂行與黃君同路黃先遊浙矣依韻酬寄

卷三十五：潘歙州寄紙三百番石硯一枚

卷三十六：九月六日登舟再和潘歙州紙硯

嘉祐元年（西元一〇五六年）詩：

卷四十六：送廣西提刑潘比部伯恭

（三十九）蔡襄（宋眞宗大中祥符五年至英宗治平四年；西元一〇一二至一〇六七年）五十六歲

襄字君謨，興化仙遊人。天聖八年進士，知開封府，遷福州，興郡學。

君謨善書，爲當時第一。詩文淸遒粹美，皆入妙品。

慶曆四年，君謨出守福州，堯臣嘗以詩送之。襄善製茶，時人爭相買購，曰小龍茶。屢遺堯臣，

堯臣亦以筆墨等回贈。

慶曆四年（西元一〇四四年）詩：

卷十一：古劍篇送蔡君謨自諫省出守福唐

皇祐三年（西元一〇五一年）詩：

卷十三：同蔡君謀江鄰幾觀宋中道書畫

皇祐四年（西元一〇五二年）詩：

卷十五：依韻和石昌言學士求鼠鬚筆之什鼠鬚尾者前遺君謨今以松管代贈

卷十五：依韻和杜相公謝蔡君謨寄茶

卷十六：蔡君謨示古大弩牙

至和元年（西元一〇五四年）詩：

卷四十一：至和元年四月二十日夜夢蔡紫微君謨同在閣下食櫻桃蔡云與君及此再食矣夢中感而有賦覺而錄之

嘉祐二年（西元一〇五七年）詩：

卷五十四：送福州蔡君謨密學幷茶

四、方外

堯臣早年好與方外釋子交往，終其生，與僧隱酬遊，見錄於宛陵集者，多達七十人，列其名（有號可知者，並加註其號）如下：

達觀禪師（曇穎）、梵才吉上人、懷賢上人、文鑒大士、僧可眞、惠勤上人、顯忠上人（祖印大師）、元政上人、悅躬上人、守賢上人、蟾上人、恭上人、文雅、何遯山人、福巖長老、僧知白、紫芝上人、文曜師、本簡長老、暹上人、說上人、月上人、新長老、雅上人、程山人、諲上人、善慧大師、紀巖上人、文惠師、璉長老、叔昭上人、志來上人、微上人、葉山人、可教、安上人、清辨師、時上人、用文師、慈濟師、了素上人、仙上人、明上人、瑞竹長老、瑞式上人、松林長老、若訥上人、普上人、瑞新和尚、避爲師、惠燈上人、允從上人、冋上人、岳上人、嶼師、僧子思、省符上人、紹元、智洪、圓覺、吉祥講僧、僧惠思、僧希用、呂山人、僧在己、覺上人、良玉上人。

茲擇其交往尤密者六人，分述其酬遊情形如下：

（一）達觀禪師曇穎

曇穎，錢唐丘氏子，出家龍興寺，與歐陽永叔，刁景純遊。嘉祐四年，示寂於金山龍游寺（註一）。師，神情特秀，於書無所不覿；爲詞章，多出塵語。明道二年，堯臣初會之於鄭州，此後因宦旅奔波，間或與之往還。梅氏於諸釋中，與曇穎相交最密。迨卒前數月，尚託刁經臣歸南徐之便，奉書曇師。

宛陵集有堯臣與其酬遊之詩十首，分年列之於下：

明道二年（西元一〇三三年）詩：

卷三：客鄭遇曇穎自洛中東歸

慶曆元年（西元一〇四一年）詩：

卷八：送曇穎上人往廬山

慶曆二年（西元一〇四二年）詩：

卷八：依韻和達觀禪師春日雪中見寄

慶曆四年（西元一〇四四年）詩：

卷十：和潁上人南徐十詠（鐵甕城、北固山、京口水、金山寺、望海樓、季子廟、鶴林寺、夫子篆、甘露寺、范公橋）

皇祐元年（西元一〇四九年）詩：

卷三十六：達觀禪師曇潁住隱靜蘭若或言自此獼猴散走不來潁嘗哂曰吾知是山枇杷爲多始至也未實故其去

卷三十六：潁公遺碧霄峯茗

卷三十六：送達觀禪師歸隱靜寺古律二首

卷三十六：依韻和達觀禪師還山後見寄

皇祐二年（西元一〇五〇年）詩：

卷三十六：隱靜遺枇杷

卷三十七：送懷賢上人歸隱靜兼寄達觀禪師

卷三十七：依韻和達觀禪師山中見寄

皇祐三年（西元一〇五一年）詩：

卷三十七：別達觀文鑒二大士

卷三十八：依韻和達觀禪師贈別

卷三十八：次韻和達觀文鑒雨中見懷

皇祐二年（西元一〇五四年）詩：

卷十五：依韻和達觀師聞蟬

卷十六：送雪竇穎長老

皇祐三年（西元一〇五五年）詩：

卷十七：和曇穎師四明十題（雪竇山、龍隱潭、含珠林、偃蓋亭、雲外菴、石筍峯、宴坐亭、三層瀑、丹山洞、獅子巖）

卷四十：依韻荅達觀禪師穎公

至和二年（西元一〇五五年）詩：

卷四十三：送才上人還雪竇寄達觀禪師

嘉祐二年（西元一〇五七年）詩：

卷五十一：雪竇達觀禪師見寄依韻答

嘉祐五年（西元一〇六〇年）詩：

卷二十三：寄金山曇穎師呈永叔內翰

卷二十三：送刁經臣歸潤州兼寄曇師

（二）梵才吉上人

才吉上人與達觀禪師同屬南徐雪竇寺。慶曆元年，堯臣赴官湖州，始遇之於淮南。交遊自此始。

慶曆元年（西元一〇四一年）詩：

卷八：淮南遇梵才吉上人因悼謝南陽疇昔之遊

卷八：依韻和長吉上人淮甸相遇

慶曆二年（西元一〇四二年）詩：

卷八：寄題梵才大士臺州安隱堂

慶曆三年（西元一〇四三年）詩：

卷九：送梵才吉上人歸天臺

至和元年（西元一〇五五年）詩：

卷二十一：寄天臺梵才上人

嘉祐四年（西元一〇五九年）詩：

卷四十三：送才上人還雪竇寄達觀禪師

（三）懷賢上人

懷賢上人亦隱靜寺僧，與曇穎同住。皇祐二年，堯臣送其還寺，請代問曇穎近況。二人交酬之詩，自此始。

皇祐二年（西元一〇五〇年）詩：

卷三十七：送懷賢上人歸隱靜兼寄達觀禪師

至和元年（西元一〇五四年）詩：

卷四十二：隱靜山訪懷賢上人不遇

至和二年（西元一〇五五年）詩：

卷三十六：隱靜山懷賢師自持栽柏二十本種於會慶堂

卷四十五：寄隱靜山懷賢上人

（四）文鑒大士

文鑒乃宣城廣教寺僧，寺在昭亭山上。皇祐二年，堯臣父喪，守廬於宣城，輒與過往。

皇祐二年（西元一〇五〇年）詩：

卷三十六：寄文鑒大士

卷三十七：與二弟過溪至廣教蘭若

卷三十七：與諸弟及李少府訪廣教文鑒師

皇祐三年（西元一〇五一年）詩：

卷三十七：別達觀文鑒二大士

卷三十七：依韻和文鑒師贈

卷三十八：次韻和達觀文鑒雨中見懷

皇祐四年（西元一〇五二年）詩：

卷十五：奉和寄宣州廣教文鑒師

皇祐五年（西元一〇五三年）詩：

卷四十：依韻和昭亭山廣教院文鑒大士喜予往還

（五）可眞上人

可眞亦宣城之廣教寺僧，與堯臣相識甚早，交往亦長。明道二年，堯臣爲德興令，可眞嘗過往，因以詩贈別。

明道二年（西元一〇三三年）詩：

卷三：僧可眞東歸因謁范蘇州仲淹

慶曆五年（西元一〇四五年）詩：

卷十一：寄宣州可眞上人

皇祐三年（西元一〇五一年）詩：

卷三十五：眞上人因送毛令傷足復傷冷（二首）

至和元年（西元一〇五四年）詩：

卷三十七：雪中懷廣教眞上人

至和二年（西元一〇五五年）詩：

卷四十一：和眞上人萬松亭虎窺泉

（六）顯忠上人

顯忠上人爲吳僧，慶曆四年始識堯臣。

慶曆四年（西元一〇四四年）詩：

卷十一：顯忠上人攜王生古硯誇余云是定州漢祖廟上瓦爲之因作詩以答

慶曆五年（西元一〇四五年）詩：

卷十一：送忠上人卷

慶曆七年（西元一〇四七年）詩：

卷三十：答顯忠上人

卷三十：答楚僧智普始與吳僧顯忠來過今見二人詩進於舊矣

嘉祐二年（西元一〇五七年）詩：

卷五十五：覽顯忠上人詩

嘉祐三年（西元一〇五八年）詩

卷五十七：送祖印大師顯忠

卷二　年　譜

壹、年譜正文

宋眞宗咸平五年壬寅（西元一〇〇二年）　一歲

梅堯臣生。父梅讓四十三歲。

○歐陽修全集卷二、居士集二、梅聖俞墓誌銘序：「嘉祐五年（西元一〇六〇年），京師大疫。四月乙亥，聖俞得疾，臥城東汴陽坊。……居八日癸未（二十五日），聖俞卒。……嘗奏其所撰唐載二十六卷，多補正舊史闕繆，乃命編修唐書；書成，未奏而卒。享年五十有九。」

○宋史卷四四三、列傳第二百二、文苑五、梅堯臣傳：「梅堯臣，字聖俞，……預修唐書，成，未奏而卒。」

○續資治通鑑卷五十九、宋紀五十九、仁宗嘉祐五年（西元一〇六〇年）：「秋，七月，……戊戌，翰林學士歐陽修等上所修唐書二百五十卷。」

按：由歐陽修所撰梅聖俞墓誌銘序，得知梅氏逝於北宋仁宗嘉祐五年四月二十五日。宋史本傳及續資治通鑑所載，均可佐證。依此逆推五十九年，堯臣生於斯年。

○歐陽修全集卷二、居士集二、太子中舍梅君墓誌銘序：「故太子中舍致仕梅君，諱讓。……享年九十有一（一作「二」）。康彊無恙，以皇祐元年正月朔卒于家。」

按：南宋丁朝佐、曾三異校「年九十『一』」，一作「九十『二』」，則堯臣出身，其父當居四十二、三歲。

咸平六年癸卯（西元一〇〇三年）　**二歲**

景德元年甲辰（西元一〇〇四年）　**三歲**

富弼生。弼字彥國，河南人。

按：宛陵集收有堯臣言及富弼之詩八首，其年代自仁宗明道元年以至仁宗嘉祐三年，達二十七年之久，足證二人相交甚篤。

晏殊年十三，以神童召試，賜進士出身。

○宋名臣言行錄前六卷引溫公日錄：「公（晏殊）……幼能文，……時年十三，眞宗面試詩賦，……明日再試，……卽除秘書省正字，令於龍圖閣讀書。」

○宛陵集卷四十四、聞臨淄公薨：「公自十三歲而先帝兮，謂肖九齡宜相唐。」

按：依夏承燾晏同叔年譜，晏殊生於宋太宗淳化二年（西元九九一年），至此年，恰爲十三歲。宛陵集載有與晏殊唱和等詩十四首，其年代自仁宗慶曆五年，至仁宗至和二年止，達十一年。苕溪漁隱叢話前集卷三十一引西清詩話云：「晏元獻守汝陰，梅聖俞往見之。將行，……

作五側體寄公云。」足證二人交往，緣詩而起。後晏殊嘗薦引堯臣任職陳州。

景德二年乙巳（西元一〇〇五年）　四歲

江休復生。休復字鄰幾，開封陳留人。

按：鄰幾爲堯臣至友，其一生際遇，亦復相似。慶曆六年，堯臣在許州任，鄰幾以坐蘇舜欽奏邸案，貶知蔡州，乃修書堯臣略述離懷。皇祐三年，過從始密。宛陵集收有二人唱和等詩多達三十七首。

石介生。介字守道，兗州人。

景德三年丙辰（西元一〇〇六年）　五歲

文彥博生。彥博字寬夫，汾州介休人。

祖無擇生。無擇字擇之，上蔡人。

按：擇之爲堯臣詩友之一。

景德四年丁未（西元一〇〇七年）　六歲

堯臣叔父詢，於此年前後歸宣城，嘗攜堯臣往觀社賽。堯臣至中年，仍留有深刻印象。

○宛陵集卷三十三、謁昭亭廟：「尙想昔丱童，維愚託民社；每從諸父賽。竭至此祠下。」

按：丱童，總角之謂；當指六、七歲之幼兒。

歐陽修生。修字永叔，廬陵人。

按：永叔與堯臣相交甚早，相知最切，對其思想及文學觀念之影響，亦最爲深遠。自仁宗天聖九年洛陽初識，至堯臣之卒，凡交往二十九年。宛陵集載與永叔唱和等詩一百四十九首；歐陽修全集亦收有贈答堯臣詩等，達一百四十三首。堯臣在世，永叔再三尊崇其詩；遇有機緣，力予推挽。生前二人曾計議購置潁州田產，以作終老之計，惜未及實現。堯臣及其父、叔、妻謝氏之卒，皆由永叔爲之作墓誌銘。堯臣卒後，聖俞詩集輯成，且爲之序。四庫全書總目提要云：「佐歐陽修以變詩體者，則梅堯臣。」後村詩話亦稱：「梅爲之倡而歐爲之繼。」世因有「歐梅」之稱。二人之交，蓋非泛泛者可比。

王素生。素字仲儀，開封人。

按：天聖六年，王素弱冠，邂逅堯臣於陝府。自此交往凡三十載。宛陵集載有酬唱詩篇，與王素者九首，與素兄王沖（字道損）者十六首。相交之深，當可想見。

范鎭生。鎭字景仁，成都華陽人。

按：堯臣於慶曆七年與范鎭相識，此後頗有往返。宛陵集收有與范氏酬唱詩凡十四首。至堯臣卒前一年，始不見二人詩文之贈答。

大中祥符元年戊申（西元一〇〇八年）　七歲

叔父梅詢年四十五，扈從眞宗登泰山，行封禪之事。

○歐陽修全集卷二、居士集二、翰林學士給事中、梅公墓誌銘序：「公旣見疎不用，流落於外幾二十年，……用封禪恩，遷祠部員外郎。」

○宛陵集卷三十四、濠梁感懷詩云：「天子昔封禪，吾叔從金輿。迴首泰山下，出建雙隼旗。」

按：梅公墓誌銘序稱詢「年二十六，進士及第」；而宋詩紀事卷第五稱詢「端拱二年（西元九八九年）進士及第」。由此逆推，知其當生於宋太祖乾德二年（西元九六四年）。梅公墓誌銘序稱其「流落於外幾二十年」，始用封禪；則是年詢已屆四十五歲，亦頗洽合。宋史卷七眞宗紀：大中祥符元年冬，十月，封泰山，禪社首，行大赦，亦可證明無誤。堯臣年纔十三，即依叔詢宦遊，敬愛之情，由宛陵集詩中可見。堯臣在詩中言及其叔者，凡九首，多追念之作。

杜衍中進士。

按：杜衍任太子太師時，堯臣始有詩和之；今宛陵集有詩三首奉和。迨嘉祐二年衍卒，堯臣且作挽詞五首悼之。

堯臣妻謝氏生。

○歐陽修全集卷二、居士集二、南陽縣君謝氏墓誌銘序：「謝氏生於盛族，年二十以歸（堯臣）。……慶曆四年（西元一○四四年）秋，……謝氏亡，……享年三十七。」

○宛陵集卷十、悼亡：「結髮爲夫婦，於今十七年；相看猶不足，何況是長捐。」

按：謝氏乃謝濤之女，謝絳（字希深）之妹，二十歲歸堯臣，相愛甚篤。越十七年，卒於赴京途中。由卒年逆推，謝氏當生於是年。堯臣寄內、悼亡之詩不少，眞情可見。

蘇舜欽生。舜欽字子美，梓州銅山人。

堯臣於慶曆四年（西元一〇四四年）八月，在京師與子美相識。宛陵集載有關詩作九首；蘇舜欽集載有和答詩二首。子美擅長書法，卒後數年，堯臣偶見其字，猶賦詩二首，以示懷念。歐陽修六一詩話稱：「聖俞、子美，齊名一時。」二人在當日詩壇，有如歐陽修之左右手。宋葉燮原詩亦謂：「開宋詩一代之面目者，始於梅堯臣、蘇子美。」時稱「梅、蘇」。

韓綜生。綜字仲文，靈壽人。

按：綜爲堯臣詩友。慶曆六年夏，始識堯臣於許昌。次年，奉使契丹。契丹主以其父子仍世奉使，離席勸酒。旣還，宰相以爲生事，乃出知滑州。迨其卒，堯臣哭之曰：「使虜嘗專對，江湖謫幾年。」聖俞集中有與之有關詩十五首。

大中祥符二年己酉（西元一〇〇九年）　**八歲**

韓琦生。琦字稚圭，相州安陽人。

大中祥符三年庚戌（西元一〇一〇年）　**九歲**

蘇洵生。洵字明允，眉山人。

按：堯臣與洵相識甚晚，乃嘉祐二年，堯臣爲禮部小試官，舉薦蘇軾、蘇轍爲進士，始與之交。宛陵集載有與老蘇酬唱詩二首。

大中祥符四年辛亥（西元一〇一一年）　**十歲**

堯臣自幼學詩，自爲童子，出語常驚長老。

○歐陽修全集卷二、居士集二、梅聖兪詩集詩：「予友梅聖兪，……其家宛陵，幼習於詩，自爲童子，出語已驚其長老。」

大中祥符五年壬子（西元一〇一二年）　十一歲

大中祥符六年癸丑（西元一〇一三年）　十二歲

大中祥符七年甲寅（西元一〇一四年）　十三歲

堯臣離家鄉宣城，依其從父詢居於襄州（今湖北襄陽），再遷鄂州（今湖北武昌）。

按：宛陵集卷十、早夏陪知府學士登疊嶂樓：「伊我去閭井，爾來三十秋。」此詩作於慶曆四年夏五月，自湖州歸宣城之時。卷四十二、昭亭別施度支：「昭亭迯客地，來往四十年。」此詩作於至和元年，堯臣母喪守宣城時。據二詩推算，其首次離鄉，正在今年。蓋聖兪在十三歲以前均居鄉里，首次離家，印象深刻。此年離宣城，依其遊宦之從父詢生活，一以繼續進修，一以多事歷練。

據歐陽修全集卷二、居士集二、翰林侍讀學士給事中梅公墓誌銘序，知「(詢)年二十六，進士及第。……公好學有文，喜爲詩」，此或堯臣耳濡目染，他日步趨詩壇之助也歟！又：天禧元年之前，大中祥符中，詢「以刑部員外郎爲荊湖北路轉運史，坐擅給驛馬與人奔喪而馬死，奪一官，通判襄州，徙知鄂州。」宛陵集卷六十述釀賦：「少居楚鄉，楚多釀者。」皆可證。

又據宛陵集卷三、蕪湖口留別弟信臣：「少也辭遠親，俱爲異鄉客」；宛陵集卷十四、送劉郎中知廣德軍：「昔在少年時，辛勤事諸父」；及歐陽修全集居士集一、送梅秀才歸宣城：「從學方年少，還家罄橐金」；亦可佐證。堯臣之所以離鄉，或因生性疎懶，煩於事親之故，由宛陵集卷二十七睡意詩：「少時好睡常不足，上事尊親日拘束」之句可知。

大中祥符八年乙卯（**西元一〇一五年**）　**十四歲**

三月，謝絳、范仲淹、王益，同登進士。

○詞林紀事卷三：「謝絳，……登大中祥符八年進士。」

○詞林紀事卷三：「范仲淹，……大中祥符八年進士。」

按：謝絳，字希深，乃堯臣妻兄，長堯臣七歲。於斯年二十一歲登進士第。堯臣甚敬愛之，每與賦遊。宛陵集收有堯臣與之唱和暨悼詩四十三首。范仲淹，字希文，於是年二十七歲登進士第，爲堯臣洛中舊遊，以同好詩酒而相酬游。後因瑕隙絕交；仲淹卒，堯臣作挽詞三首。

大中祥符九年丙辰（**西元一〇一六年**）　**十五歲**

天禧元年丁巳（**西元一〇一七年**）　**十六歲**

堯臣叔父詢，復爲刑部員外郎、陝西轉運使。

○歐陽修全集卷二。居士集二、翰林侍讀學士給事中梅公墓誌銘序：「天禧元年，復爲刑部員外郎、陝西轉運使。」

王旦卒，享年六十一。

按：王旦，字子明，乃堯臣至友王道損仲儀昆仲之父，於太平興國五年中進士。眞宗景德三年爲相，凡十一年。卒，諡文正。

天禧二年戊午（西元一〇一八年）　十七歲

天禧三年己未（西元一〇一九年）　十八歲

謝景初、劉敞、司馬光、曾鞏、宋敏求、韓縝、王珪等人出生。

按：景初字師厚，富陽人；敞字原父，新喻人；光字君實，夏縣人；鞏字子固，建昌南豐人；敏求字次道，趙州平棘人；縝字玉汝，開封雍丘人；珪字禹玉，成都華陽人。是皆堯臣至友及詩交。堯臣所以與遊，或以其能「進士及第」，或以其擅於詩文；是皆堯臣所希冀者。景初昆仲爲堯臣妻兄謝絳之子，自幼卽與堯臣有所過往，至仁宗寶元二年，始見唱和之詩。堯臣與原父及司馬光之交，始自皇祐三年；與曾鞏，在至和二年，堯臣赴京途中，鞏自求見而相識。他若與敏求兄弟，於慶曆四年，堯臣喪妻後居京師時方訂交。結識韓玉汝在慶曆六年，許州任內；與王禹玉之詩交，則在嘉祐二年同爲進士考官時，闈中相唱和。宛陵集載有酬唱詩，與謝景初者二十四首，與謝景溫者十二首，與劉敞者四十五首，與司馬光者五首，與曾鞏者七首，與宋敏求者二十二首，與宋敏修者三十三首，與韓玉汝者十八首；與王禹玉者六首。於此，足證堯臣與彼等之交往，均非泛泛，應無疑問。

天僖四年庚申（西元一〇二〇年） 十九歲

天僖五年辛酉（西元一〇二一年） 二十歲

堯臣叔父詢，遷工部郎中。坐未能反，貶懷州（今河南沁陽）團練副使；再貶池州（今安徽貴池）。

○歐陽修全集卷二、居士集二、翰林侍讀學士給事中梅公墓誌銘序：「遷工部郎中，坐未能反，貶懷州團練副使，再貶池州。」

堯臣居洛陽，已與名士論文章。其文字甚得誦讚。此時，並刻意為詩。

○宛陵集卷四十八、依韻答吳安勗太祝：「還思二十居洛陽，公侯接跡論文章；文章自此日怪奇，每出一篇爭誦之。」

○宛陵集卷二十八、謝晏相公：「刻意向詩筆，行將三十年。嘗經長者目，未及古人肩。」

按：此詩作於慶曆六年（西元一〇四六年）九月，堯臣過汝陰，謁潁守晏殊時，距今約二十六、七年。再由宛陵集卷二十七睡意詩「夜吟朝誦無暫休，目眥生瘡臂銷肉」，益可見其為詩熱衷之情。

王安石生。安石字介甫，撫州臨川人。

按：堯臣早聞安石詩名，至和二年（西元一〇五四年）安石三十五歲，至京，見歐陽修，修愛賞之，其後亦薦於堯臣。嘉祐元年（西元一〇五六年）堯臣母喪服滿赴京師，途次揚州，安石弟安國亦投牒謁之。宛陵集載有與安石詩五首，與安國詩十首。日後安石雖平步青雲，顯貴傾權，堯臣卻未得藉助。

乾興元年壬戌（西元一〇二二年） 二十一歲

春，正月朔，改元。

二月，眞宗崩。仁宗卽位。

仁宗天聖元年癸亥（西元一〇二三年） 二十二歲

堯臣叔父詢，拜度友員外郎，知廣德軍（今安徽廣德，旋徙知楚州（今江蘇淮安）；堯臣隨之。冬，過杭州西湖，因訪隱士詩人林逋於雪中。

○歐陽修全集卷二、居士集二、翰林侍讀學士給事中梅公墓誌銘序：「天聖元年，（詢）拜度支員外郎，知廣德軍，徙知楚州。」

○宛陵集卷十四、送劉郎中知廣德軍：「昔在少年時，辛勤事諸父；諸父爲桃州，物宜皆可數。」

按：桃州卽廣德別稱。詩中言及詢在廣德頗有建樹，惜任期甚暫。

○宛陵集卷三十、送韓六玉汝宰錢塘予嘗訪林逋湖上：「頃尋高士廬，正值浸湖雪。……今逾二十年，志願徒切切。」

○宛陵集卷六十、林和靖先生詩集序：「天聖中，聞寧海西湖之上，有林君，嶄嶄有聲。……是時，予因適會稽，還，訪於雪中。其談道，孔孟也；其語近世之文，韓李也。」

○宛陵集卷三十一、對雪憶歲錢塘西湖訪林逋：「昔乘野艇向湖上，泊岸去尋高士初……」

按：由上引諸詩可知，堯臣曾訪林逋於西湖，時間當在叔父知廣德，旋遷任楚州途中。堯臣適會稽還，過杭州，乘舟向湖上，訪於雪中。西湖，在寧海之西，時屬錢塘（今杭州市）。

天聖二年甲子（西元一〇二四年）　二十三歲

堯臣隨叔父詢居楚州。

尹洙舉進士。

按：尹洙字師魯，河南人，天聖二年進士。歷河南府書記，館閣校勘，遷太子中允。景祐中，諫范仲淹不當貶，徙監酒稅。康定間，趙元昊反，奏爲經略判官；又知潞州。後見訟，再徙監酒稅。師魯名當世，忠義高節。爲文，簡而意深，展卷讀之，五行俱下，人罕能過之。與乃兄尹源，皆堯臣任河南主簿時之舊友，均早卒。源字子漸，舉天聖八年進士。爲奉禮郎，居河南，適堯臣來，乃與之游。召試學士院，請以論易賦，而主試者方以賦進，不悅其言，第其文下，除知懷州，卒。堯臣慟傷，曾於夢後作詩追悼。今宛陵集收有酬唱詩篇，與尹源者四首，與尹洙者十一首。由詩中，可知堯臣與尹氏兄弟相交甚篤。

天聖三年乙丑（西元一〇二五年）　二十四歲

堯臣叔父詢，知陝府，堯臣隨之，居河內三載。此時前後，識詩友曾簡夫。

〇宋史卷三百一、梅詢傳：「起知廣德軍，歷楚、壽、陝州。」

〇歐陽修全集卷二、居士集二、翰林侍讀學士給事中梅公墓誌銘序：「天聖元年（西元一〇二三年）

拜度支員外郎，知廣德軍。徙知楚州，遷兵部員外郎，知壽州，又知陝府。六年復直集賢院。」

○宛陵集卷二十三、寄懷劉使君：「昔我從仲父，三年在河內。春遊丹水上，花竹弄粉黛。」

○宛陵集卷二十六、衞州通判趙中舍：「我久在河內，頗知衞風俗。」

○宛陵集卷五十五、逢雷太簡殿丞：「長安初見君，君頷微有鬚；後於河內逢，秀俊美鬢胡。又會在桐鄉，談詩多孟盧。」

按：由墓誌銘序可知，天聖元年至六年之間，梅詢五度遷官，知陝府在後。再由堯臣寄懷劉使君、逢雷太簡殿丞二詩，可知堯臣自天聖三年至六年三數年間，當隨叔父在陝府。天聖三年初會雷氏於長安，雷氏始留鬚。再逢雷氏鬚已加長，當隔歲餘，即天聖四年後。明年，堯臣娶妻謝氏，歸洛陽。又明年，堯臣任桐鄉主簿，復又第三度會晤。若此推論，頗與上引詩文契合。簡夫，字太簡，郃陽（今陝西朝邑縣北）人。嘉祐二年，堯臣逢之於京師，始相酬和，有詩五首，載宛陵集中。

堯臣初識蘇舜元，時舜元始冠。

○宛陵集卷四十九、度支蘇才翁挽詞：「二十識君貌，相識非一朝。」

按：舜元，字才翁，子美之胞兄，生於眞宗景德三年（西元一〇〇六年），今年恰爲二十歲。嘉祐元年卒於洛陽，堯臣作詩三首挽之。

天聖四年丙寅（西元一〇二六年）　二十五歲

堯臣隨叔詢任陝府。冬，十月，乙丑，宋廷遣工部郎中龍圖閣待制韓億，賀遼順天節。

按：韓億字忠獻，乃韓氏八子：綱、綜、絳、繹、維、縝、緯、緬之父。韓氏世家高宦，家法嚴謹，多賢子孫。韓氏八子均與堯臣過從甚密。今宛陵集載有唱和詩篇，與綱者五首，與綜者十五首，與絳者三十五首，與繹者四首，與維者二十六首，與縝者十八首，與緯者六首，與緬者五首。此外，綱子宗彥，亦嘗與堯臣交遊，有酬唱詩四首。由此可證，堯臣與韓氏昆仲交往之密。

天聖五年丁卯（西元一〇二七年）　二十六歲

堯臣娶太子賓客謝濤之女於京師，時謝氏年二十。旋返洛陽。

〇歐陽修全集卷二、居士集二、謝氏墓誌銘序：「吾（指堯臣）妻故太子賓客諱濤之女，希深之妹也。希深父子時為聞人，而世榮顯。謝氏生於盛族，年二十以歸吾（指堯臣）。」

按：宛陵集卷十、悼亡詩云：「結髮為夫婦，於今十七年；相看猶不足，何況是長捐。」此詩作於慶曆四年（西元一〇四四年），堯臣初喪妻時。又卷二十七、三月十四日汝州夢詩云：「我歸十九年，飲不負升斗。昨夕夢見之，謂須多置酒。」此詩作於慶曆六年（西元一〇四六年），堯臣訪汝守王素時。依此逆推，堯臣婚娶當在二十六歲。

堯臣娶妻在京師之說：㈠、妻父謝濤自天禧五年（西元一〇二一年）同判吏部流內銓以來，至明道元年（西元一〇三二年）轉太子賓客，皆留京師。㈡、妻兄謝絳，天聖中轉為太常博士，爲國史編修官，與修眞宗國史，今年九月，嘗上書仁宗，切言時政（見續資治通鑑卷二十七、宋紀二十七、仁宗天聖五年，九月）。㈢、妻謝氏時年二十，必與家人同在京師。㈣、堯臣叔父詢時知陝府，明年又直集賢院，皆在黃河一帶。㈤、堯臣今年別友人蔣生，二十六年後重逢於京師，曾作詩記之（見宛陵集卷十八、與蔣秘別二十六年始見之）。㈥、堯臣婚娶必有長輩作主。而彼十三歲隨叔父離鄉，應在叔父居處。由上述六點，益可證明堯臣婚娶之地在京師。

邂逅王素。

○宛陵集卷二十六、留別汝守王待制仲儀：「邂逅二十年，三遇三睽隔。」

按：此詩作於慶曆六年（西元一〇四六年）春，逆推得知，當始交於今年。

王素字仲儀，賜進士出身。遇事感發，擢知諫院。數諫，帝皆動容以納。官工部尚書。此時，堯臣新婚，故二人情誼泛泛。慶曆四年堯臣去鄉赴京，途次重逢。又二年，堯臣謝氏妻卒而官於許昌，心情鬱鬱，適素守汝州，地在毗鄰，故往訪之。宛陵集載堯臣與之酬唱詩九首。

天聖六年戊辰（西元一〇二八年）　二十七歲

堯臣叔父詢，自陝府詔返京朝，直集賢院。堯臣亦隨之赴京，並以叔父蔭，補太廟齋郎。旋得桐城主簿，又離京師。詢因贈駿馬一匹，以爲代步。

○歐陽修全集卷二、居士集二、翰林學事給事中梅公墓誌銘序：「天聖……六年，（梅詢）復直集賢院。」

○歐陽修全集卷二、居士集二、梅聖兪墓誌銘序：「聖兪初以從父蔭，補太廟齊郎。……歷桐城、河南、河陽三縣主簿。」

○歐陽修全集卷二、居士集二、梅聖兪詩集序：「予友梅聖兪，少以蔭補爲吏。」

○宋史卷一六四、職官志：「太廟令掌：宗廟薦新，七祀，及功臣從享之禮。」

○宛陵集卷六、傷馬詩題下注云：「此馬季父爲樞直日，恩賜以遺余。」

○宛陵集卷五十二、送畢甥之臨邛主簿：「自我歷官三十年，有脚未曾行蜀川。」

○宛陵集卷五十二、和楚屯田同曾子固、陸子履觀予堂前石榴花：「欲歌翠樹芳條曲，已去洛陽三十秋。」

○宛陵集卷一、河南受代前一日希深示詩：「我昔在桐鄉，伊人頗欣戴。」

○宛陵集卷二十六、初冬夜坐憶桐山行：「我昔吏桐鄉，窮山使屢躡。」

○宛陵集卷五十五、逢雷太簡殿丞詩：「長安初見君，君頷微有鬚；後於河內逢，秀俊美鬚胡；又會在桐鄉，談詩多孟盧。學書得天然，鍾王不能奴。荏苒三十載，邂逅遇京師。」

按：宋律，凡任朝臣有功者，其子或本宗，可錄補一人爲官。梅詢自大中祥符元年（西元一〇〇八年），扈從眞宗登泰山行封禪以後，流落京外幾二十年，今年始復直集賢院（初直集賢院在眞宗咸平三年），當以有功得遷，故堯臣得錄補爲官。再由嘉祐二年（西元一〇五七年）

所作送畢甥詩推算，堯臣蔭補當在今年。此前，堯臣向居洛陽，故嘉祐二年堯臣與友觀石榴花於堂前時，慨然歎曰「已去洛陽三十秋」。又傷馬詩作於仁宗寶元元年（西元一〇三八年）秋，距叔父賜馬當已十一載。叔父贈馬蓋有三故：一則復直內朝，喜可想見；再則堯臣新婚，權以爲賀；三則姪兒赴官桐鄉，需有代步；是以贈馬。至於主簿桐鄉之日，則由嘉祐二年所作逢雷太簡詩，可知當堯臣二十七歲時，曾遇雷氏於桐鄉。若非任官，何以新婚之際，離鄉背井，遠赴異邦？且送畢甥詩作於嘉祐二年，而云：「歷官三十年」，益爲明證。劉筱媛之梅堯臣年譜及其詩、日人筧文生之梅堯臣年譜，皆定堯臣補太廟齊郎、任桐鄉吏在二十九歲（仁宗天聖七年、西元一〇三〇年），所引資料均無時間因素，難作佐證。今依上文推論，當在今年無疑。

王安國生。安國字平甫，撫州臨川人。

林逋卒，享年六十二。

天聖七年己巳（西元一〇二九年）　二十八歲

堯臣在桐鄉任內，甚得鄉人愛戴。暇時亦屢躡桐山，探幽險。歸而語其勝於妻謝氏。謝氏賢淑，常諫其當戮力少壯時，勿徒事閒遊。堯臣因以稍圖發憤。

○宛陵集卷一、河南受代前一日希深示詩：「我昔在桐鄉，伊人頗欣戴。」

○宛陵集卷二十六、初冬夜坐憶桐城山行：「我昔吏桐鄉，窮山使屢躡。路險獨後來，心危常自怯。……遂投山家宿，駭汗衣尚浹。歸來撫童僕，前事語妻妾。吾妻常有言，艱勤壯時業，安慕終日閒，笑媚看婦靨。自是甘努力，于今無所慊。」

夏，六月，玉清、昭應二宮火災。

按：玉清、昭應二宮，建於大中祥符七年（西元一〇一四年），今年燬於火；二十五年後（仁宗皇祐五年、西元一〇五三年），堯臣有詩云：「天聖七年六月尾，玉清始災壇宇空。于今二十有五載，上元後夜星軫中，乃聞會靈五殿火，丹燄赤天明月紅。」（見宛陵集卷十七、十六日會靈火）

天聖八年庚午（西元一〇三〇年）　二十九歲

春，三月，御試崇政殿。榜出，歐陽修、劉沆、張先、刁約、蔡襄、尹源皆舉進士。修遂補西京留守推官，明年三月至洛陽。

○宋名臣言行錄卷后二：「（歐陽修）兩試國子監，一試禮部，皆第一。遂中甲科，補西京留守推官。」

按：據皇宋十朝綱要載，斯年計錄進士多達二百四十九人；上列歐陽修等六人，皆爲堯臣日後之詩友。今觀宛陵集載有酬唱之詩篇，與劉沆者二首，與張先者四首，與刁約者十四首，與蔡襄者七首。修與尹源，前已言之。

冬，十二月，堯臣叔詢使遼，賀其千齡節。

○宋遼聘使表稿：「（天聖八年）十二月乙巳，宋遣工部郎中、龍圖閣待制梅詢，供備庫副使王令傑，來（遼）賀千齡節。」

天聖九年辛未（西元一〇三一年）　三十歲

春，正月二十三日辛未，錢惟演以武勝軍節度使，改西京留守，判河南府，至洛陽。初，惟演既除陳州，託病久留京師，且圖相位。范諷奏以為不可復用，須城郭勸亦催督上道，乃自言：「先壠在洛陽，願守宮鑰。」遂命守河南。

○上文所引見續資治通鑑卷三十八、宋紀三十八、仁宗天聖九年、正月。

○宋史卷三百一十七錢惟演傳：「天聖七年，（錢惟演）改武勝軍節度使，明年來朝，上言先壠在洛陽，願守宮鑰，卽以判河南府。」

三月，堯臣在洛，任河南主簿。與妻兄謝絳閒遊。

○宋史卷四四三、梅堯臣傳：「用詢蔭為河南主簿。」

○歐陽修全集卷二、居士集二、梅聖俞墓誌銘序：「歷桐城、河南、河陽三縣主簿。」

○宛陵集卷一、上巳日午橋石瀨中得雙鱖魚：「脩禊洛之濱，湍流得素鱗。多慚折腰吏，來作食魚人。水髮黏篙綠，溪毛映渚春；風沙暫時遠，紫線憶江蓴。」

○宛陵集卷一、寒食前一日陪希深遠遊大字院：「一百五將近，千門煙火微。閑過少傅宅，喜見老萊衣。晚雨竹間霽，春禽花上飛。禪庭淸溜滿，幽興自忘歸。」

按：由上引二詩所云「上巳」、「脩禊」、「寒食前一日」、「多慙折腰吏，來作食魚人」諸語，知堯臣三月已在洛陽。

○宛陵集卷十二、過口得雙鱖魚懷永叔：「春風午橋上，始迎歐陽公；我僕跪雙鯉，言得石瀨中。持歸奉慈媼，欣詠殊未工。是時四三友，推尚以爲雄。于茲十九載，存沒復西東。」

○宛陵集卷十三、四月二十七日與王正仲飲：「醉憶曩同吾永叔，倒冠落佩來西都。是時豪快不顧俗，留守贈榼少尹俱。……山東腐儒漫側目，洛下才子爭歸趨。自茲離散二十載，不復更有一日娛，如今舊友已無幾，歲晚得子欣爲徒。」

按：過口雙鱖魚詩作於仁宗皇祐元年（西元一〇四九年），逆推「十九載」，恰爲今年。又：四月二十七日詩，作於皇祐三年（西元一〇五一年），上距是年，已二十一載；其所以與「自茲離散『二十載』」不合者，或取成數而言。

同月，歐陽修至西京爲留守推官。初逢堯臣於伊水畔。二人意氣相投，未久卽爲知己，三十年不渝。修既仕祿，翰林學士胥偃遂以女妻之。修親迎於東武。初攜文謁偃於漢陽，偃奇之，留置門下。修舉進士甲科，偃有力焉。修早年工偶麗文，入洛後始從尹洙學古文。此於其一生成就，影響甚鉅。

○歐陽修全集卷四、與西京留府交待推官啓，「啓」下注云：「天聖九年三月」。

○歐陽修全集卷二、居士外集一、書懷感事寄梅聖俞：「……每憶少年日，未知人事艱。……三月入洛陽，春深花未殘。龍門翠鬱鬱，伊水清潺潺；逢君伊水畔，一見已開顏；不暇謁大尹，相攜步香山。自茲惬所適，便若投山猿。幕府足文士，相公方好賢。」

按：由上引詩文可知：歐陽修入洛陽，亦在三月。而與堯臣初逢，當在龍門伊水之濱。

○歐陽修全集卷二、居士外集一、答梅聖俞寺丞見寄：「憶昔識君初，我少君方壯；風期一相許，意氣曾誰讓。交遊盛京洛，罇俎陪丞相。」

○歐陽修全集卷一、居士集一、依韻奉酬聖俞二十五兄見贈之作：「與君結文遊，我最先衆人。」

○歐陽修全集卷二、居士集二、祭梅聖俞文：「……昔始見子，伊川之上；余仕方初，子年亦壯。」

○歐陽修全集卷二、居士外集一、乞藥有感呈梅聖俞：「憶昔初識面，青衫游洛中；高標不可揖，杳若雲間鴻。」

○歐陽修全集卷一、居士集一、哭聖俞：「昔逢詩老伊水頭，青衫白馬渡伊流。……我年最少力方優，明珠白璧相報投。」

按：由上引諸詩可知，修與堯臣相識最先，又相互傾慕，情誼尤爲深厚。觀乎二人作品，唱和寄贈均多，足以佐證。

○歐陽修全集卷三、居士外集二、胥夫人墓誌銘序：「……天聖八年，修以廣文館生擧，中甲科；又明年，胥公遂妻以女。」

○宋史卷三百一十九、歐陽脩傳：「擧進士，試南宮第一，擢甲科，調西京推官。始從尹洙游，爲古文，議論當世事，迭相師友。與梅堯臣游，爲歌詩相倡和，遂以文章名冠天下。」

○宋詩紀事卷十一「尹洙」條、引聞見錄：「歐陽文忠早工偶麗之文，及官河南，始得師魯，乃出韓退之文學之，蓋公與師魯，文雖不同，公爲古文，則居師魯後也。」

按：由上引二文字，可知尹洙及堯臣對永叔影響非淺。

當時西京才士際會，多輻聚錢惟演幕中，錢氏遇諸文士，亦甚優厚。堯臣旣處幕府，始識一時俊彥，與之往還。在洛二年，實爲堯臣一生中最得意之時。宛陵集所收詩，從此時始。

○歐陽修全集卷二、居士集二、書懷感事寄聖俞：「幕府足文士，相公方好賢。」

○歐陽修全集卷四、與西京留府交代推官啓（天聖九年三月）：「～～幕中諸彥，泛泛蓮池之賓；門下並遊，一一蘭臺之衆。」

○宛陵集卷二十一、送侯孝傑殿丞僉判潞州：「同在洛陽時，交游盡豪傑；倏忽三十年，浮沈漸磨滅。唯餘一二人，或位冠夔卨。」

○宋名臣言行錄卷前四引聞見錄：「謝希深、歐陽永叔官洛陽時，同遊嵩山，歸，暮抵龍門香山，雪作。留守錢文僖公遣吏，以厨傳歌伎至，且勞之曰：『山行良苦，少留龍門賞雪，府事簡，無遽歸也。』錢遇諸公之厚，類如此。」

堯臣洛中諸友中，過往最密者，有七人，歐陽修謂之「七友」。七人者，乃：歐陽修、尹洙、張汝士、楊愈、張太素、王幾道及堯臣。日後諸友凋零，堯臣每憶及此，莫不悵惘三歎。

○歐陽修全集卷二、居士外集一、古詩、七友七首，所記七友乃：河南府張推官、尹書記、楊戶曹、梅主簿、張判官、王秀才、歐陽修本人。

○宛陵集卷五十六、次韻奉和永叔謝王尙書惠牡丹：「嘗憶同朋有七人，每失一人淚緣睫。」

○宛陵集卷二十一、送張山甫武功簿：「洛陽舊交有七人，五人已爲泉下塵。」

按：是年西京多才士，其中除錢謝二人，官職較高，地位不同外，尙有七人，卽堯臣及修所謂之「七人」、「七友」。今將其姓名、字、號、官銜、年齡等可考者，依現有資料，列表如后：

西京留守：錢惟演（希聖），五十五歲。

河南府通判：謝絳（希深），三十九歲。

留守府推官：歐陽修（永叔），二十五歲。

河南府書記：尹洙（師魯、尹十二），三十一歲。

河南府主簿：梅堯臣（聖兪、梅二、梅二十五），三十歲。

河南府推官：張汝士（堯夫），三十五歲。二年後卒。

河南府戶曹：楊兪（子聰、楊十六）

河南府判官：張太素。

秀才：王幾道（王三）

另有：尹源（子漸），進士及第，爲尹洙之兄；富弼（彥國），進士出身，爲河陽僉判；惟二氏均爲河南人氏，故與「七友」亦有往還。

錢惟演於堯臣甚爲嗟賞，結爲忘年交，並引與酬唱。歐陽修與堯臣爲詩友，自以爲不及。堯臣此後，益自刻厲，於是享名於時。惟演守西京既久，乃於府第起雙桂樓；西城建臨園驛；並命歐陽修、尹洙爲之作記，歐陽修自此始爲古文。堯臣亦作詩一首，狀其華美。

〇宋史卷四百四十三、梅堯臣傳：「梅堯臣，……用詢蔭爲河南主簿，錢惟演留守西京，特嗟賞之，爲忘年交。引與酬唱，一府盡傾。歐陽修與爲詩友，自以爲不及。堯臣益刻厲，精思苦學，繇是知名於時。」

〇宋名臣言行錄卷前四引聞見錄：「天聖、明道中，錢文僖自樞密留守西都，謝希深爲通判，歐陽永叔爲推官，尹師魯爲掌書記，梅聖俞爲主簿，皆天下之士，錢相因府第起雙桂樓，西城建臨園驛，命永叔、師魯作記，……歐自此始爲古文。」

〇宛陵集卷二、留守相公新刱雙桂樓：「藻棟起霄閒，芳條俯可攀；晚雲談次改，高鳥坐中還：日映城邊樹，虹明雨外山；唯應謝池月，來照袞衣閒。」

夏，六月三日己卯，遼帝崩。七月二十七日壬申，遣使如宋告哀。九月遣堯臣叔父龍圖閣待制梅詢，至遼充太后弔慰使。

按：見傅樂煥所撰宋遼交聘史稿頁六十五。

秋冬之交，王曙知河南，性嚴毅，待僚屬未嘗解顏，諸人不堪其憂。堯臣以詩文呈之，得其讚賞。歐陽修雖抗言以辯，亦得其心折；四年後，且薦修入樞府，任館閣校勘。

○宋史卷二百八十六、王曙傳：「初錢惟演留守西京，歐陽修、尹洙爲官屬，……曙後至。」

○宋名臣言行錄卷前四引邵伯溫聞見錄云：「錢（惟演）遇諸公之厚類此。王曙代錢爲留守尉史，如束溼。諸公俱不堪其憂。（曙）日訝其（僚屬）多出遊，責曰：『公等自比萊公何如？萊公尚坐奢縱取禍貶死，況其下者乎？』希深而下，不敢對。永叔取手板，起立曰：『萊公之禍不在杯酒，在老而不知退爾。』時王曙年已高，若爲之動。卒薦永叔入館。」

○續資治通鑑卷三十九、宋紀三十九、仁宗景祐元年（西元一〇三四年），夏，閏六月二十八日乙酉，「始錢惟演留守西京，修及尹洙爲官屬，皆有時名。惟演待之甚厚。修等游飲無節，惟演去去，曙繼至，數加戒敕，常厲色謂修等曰：『諸君知寇萊公晚年之禍乎？正以縱酒過度耳。』衆客皆唯唯，修獨起對曰：『寇公之禍，以老不知止耳。』曙默然，終不怒。更薦修及洙，置之館閣。議者賢之。」

按：王曙薦修入館閣，歐陽修亦載其事。見歐陽修全集卷四、謝校勘啓，題下注云：「景祐元年，用王文康公薦，入館。」可證。

○曾敏行獨醒雜志卷一：「王文康公晦叔，性嚴毅，見僚屬未嘗解顏。知河南日，梅聖俞爲縣主簿，一日，袖其所爲詩文呈公。公覽畢，次日，對坐客謂聖俞曰：『子之詩，有晉宋遺風，自杜子美沒後，二百年不見此作。』由是禮貌有加。不以尋常待聖俞矣。

○歐陽修全集卷二、居士集二、梅聖俞墓誌銘序：「初在河南，王文康公見其文，歎曰：『二百年無此作矣。』」

○歐陽修全集卷二、居士集二、梅聖俞詩集序：「……世既知之矣，而未有薦於上者。昔王文康公嘗見而歎曰：『二百年來無此作矣。』雖知之深，亦不果薦也。」

按：由上列引文，得知王曙爲人嚴正剛毅。歐陽修雖曾公然抗言以辯，而曙竟爲之動容而不怒；四年後，且薦之館閣。堯臣袖詩呈閱，雖獲殊譽，終未得推挽。豈堯臣才識不及修等，曙已先知之？宛陵集卷四十八、依韻答吳安勗太祝：「我於文字無一精，少學五言希李陵。當時巨公特推許，便將格律追西京。……于今窮困人已衰，不見懸金規呂覽。」詩中之「巨公」，所指不知何人，惟王曙當在其中無疑。

明道元年壬申（西元一〇三二年）　三十一歲

春，堯臣與錢惟演、歐陽修、尹洙、楊子聰五人，同遊嵩山。

按：宛陵集卷一、緱山子晉祠詩題下注云：「以下陪太尉錢相公遊嵩山七章」。所稱「七章」，乃指緱山子晉祠、少林寺、少姨廟、天封觀、會善寺、啓母石、轘轅道、等七篇。又：宛陵集卷二，載同永叔子聰遊嵩山賦十二題詩，所稱「十二題」，乃指公路澗、拜馬澗、二室道、自峻極中院步登太室中峯、玉女窗、玉女擣衣石、天門、天門泉、天池、三醉石、登太室中峯、峻極室等篇。今觀歐陽修全集卷二、居士集一、嵩山十二首詩，題目與宛陵集上所收「十二題」篇名皆同。其於三醉石詩題下注云：「三醉石在八仙壇上，……似非人間，因索筆目，梅聖俞書三醉字於石上，而三人者，又各題其姓名而刻之。」又：歐陽修全集卷二、居士外集一、書懷感事寄梅聖俞詩云：「君吟倚樹立，我醉欹雲眠，子聰疑日近，謂若手可攀。共題三醉石。留在八仙壇。」所言卽此事也。再依詩句所云之「花落多依草，擊汰翫游鯈」（公路澗）、「春晚桂叢深」（二室道）、「驚鳥動林花」（太室中峯）、「桂樹含春色」（玉女窗），可知遊嵩山當在暮春。

秋，七月，堯臣因妻兄謝絳爲河南通判，當避親嫌，故移河陽縣主簿。以歐陽修之同年進士張應之，代其爲河南主簿。堯臣雖遷河陽，因親友多在洛陽，常藉吏事之便，至河南與親友相聚。

○宛陵集卷一、寄河陽僉判富彥國：「翻同貴公子，來事外諸侯。地險長河急，天高畫角秋。」

○宛陵集卷二、新秋普明院竹林小飲詩序：「余將北歸河陽，友人歐陽永叔與二三君子，具觴豆，選勝絕，欲極一日之歡，以爲別。」

○宛陵集卷二、得高樹早涼歸：「翻然思何苦，昨夜秋風高；良友念將別，幅巾邀此遨。……池上暑風收，竹間秋氣早。回塘莫苦留，已變王孫草。……獨自向河陽……所嗟當北歸。厭厭敢辭醉，明發此歡非。」

○歐陽修全集卷二、居士外集一、初秋普明寺竹林小飲餞梅聖俞詩五首（詩不錄）

按：宛陵集卷一、河南受代前一日希深示詩一首，係交卸前因「希深示詩」而作。寄河陽僉判富彥國一首，爲赴新任之前，寄河陽僉判之詩。據宛陵集卷二、新秋普明院竹林小飲詩序及歐陽修之初秋普明寺竹林小飲餞梅聖俞觀之，堯臣之赴河陽，當在初秋。

○歐陽修全集卷三、居士外集二、送梅聖俞歸河陽序：「聖俞……初為河南主簿，以親嫌移佐河陽，常喜與洛之士遊。故因吏事而至於此。……既而以吏事訖，言歸，余且惜其去。」

按：堯臣之去河南而佐河陽，以「避親嫌」故；前已言之。以下所引文字，可證堯臣以吏事故，常歸河南。

○宛陵集卷一、秋日同希深昆仲遊龍門、香山，晚泛伊川，觴詠久之，席上各賦古詩，以極一時之娛詩（詩不錄）

○歐陽修全集卷二、居士外集一、古詩：和謝學士泛伊川，浩然無歸意作一首（詩不錄）

○宛陵集卷五十七、永叔內翰見索謝公遊嵩書：「昔在洛陽時，共遊銅駝陌。……又憶遊嵩山，勝趣無不索。……明年移河陽，簿書日堆積。」

按：由上引諸文可知，堯臣雖在河陽，仍然心懷洛邑，故常返洛，與舊識相聚，甚且因此致使河陽吏事「簿書日堆積」。此率性任意之行，或為其官場久鬱之主因歟？

八月，晏殊任參知政事。

九月，謝絳遊嵩山。歐陽修、楊子聰、尹師魯、王幾道等隨行。堯臣未能同行，引以為憾。而絳等遊嵩之日，堯臣嘗夢隨其遊，醒而有詩記之。

○謝絳、遊嵩山寄梅殿丞書（記神清洞）：「聖俞足下：近有使者東來，付僕詔書，并御祝封香，遺告嵩獄。……歐陽永叔、楊子聰……尹師魯、王幾道……爲山水游侶。」

按：題下自注云「明道元年九月」，原文又記「十二日書漏未盡十刻」出發，至十七日回，凡六日。而謝絳返洛即致書堯臣（謝絳又答梅聖俞書：「前自嵩嶺回，即致書左右。足下不得同此勝事，諸君所共歎恨。」），知堯臣時在河陽，未與遊也。謝絳書見於歐陽修全集卷六附錄。

○宛陵集卷二、「河陽秋夕，夢與永叔遊嵩，避雨於峻極院，賦詩。及覺，猶能憶記。俄而僕夫自洛來，云永叔諸君，陪希深祠岳，因足成短韻。」詩一首。（詩句不錄）

○宛陵集卷二、「希深惠書言與師魯、永叔、子聰、幾道遊嵩。因誦而韻之」詩一首（詩句不錄）

○宛陵集卷一、子聰惠書備言行路及遊王屋物趣因以答：「自我河橋來，清話殊未已，……尺書忽見遺，……草草始辭家，怱怱渡河水。……茅居聒夜舂，……明發西北行。」

按：由上引詩題及詩句可知，堯臣至河陽未幾，子聰即惠書言遊王屋；而子聰九月十二日伴希深遊嵩，六日纔返，故堯臣返河陽，或在八月下旬。

明道二年癸酉（西元一〇三三年）　三十二歲

秋，八月下旬，堯臣離河陽赴德興縣令。行前與洛中諸友閒遊於京師。歐陽修知其改任新縣，乃作詩戲賀。堯臣發舟，由汴淮而下，溯江至德興。途中經蕪湖而未返宣城故里。九月到任。

○宋史卷四百四十三、梅堯臣傳：「歷德興縣令，知建德、襄陽二縣。」

○歐陽修全集卷二、居士集二、梅聖俞墓誌銘序：「以德興縣令，知建德縣。」

○宛陵集卷三、月夜與兄公度納涼閑行至御橋：「夕月吐澄明，陰雲淨如掃。空庭引天翠，爽氣生懷抱。家近御橋頭，因爲橋畔遊。……富貴非可取，田園今向秋；明當拂衣去，試與問扁舟。」

○宛陵集卷三、中秋與謝希深別後月下寄：「人傷千里別，桂吐十分圓；把酒非前夕，追懽憶去年。」

○歐陽修全集卷二、居士外集一、聞梅二授德興令戲書：「洛浦見秋鴻，江南老芳芷。……離別古所難，更畏秋風起。」

○宛陵集卷三、弟得臣歸覲并州：「知君歸去心，已逐秋風起。……拜慶曷爲榮，新除一官美。」

按：由上引四詩可知，中秋以前堯臣仍在京師，居所即在御橋附近。且知己得新職。稍後，當起行赴新任。

○宛陵集卷三、初見淮山：「遊宦久去國，扁舟今始還。朝來汴口望，喜見淮上山。」

○宛陵集卷三、旌義港阻風：「清晨下長淮，忽值秋風惡。」

○宛陵集卷三、舟中聞蛩：「秋月滿行舟，秋蟲響孤岸；……誰復過江南，哀鴻爲我伴。」

○宛陵集卷三、自急流口至長蘆江入金陵（詩不錄）。

○宛陵集卷三、泊牛渚磯：「更看江月來，還想燃犀燭。」

○宛陵集卷三、蕪湖口留別弟信臣：「少也遠辭親，俱爲異鄉客；昨日偶同歸，今朝復南適。南適畏簡書，叨茲六百石。」

○宛陵集卷三、幾道隰州判官：「無由戀中國，不久之南方。……到官秋節晚，塞近百草黃。……朋遊頓茲減，客心仍未央。」

按：由上引諸詩，可知堯臣赴德興任在晚秋。九月二十日壬午，歐陽修至鞏縣陪祭莊、獻二后之葬，嘗作黃河八韻寄聖俞詩（見歐陽修全集卷一、居士集一），可知九月堯臣已在德興矣。

又：八月十五日起，九月二十日壬午以前至德興，途中僅三十五日不足。查堯臣慶曆四年六月，自宣城渡江，八月始至都下，其間二月有餘；且宛陵集此年之詩，並無返鄉之作，故知此行並未返宣城故里。

八月，張汝士卒。得年三十有七。

○歐陽修全集卷三、居士外集二、河南府司錄張君墓誌銘序：「吾友張堯夫，以今年七月癸酉，葬其先君於北邙山。既葬二十有九日壬寅，晨起感疾，復就寢，弗寤若醉狀。醫視其脈，曰：『疾勢，風甚盛，脈宜洪；今細蹶，殆不可爲。』晝未盡數刻，啓手足於官署。翌日，殯於正寢。戊申，葬先君墓次，實明道二年八月也。……堯夫，名汝士，年三十七。」

按：張汝士，字堯夫，乃堯臣「洛陽七友」之一，不幸早卒。卒後遺二子吉甫、山甫，均稚幼。二十載後，吉甫爲信安從事，乃於嘉祐二年（西元一〇五七年）改葬其父堯夫，堯臣并作詩追悼。見宛陵集卷五十三、張堯夫寺丞改葬挽詞三首。四年，吉甫知資陽，山甫主簿武功，堯臣各以詩送之，見宛陵集卷二十一、二十二。

秋，九月四日丙寅，崇信節度使、同平章事、判河南府錢惟演落平章事，還本鎮隋州。永叔嘗至伊水送別。知府王曙代任錢職。

○歐陽修全集卷二、居士外集一、書懷感事寄梅聖俞：「詔書走東下，丞相忽南遷。送之（指錢惟演）伊水頭，相顧淚潸潸。」

○歐陽修全集卷二、居士外集一、留守相公移鎮漢東：「路識青山在，人今白首行。」

○續資治通鑑卷三十九、宋紀三十九、仁宗景祐元年、閏六月二十八日乙酉，注：「錢惟演以明道二年九月去西京，曙即繼之，曙尋拜樞密使。景祐元年，王曾始爲留守。」

按：隋州在漢水之東，故歐陽修詩云「移鎮漢東」，續資治通鑑注所云景祐元年王曾代爲留守，可證王曙曾代錢爲留守，時僅數月。

多，謝絳詔使逆虜，至於陳橋驛。

○宋詩紀事卷八、謝絳條、引杭州府志所載小隱園詩序云：「余近營別墅於小隱巖，忽憶癸酉多春，詔逆虜，使於陳橋驛。」

○歐陽修全集卷一、居士集一、送謝學士歸闕：「馬度雪中關……新年獨未還。」

景祐元年甲戌（西元一〇三四年）　三十三歲

堯臣在德興縣令任內。堯臣去年九月到任；明年春，遷建德縣；在德興凡三年。

○歐陽修全集卷二、居士集二、梅聖俞墓誌銘序：「以德興縣令，知建德縣。」

○宋史卷四百四十三、梅堯臣傳：「歷德興縣令，知建德、襄陽縣。」

按：堯臣今年任內，生活安定，詩作少，贈別者較多，皆載於宛陵集卷三中，如：僧可眞東歸因謁范蘇州、魏屯田知楚州、張子野赴官鄭州、蘇祠部通判洪州……。惟觀同時之抒懷詩擬王維偶然作：「一月十五日，頭面忘洗梳：危坐恣搔蝨，於時嬾作書。……不堪行作吏，章服裹猨狙。」知其不甚滿意此項官職，因罕提筆，故存詩甚少。

春，三月十九日戊寅，上御崇政殿，試禮部奏名進士。二十日試諸科。已而得進士諸科八百八十三人。馬遵擧進士第。

按：遵字仲塗，樂平人，乃堯臣之詩友。至和元年，出知宣州，適堯臣守母喪於宣城，故相與酬遊。宛陵集載有堯臣與其唱和詩八首。

三月，歐陽修河南秩滿，歸襄城。

夏，五月，修至京師，會前河南知府王曙。

閏六月二十八日乙酉，歐陽修因王曙之薦，任宣德郞、大理評事、館閣校勘。

秋，七月十七日甲辰，修爲三館秘閣藏書編總目。

七月十八日乙巳，錢惟演卒於隋州，年五十八。堯臣爲作挽詞三首。

○續資治通鑑卷三十九、宋紀三十九、仁宗景祐元年、七月，「乙巳，隋州言：崇信軍節度使錢惟演卒。特贈侍中，官護葬事。」

○東都事略卷二十四、錢惟演傳：「御使劾惟演擅議宗廟，改鎮崇信，卒，年五十八。」

○宛陵集卷三、隋州錢相公挽歌三首：「墮淚隋侯國……秋風偏九原」、「昔日傷歸國，今朝歎舉輀」、「去年伊水上，傾府望雲岑。……可憐飛語後，擠恨九幽深」。

按：錢惟演字希聖，臨安人，吳越王俶之子。從其父歸宋，歷右屯衞將軍，神武將軍。召試，改太僕少卿，直秘閣，預修册府元龜，與楊億分爲之序。此時，曾與左司諫知制誥楊億，大理院評事秘閣校勘劉筠，及其他諸人，更迭唱和。由楊億爲序。成西崑酬唱集二卷。大中祥符八年，惟演爲翰林學士，累官工部尚書。天聖中，遷武勝軍節使。明年，改西京留守，判府河南。明道二年，落平章事；歸本鎮。未幾，卒。

惟演於書無所不讀，爲文極爲清麗。留守河南日，遇僚屬甚厚。堯臣時任主簿，與之結爲忘年交，引與酬唱，一府盡傾。宛陵集收與其酬和悼念之詩，凡七首。

八月六日癸亥，王曙卒，諡文康。

冬，十月七日癸亥，范仲淹領桐廬郡事。

十月晦，謝濤卒，享壽七十四。堯臣作詩挽之。

○歐陽修全集卷三、居士外集二、謝公墓誌銘：「景祐元年，十月之晦，……西京謝公薨。……享年七十有四。」

○宛陵集卷四、謝賓客挽歌三首：「自昔居門下，游觀必許偕。豈將千里別，遂作九泉乖。」

十二月，歐陽修娶楊氏爲繼室。次年九月，楊氏卒。

景祐二年乙亥（西元一〇三五年）　三十四歲

春，堯臣由德興縣令轉知建德縣。

○歐陽修全集卷二、居士集二、梅聖俞墓誌銘序：「以德興縣令知建德縣。」

○宋史卷四四三、梅堯臣傳：「歷德興縣令，知建德、襄陽二縣。」

○宛陵集卷四、池州進士陳生惠然見過不日且行因以詩贈之：「醉歌返北郭，春雨生東陂。」

按：由上引詩文及堯臣作於同時之春陰、春晴對月、提壺鳥諸詩印證，可知堯臣遷建德在春日。

二月十日乙丑，范仲淹爲禮部員外郎、天章閣待制。

三月。謝絳自京師舉父柩南歸富春，因隱於富陽小隱山。

○歐陽修全集卷三、居士外集二、謝公墓誌銘：「景祐元年，十月之晦，……西京謝公薨。明年三月，嗣子絳，自京師舉其柩南歸。」

○宋詩紀事卷八、謝絳條、引富春遺事：「梅（堯臣）、謝（絳）詩交。謝居富陽小隱山，別築讀書室雙松亭。」

○宋詩紀事卷八、謝絳條、引杭州府志載謝絳答梅聖俞問隱：「聖俞一紙書，問我小隱居……」

○宋詩紀事卷八、謝絳條、引杭州府志謝絳小隱園詩序：「余近營別墅於小隱巖。」

夏，五月重陽，堯臣登北山，觀佳節競渡，並作詩記之。

○宛陵集卷四、五日登北山望競渡：「南方傳競渡，多在屈平祠。……千橈速飛鳥，兩舸刻靈螭。」

秋，七月，歐陽修妹丈張正龜死於襄城。冬，自館閣謁告視妹家。

○南宋胡柯歐陽修年譜：「是歲七月，（歐陽）公同產妹之夫張正龜死於襄城。謁告之。」

○歐陽修全集卷四、謝襄州燕龍圖肅惠詩啓題下注云：「景祐二年，冬時，公自館閣謁告視妹家。」

八月，堯臣築建德官舍新牆，以紓解常年換籬之勞。踰月而新牆成。乃作新牆詩誌之。

○宛陵集卷四、建德新牆詩：「山廨不營堵，筠篁爲密籬；初年固可蔽，晏歲不能支。……夏雨久枯脆，秋風遂傾欹。……我議欲板築，羣走皆不怡。首吏先進白，土疏不可爲。……我心頤其極，斯語其見欺。……介決勿爾惑，遂飭闢其基。……荏苒未踰月，屹如長雲垂。」

堯臣在建德，官署甚爲簡陋。且除與親友往返，家人團聚稍得安慰外，殊不如意。故常歎「而今守窮僻，落莫思舊恩。終日自鮮適，終年長不言。已覺人事寡，惟聞雞犬喧」（見宛陵集卷四、新安錢學士以近詩一軸見貺輒成短言用敍單悃）

九月，歐陽修繼室楊氏卒，年十八。修憮憮乃病。

○歐陽修全集卷二、居士外集一、送張屯田歸洛歌：「一來京國兩傷春……今年七月妹喪夫，稚兒媚女啼呱呱。季秋九月予喪婦，十月憮憮成病軀。端居病移新城下，日不出門無過者。」

冬，十二月，范仲淹爲吏部員外郎，權知開封府。

曾鞏年十七，閱六經之旨，文章過人。

蘇洵年二十七，始發憤讀書。不一、二年，出諸老先生之右。

景祐三年丙子（西元一〇三六年） 三十五歲

夏，五月，權知開封府范仲淹，言事忤宰相呂夷簡，九日丙戌，落職知饒州。十一日戊子，歐陽修為之餞行；余靖（安道）、尹洙（師魯）諫言不可。十五日壬辰，安道貶知筠州。十七日甲午，師魯貶郢州（富水）。歐陽修上言切責司諫高若訥，二十一戊戌，降為峽州夷陵縣令。

范事既起，堯臣時為建德令，日後始有所聞，故僅作詩二首，致尹洙、歐陽修，以慰其直諫。蔡君謨亦作四賢一不肖詩，以記其事。

〇宛陵集卷四、聞歐陽永叔謫富水：「朝見諫臣逐，暮章從諫官。」

〇宋詩紀事引澠水燕談云：「范事，余靖安道論救坐貶；尹洙師魯言，貶監郢州稅；歐責高，降授夷陵。故蔡君謨作四賢一不肖詩。不肖，謂高也。」

蘇軾生。

王安石年十六，從父益遊京師。始與曾鞏結交。

景祐四年丁丑（西元一〇三七年） 三十六歲

堯臣任建德令。終年閑遊縣內，偶與歐陽修、謝絳等親友通魚雁，並無雜事。

按：宛陵集卷四所收之詩：白鷴、後園桃李花、野田行、山邨行、鳴雊詞、禽言六首，卷五之：

和滕公遊穿山洞、觀博陽山火、觀放鶻子、採白朮，等詩，皆爲今年閒遊之作。卷五之聞鴈寄歐陽夷陵、送謝舍人奉使北朝、食橙寄謝舍人，則爲代書簡以寄永叔、希深之作。

春，三月，歐陽修至許昌，娶薛簡肅公女

秋，八月七日丙子，遣兵部員外郎知制誥謝絳，使遼賀永壽節。堯臣、歐陽修均有詩相送。

○宛陵集卷五、送謝舍人北使：「漢使下西清，胡人擁道迎。」

○歐陽修全集卷二、居士集一、送謝希深學士北使：「應須鴈北嚮，方值南使還。」

八月，范仲淹夫人卒，堯臣作挽詩二首。

○宛陵集卷五、范饒州夫人挽詞二首：「夕苑凋朱槿，秋江落晚渠。猶應思所歷，入室涙漣如。」

冬，十二月二十五日壬辰，饒州范仲淹徙知潤州，滁州歐陽修移光化軍乾德令。

寶元元年戊寅（西元一〇三八年）　三十七歲

春，正月十三日，范仲淹由饒州赴潤州。道經彭澤時，約堯臣遊廬山；堯臣以故不能往。稍後，范仲淹專程至建德與會堯臣，共席飲宴而別。堯臣名作河豚魚詩，即作於宴席中，欲以諷勸仲淹，愼毋苛評當政，而仲淹不悟。歐陽修推賞此詩，爲之作記。

○范仲淹年譜：「寶元元年，（范仲淹）五十歲。春，正月十三日，赴潤州，道由彭澤。」

○宛陵集卷五、范待制約游廬山以故不往因寄：「平昔愛山水，茲聞廬嶽遊。遠期無逸興，獨往畏湍流。」

○宛陵集卷五、范饒州坐中客語食河豚詩：「……庖煎苟失所，入喉爲鏌鋣……皆言美無度，誰謂死如麻。我語不能屈，自思空咄嗟。……甚美惡亦稱，此言誠可嘉。」

○歐陽修全集卷三、居士外集二、書梅聖俞河豚詩後：「予友梅聖俞於范饒州席上賦此河豚詩，余每體不中康，誦之數過，輒佳。亦屢書以示人爲奇贈。」

三月十七日，呂溱、吳充、邵必、李大臨、司馬光諸人皆進士及第。

按：據宋史卷十三仁宗紀及續資治通鑑卷四十一、宋紀四十一、仁宗寶元元年所載，斯年三月試諸科，進士及第出身，共七二四人。茲查詞林紀事、宋詩紀事，得知呂溱等人，均第。呂溱，字濟叔，仁宗慶曆五年守山陽，曾予堯臣長函一通。宛陵集卷二十四，載有二人贈答詩一篇。吳充，字沖卿，建州浦城人。慶曆七年（西元一〇四七年）秋，堯臣至京師，始與唱和，迄堯臣之卒，十二年間，留有詩十六首相和。邵必，字不疑，官龍圖閣直學士，嘉祐元年（西元一〇五六年），堯臣由宣城入京，乃與相識。今宛陵集收有與其酬唱等詩四首。李大臨，字才元，皇祐四年，堯臣監永濟倉，會才元知廣南軍，堯臣曾作詩二首相贈（宛陵集卷二十三有李士元學士守臨邛一首：「李士元」或爲「李才元」之誤；如是，則共有三首）。司馬光，字君實，亦於堯臣監永濟倉時相識；然至此以往，友誼長存，今宛陵集載有與司馬光唱和等五首。由此可知，呂溱諸人，皆堯臣詩友。

三月，歐陽修由夷陵赴任乾德。

夏，五月，堯臣離建德，溯汴河而至京師。
○宛陵集卷五、離蕪湖至觀頭橋：「江口泊來久，菰蒲長舊苗。爭雛洲鵲鬥，遺子浦魚跳。……時時望鄉樹，已恨白雲遙。」
○宛陵集卷五、馬秘書始約同行久而未至因以寄：「渡江落我前，入汴居我後，日日是南風，時時為回首。」
○宛陵集卷五、夏日汴中作：「黃鸝度高柳，歸燕拂行舟。……晚晴蒸潤劇，喘月見吳牛。」
○宛陵集卷五、宿州河亭書事：「遠泛千里舟，暫向郊亭泊。……少年都下來，聊問時所作。…」
按：由上引四詩，可知堯臣於仲夏離建德，夏末抵京師。
秋，七月二十二日，堯臣預進士試，落第。初，歐陽修聞堯臣與試，以為其必中，且修書先賀之；及知堯臣敗舉，乃大嗟憤，謂及第諸人，大有不如堯臣者，而竟得中。遂寬慰之曰「雖失此虛名，亦不害為才士」。
○續資治通鑑卷四十一、宋紀四十一、仁宗寶元元年，秋，七月，「壬戌，御崇政殿。」
○歐陽修全集卷六、景祐五年與梅聖俞書：「得子聰書，知（堯臣）已在京。……聖俞久滯州縣，今而泰矣。」
按：景祐五年十一月改元為寶元，故景祐五年實即寶元元年。
○歐陽修全集卷二、居士外集一、贈梅聖俞時聞敗舉：「徘徊且垂翼，會有秋風時。」

○歐陽修全集卷六、寶元元年與謝希深書：「……省牓至，獨遺聖俞，豈勝嗟惋。任適、呂適，何過人邪？堪怪！聖俞失此虛名，雖不害爲才士，奈何平昔並游之間，有以處下者，今反得之。」

冬，堯臣既落第，與妻兄謝絳、弟良臣等人，在洛陽閑遊賦詩，亦頗愜意。

○宛陵集卷十一、聯句詩。詩句中，附聯句者姓名，乃：謝少卿、謝絳、堯臣、韓維、杜衍、梅良臣等五人。

○宛陵集卷十一、冬夕會飲聯句詩。乃堯臣與謝景初聯句。

○宛陵集卷十一、希深洛中冬夕道話有懷善慧大士因探得江字韻聯句。乃堯臣在洛陽與謝絳所對聯句。

○宛陵集卷十一、同希深馬上口占送九舅入京城親聯句。乃堯臣在洛陽送九舅入京師，與謝絳所作聯句。

按：由上引四聯句，可知堯臣冬日在洛陽，與諸友親朋閑遊而已。

冬，十一月十六日戊申，朝饗景靈宮。十七日己酉，饗太廟，奉慈廟。十八日庚戌，祀天地於圜丘；大赦，改元。堯臣預祭，輒獻詩。

○宋史卷四四三、梅堯臣傳：「寶元、嘉祐中，仁宗有事郊廟，堯臣預祭，輒獻詩。」

○宛陵集卷六、寶元聖德詩：「齋誠羽衞陳，庚戌推蓂莢。靈宮容物備，清廟威儀攝。」

按：郊廟祭，見續資治通鑑卷四十一、宋紀四十一、仁宗寶元元年，冬，十一月所載。又：宛陵集卷六，另有祫禮頌聖德詩，實作於嘉祐四年（西元一〇五九年）十月，詳見該年年譜。

堯臣長女生。

○宛陵集卷四十九、送薛氏婦歸絳州：「看爾十九年，門閫未嘗履。」

按：歐陽修所之梅聖俞墓誌銘序堯臣長女適薛通，以此詩證之不疑。此詩作於嘉祐元年（西元一〇五六年），時長女十九歲。由此逆推，當生於今年。

寶元二年己卯（西元一〇三九年）　三十八歲

春，二月，堯臣妻兄謝絳出守鄧州。堯臣將宰襄城，故與之偕行。夏，四月七日丁卯，謝絳抵鄧。堯臣亦隨之居鄧州南陽。

○歐陽修全集卷二、居士集二、尚書兵部員外郎知制誥謝公墓誌銘序：「（謝絳）以寶元二年四月丁卯，來治鄧。」

○歐陽修全集卷六、寶元二年與梅聖俞書：「前者見邸報，有襄城之命，乃知當與謝公偕。……傷別五六歲，……乃於此處得見故人，所以不避百餘里，勞君子而坐邀也。顒俟顒俟，相見旦夕爾。」

○宛陵集卷六、泛舟城隅呈永叔：「藤竹繞城陰，煙梢拂瀼水。山禽時一鳴，楚客孤舟裏。孤舟穿綠荷，獵獵雨新過；誰思暮江上，只尺採蓮歌。」

○宛陵集卷六、代書寄歐陽永叔四十韻：「我解歸堯闕，君移近漢淵。……袁野今行矣，隆中有待焉。……嘗親馬南郡，果謁謝臨川。」

○宛陵集卷六依韻和子聰見寄：「嘗念餞行舟，風蟬動去愁。獨登孤岸立，不見遠帆收。及送故人盡，亦嗟歸迹留。洛陽君更憶，寧復醉危樓。」

三月，趙元昊反，時寇宋境。堯臣嘗上書言兵，注孫子十三篇呈進，以廣其義。堯臣於此書，期許甚高，以爲發前人未論，其長「可壓千載魄」。歐陽修爲之序，亦深加讚賞。

○宋史卷四四三、文苑五、梅堯臣傳：「嘗上書言兵，注孫子十三篇。」

○歐陽修全集卷二、居士集二、梅聖俞墓誌銘序：「注孫子十三篇。」

○宛陵集卷七、依韻和李君讀余注孫子：「我世本儒術，所談聖人篇。……唯餘兵家說，自昔罕所論。因暇聊發篋，故牘尙可溫。……揮毫試析理，已厭前輩繁。信有一日長，可壓千載魄。……廟謀盛夔离，正議滅烏孫。吾徒誠合進，尙念有親尊。」

○歐陽修全集卷二、居士集二、孫子後序：「余頃與撰四庫書目，所見孫子注者尤多。……注者雖多而少當也。獨吾友聖俞不然，嘗評武之書……乃自爲注。凡膠於偏見者，皆排去，傅以己意而發之，然後武之說不汩而明。吾知此書當與三家並傳，而後世取其說者，往往於吾聖俞多焉。」

○宛陵集卷七、寄永興招討夏太尉代人：「寶元元年西夏叛，天子命將臨戎行。二年孟春果來寇，高奴城下皆氐羌。」

按：由上引和李君讀余注孫子，可知堯臣於其孫子注，期許頗高；歐陽修孫子後序言之甚明。依末引寄永興招討夏太尉詩，可知其時代背景，及其守邊之策。今存「孫子十家注」中，收有堯臣注。

夏，堯臣既居南陽，與歐陽修任所乾德相距僅百餘里。知交契濶，今始毗鄰，修乃不憚跋涉百里，假謁告謝絳之名，往會堯臣；留旬日而還。

○歐陽修全集卷六、寶元二年與梅聖俞書：「…傷別五六歲，……乃於此處得見故人，所以不避百餘里，勞君子而坐邀也。顒俟，顒俟！相見旦夕爾。」

○南宋胡柯歐陽修年譜：「寶元二年己卯……二月，知制誥謝希深出守鄧州，梅聖俞將宰襄城。……五月，公謁告往會，留旬日而還。」

○宛陵集卷六、送永叔歸乾德：「淵明節本高，曾不爲吏屈；斗酒從故人，籃輿傲華紱；悠然目空遠，曠爾遺羣物。飲罷即言歸，胸中寧鬱鬱。」

按：由前引書簡可知，歐陽修由乾德赴南陽，乃因與堯臣「傷別五六年」，堯臣既隨謝絳來鄧州，修始「不避百餘里，勞君子而坐邀也」。再以堯臣送求叔歸乾德詩，益可證二人確曾在南陽相會。

○歐陽修全集卷二、居士集二、祭謝希深文：「景祐之初，修走於峽而公在江東。……其後二年，（修）再遷潢上。風波霧毒，凡萬二千里，而會公南陽。初來謁公，迎我而笑。與我別久，憐其貌若故而深揚。」

〇歐陽修全集卷六、「寶元二年與謝希深書」：「三兩日毒暑尤甚，不審尊候何似？某昨走鈴下，久溷賓館，旱暑交作，晏陰方興，……暑夕屢煩長者，……歡然之適，無異京洛之舊。其小別者，聖俞差老而修爲窮人，主人（謝絳）腰雖金魚而鬢亦白矣。其清興，則皆未減也。臨別之際，……凡再宿，始至敝邑。」

按：上引二首，一則追懷南陽之會；一則反乾德之次日，答謝主人之函。

今年四月，堯臣已抵南陽，且必居妻兄謝絳家中，今宛陵集卷六收有：南陽謝公祈雨、新霽望岐笠山（謝紫微坐中賦）、漸嘉樓望雨陪謝守、和謝舍人洊震、和謝舍人新秋、陪謝紫微晚泛、中秋新霽壕水初滿自城東偶泛舟回謝公命賦（時余將赴襄城）等七詩，從詩題及其下所注文字可證。復依宛陵集卷七「九月一日」詩及題下所注「去歲南陽與謝公別，今謝已歿」，得悉堯臣離南陽在是歲九月一日。六月歐陽修至南陽，堯臣亦必在焉。

復據現存各項有關歐陽修及梅、謝三人資料，不難發現修與堯臣之關係，較與謝絳者更爲深厚。其時，謝絳腰懸金魚，地位貴顯；修之赴南陽，明爲謁告謝絳，實則欲與摯友堯臣把晤，以慰契濶也。

六月二十五日甲申，歐陽修復舊官，權武成（按：蘇舜欽文集作「武勝」）軍節度判官廳公事。乃自乾德奉母夫人，待次於南陽，再與謝絳、堯臣相會。

秋，九月一日，堯臣離南陽，直赴襄城任所。永叔亦於是日返乾德。

按：南宋胡柯歐陽修年譜「寶元二年己卯」條下，述及：歐陽修復舊官，權武成軍節度判官廳公事，並自乾德奉母夫人，待次於南陽而與謝、梅相會諸事。今據宛陵集卷六：中秋新霽壕水初滿自城東偶泛舟回謝公命賦時余將赴襄城、襄城對雪二首、一日曲此而上離南陽作諸詩，知堯臣赴襄城，當在中秋之後。復依宛陵集卷七，九月一日詩題下注云：「去歲南陽與謝公別，今謝已歿」，參照歐陽修全集卷六、寶元二年與梅聖俞書所云：「承九月一日就道，雖爲遲留，……尤須大晴，然後不阻。」足證堯臣離南陽，必在今年九月一日。

冬，十一月二十二日己酉，謝絳卒於鄧州任內，得年四十五。時歐陽修正羈南陽，爲作祭文。堯臣時雖窮乏，仍欲減俸助其卜葬，爲修所止。修且將北去滑州赴任，道經襄城，堯臣迓於城郊，念及希深，乃相與流涕。

○歐陽修全集卷二、居士集二、謝公墓誌銘序：「公以寶元二年四月丁未來治鄧。其年十一月己酉，以疾卒于官。……享年四十有五。……河南人聞公之喪，皆出涕。」

○歐陽修全集卷六、寶元二年與梅聖俞書：「得　　，云買洪氏莊與卜葬市屋業，皆其所急者也。又云減俸爲助，此特聖俞患於力弱，不能厚報知已而然爾。恐於謝氏無益，而於聖俞有損爾。聖俞若此月減三五千，如失萬錢。謝氏族大費多，得之未覺甚助。……巡思之也。」

按：謝絳生平好施宗族。既來治鄧，食其廩者，至三從孤弟妹四十餘人。族大費多，非堯臣獨力可支，故修有是語。

○歐陽修全集卷二、居士集一、祭謝希深文：「修將以明日祇役於滑，謹……致祭於……謝公之靈。……修罷縣無歸，來客公邦，歡言未幾，遽問於牀。不見五日而入哭其堂。嗚呼！謝公！不得中壽而位止於郎。……滑人來迎，修馬當北，而不卽去者，以公而彷徨。」

○歐陽修全集卷一、居士集一、謝公挽詞三首：「朔風吹霰雪，銘旐共飄飄」、「前日賓齋宴，今晨奠柩觴。」

按：由上引二詩，可知謝絳卒前五日，尙與賓客讌集，永叔與會焉。且滑人已來迎之赴任。

○宛陵集卷六、南陽謝紫微挽詞三首：「忽驚南郊信，半夜雪中來」、「家貧留旅櫬，門慶有諸兒」

按：絳卒，遺三子，長男景初時已弱冠，故堯臣慶幸其有諸兒卜葬。

○宛陵集卷二十七「水丘於西湖得活鯽魚三尾見遺，余頃在襄城獲數尾，時歐陽永叔方自乾德移滑臺，留待其至，且有詩。後居京師蔡仲謀亦有以贈，乃思襄時所留，復有詩。於今三得三詠之」詩一首（詩題過長，爲便於閱讀，乃加標點，詩句不錄）

○宛陵集卷六、永叔自南陽至余郊逕馬首訪謝公奄然相與流涕作是詩以寫懷：「郭門臨汝水，鏡色入高衢。……及郊逢故友，出涕各霑襦。」

按：由前引之詩題：「余頃在襄城獲數尾，時歐陽永叔方自乾德移滑臺，留待其至，且有詩」，可知修將至襄城遇堯臣。由次首詩題知，相會之日在謝絳卒後。

康定元年庚辰（西元一〇四〇年）　三十九歲

春，二月二十一日丙午，改元，去尊號「寶元」二字。

堯臣在襄城任內。夏，嘗與友人數登周襄王故城。

○宛陵集卷七、夏日晚霽與崔子登周襄王故城：「雨脚收不盡，斜陽半古城。獨攜幽客步，閑閱老農耕。」

○宛陵集卷七、夏日陪提刑彭學士登周襄王故城：「聊隨漢使者，一上周王城，片雨北郊晦，殘陽西嶺明。」

秋，七月，河南大水，襄城受災，堯臣率士民以土塞郭門。大水壞田園廬舍無數，乃作詩自責。

○宛陵集卷七、觀水詩序：「庚辰秋七月，汝水暴漲至溢岸，親率縣徒，以土塞郭門。居者知其勢危，皆結菴于木末，傍徨愁歎，故作是詩。」

○宛陵集卷七、大水後城中壞廬舍千餘作詩自咎：「豈敢問天災，但慚爲政惡。」

秋冬之交，堯臣赴葉縣（今河南葉縣）、魯山（葉縣西），檢覆案田（覆檢田畝，處理地籍事務）。過葉縣，曾訪尋興慶精舍庭柏壁間。去年謝絳赴南陽任所，堯臣隨遊嘗題名。今謝氏已作古，而字跡猶在，不禁悽然。歸途中，見黎庶苦於傜役，重以飢寒，道死者衆，乃作詩誌哀。至香山寺，曾作詩一首報長子秀叔。

○宛陵集卷七，「己卯歲，紫微謝公赴南陽，過葉縣，陪遊興慶精舍，題名壁間而去。庚辰歲，余求案田，因訪舊迹，盡然於懷，故作此謠，以志其悲」詩（詩題過長，故加標點）云：「昔與南陽太守行，車騎休時訪庭柏；今來重看壁間題，太守已爲泉下客。」

○宛陵集卷七、田家語序：「庚辰詔書，凡民三丁籍一，立校與長號弓箭手，用備不虞。……老幼不得免，上下愁怨。天雨淫淫，豈助聖上撫育之意邪？」

○宛陵集卷七、汝墳貧女詩題下注云：「時再點弓手，老幼俱集，大雨甚寒，道死者百餘人，自壤河至昆陽老牛陂，僵尸相繼。」

○宛陵集卷七、昆陽城：「試看昆陽下，白骨猶銜鏃。莫顧隍水頭，更添新鬼哭。」

○宛陵集卷七、至香山寺報秀叔：「家近心還速，川長馬易疲。望山孤寺出，渡水夕陽遲。來向林間宿，歸須月上時。只應庭際鵲，已報汝先知。」

按：堯臣旣過汝墳，渡汝水支流，宿於「林間」之香山寺，因知「歸家」在明日「月上時」，想此寺必在襄城之南，馬行一日之程。詩中興奮之情，已躍然紙上。

堯臣返家未久，會謝景初自京師奔父喪，途次襄城，拜會堯臣。堯臣乃解官，與之結伴赴鄧。景初歸家心切，千里馳驟，馬疲不堪；堯臣作疲馬詩寬慰其心。行至南陽高陽山，會天大風，乃夜宿山寺。

○宛陵集卷七、古冢：「南陽古原上，荒冢若魚鱗。」

按：詩題下注云：「南陽道中作。此以下，汝州罷官，再至鄧州葬希深。」知堯臣先解官職，再隨景初赴南陽。鄧州古卽南陽縣。

○宛陵集卷七、疲馬：「疲馬不畏鞭，暮途知幾千。當須量馬力，始得君馬全。」

○宛陵集卷七、送師厚歸南陽會天大風遂宿高陽山寺明日同至姜店：「往日送子春風前，……今來送歸秋風後，……馬鬣斜傾毛毿縮，……弊裘吹裂寒入骨。」

按：高陽山姜店在南陽境內。由此詩可知，堯臣已偕景初至鄧矣。

○歐陽修全集卷二、居士集二、謝公墓誌銘序：「公以寶元二年……十一月己酉，以疾卒於官。……明年八月，得州之西南某山之陽，遂以葬公。」

按：由上引詩文，知堯臣、景初來葬在秋冬之交，墓誌銘謂「八月」，疑誤。

冬，十月，歐陽修遷太子中允。十一日癸巳，同修禮書。因職務之便，知堯臣將轉任湖州監稅，故喜而告之。堯臣既得遷官消息，乃決定明春赴京，與諸友同賞「萬柳枝娜娜」之怡怡春色，然後再轉往江南赴任。

○歐陽修全集卷六、康定元年與梅聖俞書：「知審官擬定（堯臣任）湖州城中監稅，不勝喜慰。」

○宛陵集卷七、依韻和永叔子履冬夕小齋聯句見寄：「對語冷無火。險辭鬥尖奇，……吟成欲寄誰，談極唯思我。……弊鷁當還都，重門不須鎖。到時春怡怡，萬柳枝娜娜。」

○宛陵集卷八、淮南遇梵才吉上人因悼謝南陽睎昔之遊：「久已厭宦旅，故茲歸江南；始時遽辭邑，不及事春蠶。殘臘猶在道，險阻固所諳。扁舟次淮海，喜遇釋子談。」

按：行政主管徙任監稅官，一般有降職意味。永叔之所以「喜而報之」，蓋或以湖州去宣城故里不遠，俸祿或亦較為豐潤，含有安慰故人之美意。上引後一首，作於明年次淮南時，由詩中中「久已厭宦旅」之句，可知堯臣於官宦遷徙之流動生涯，已有倦意，並透露幾許深藏內心之不悅消息焉。

曾鞏年二十二，至京師。有上歐陽學士第一書，修見其文而奇之。

慶曆元年辛巳（西元一〇四一年）　四十歲

春，二月四日，石曼卿卒於京師，享年四十八。堯臣時在南陽，未聞其事。迨秋至京師，始得曼卿死訊，乃作詩追悼。

○宛陵集卷八、弔石曼卿：「前時京師來，對馬嘗相揖。……雖然恨莫親，往往聞風什。……今朝我還都，但見交朋泣。借問泣者誰，曼卿魂已蟄。」

二月，堯臣將歸京師待闕，與謝景溫別於南陽。行前嘗共遊南陽五壠山。

○宛陵集卷七、仲春同師直至壠山雪中宿穰亭：「與子乘羸馬，夜投山家宿。……明發到巖前，春荑凍雲木。」

○宛陵集卷七、依韻和師直晚步徧覽五壠川：「窮覽川源勝，經行未厭頻。」

○宛陵集卷八、寄謝師直：「憶同仲春月，冒雨過穰亭。聊酌山酒別，獨吟夜燈青。」

○宛陵集卷十、逢謝師直：「昔歲南陽道中別，今向華亭水上逢。」

按：由上引四詩，可知堯臣仲春月，與師直同過穰亭，且將分別。

○宛陵集卷七、雷秘校入闕擬官時將登舟過輦下：「與君先後發，同走向京華。……聞道求爲縣，應當學種花。」

按：由此詩可知，堯臣離南陽，將欲赴京受新命。去年冬，堯臣已知其將遷湖州監稅。夏，堯臣途次許昌。值叔詢以疾出知許州，堯臣乃陪從賞遊州內勝景西湖。並作西湖詩四首。盤桓數日，別叔東下。六月，詢以疾卒，遂隔人天。詢享七十八。

○歐陽修全集卷二、居士集二、梅詢墓誌銘序：「（詢）以疾出知許州。康定二年，六月某日卒於官。」

按：康定二年冬，十一月，饗太廟，大赦改元。故康定二年，即慶曆元年。

○宛陵集卷七、登許昌城望西湖：「夏木陰猶薄，朱荷出未員。」

○宛陵集卷八、夏日晚晴登許昌西湖（以下許州後詩）：「新晴萬柳齊，鷩度水東西。」

○宛陵集卷八、許昌晚晴陪從過西湖因詠謝希深蘋風詩愴然有懷：「公獨思康樂，臨流誦句清。」

按：堯臣之於季父，甚爲敬畏，宛陵集中雖無與叔父唱和之詩，而言及叔父者九首，已見譜前。上引詩題既曰「陪從」，詩句又稱「公獨思康樂」，則此「公」當指詢叔。

初秋，堯臣抵家門。旋卽發帆赴汴京。抵京後，既得任命，卽將起程赴湖州履新。京內諸友好乃爲之餞別會飲。九月，堯臣發舟東下，沿途閑遊，歲暮始抵淮南。

○宛陵集卷八、舟次朱家曲寄許下故人：「晚雲連雨黑，秋水帶沙渾。……雖嗟遠朋友，日喜近田園。」

按：由詩句中，可知時在秋日，且將抵家園。

○歐陽修全集卷一、居士集一、聖俞會飲 時聖俞赴湖州 ：「洛陽舊友一時散，十年會合無二三。京師旱久塵土熱，忽值晚雨涼纖纖。」

○宛陵集卷八、醉中留別永叔子履：「新霜未落汴水淺，輕舸唯恐東下遲。……到君官舍欲取別，君惜我去頻增嘻。……露已揚才古來惡，卷舌噤口南方馳。……但願音塵寄鳥翼，慎勿却效兒女悲。」

按：汴水阻淺，始自每年深秋，由歷年堯臣浮泛淮汴之詩可知。新霜未落，當為八九月之交，「寒霜」之前。堯臣上途在此時。

○宛陵集卷八、汴水斗減舟不能進因寄彥國舍人：「秋風忽又惡，越舫嗟初閣。」

○宛陵集卷八、望仙亭詩序：「壽春望仙亭，廣平宋公所作也。宛陵梅堯臣之官吳興，道出其下。」

○宛陵集卷八、金山寺詩序：「赴官吳興，船次瓜洲，……始見故所聞金山者。……因借小舟以往，……薄暮返舟。」

○宛陵集卷八、淮南遇梵才吉上人因悼謝南陽疇昔之遊：「久已厭宦旅，故茲歸江南。始時遽辭邑，不及事春蠶。殘臘猶在道，險阻固所諳。扁舟次淮海，喜遇釋子談。」

按：由上引諸詩可知，堯臣起程後，沿途閑遊，歲暮始抵瓜洲。

八月十一日戊子，命集賢校理曾公亮考試鎖廳舉人。鎖廳舉人自此始。

九月二日戊申，詔：「鎖廳舉人，自今文臣許應三舉，武臣兩舉。」

冬，十一月十九日乙丑，饗太廟，奉慈廟。二十日丙寅，祀天地於圜丘，大赦，改元。

慶曆二年壬午（西元一〇四二年）　四十一歲

自元日至仲春，堯臣仍在旅途，沿途詩作甚多。三月始抵湖州吳興。

○宛陵集卷八、歲日旅泊家人相與爲壽：「舟中逢獻歲，風雨送餘寒。……何言昨日趣，乃作去年觀。」

○宛陵集卷二十六、元日：「昔遇風雪時，孤舟泊吳埭。……行庖得海物，鹹酸何瑣碎……是時值新歲，慶拜乃唯內。」

按：歲日旅泊乃今年開歲所作；元日則爲三年後追憶之作。

○宛陵集卷八、發丹陽後寄徐元輿：「是時春已仲，臨水柳未密。……輿閑乘月歸，及旦解行絆。」

按：詩云：仲春「乘月歸」，當在二月中旬。自元日舟次瓜洲，至二月中旬離丹陽，堯臣旅程迂曲而久，或因湖州之任，無要公待辦，故途次多所盤桓也。

○宛陵集卷九、凝碧堂：「始至荷芰生，田田湖上密。復當花競時，艷色凌朝日。」

○宛陵集卷九，「公度以余嘗語洛中花品，而此邦之人多不敢言花於余，今又風雨經時，花期遂過，作詩以見貽，故次其韻」詩：「去年三月來吳中，欲擬看花無與從。今年二月花偏早，發作無節雨與風。」

按：前詩所敍，乃初抵湖州，時當春日之景色；後詩則指明「三月」。是知堯臣抵吳興在三月。

堯臣今年在吳興，生活已漸趨安定，且高堂健在，時與詩友酬遊，頗爲愜意。

○宛陵集卷八、胡武平遺牡丹一盤：「昨日到湖上，碧水涵蒲芽。」

○宛陵集卷九、依韻和胡武平懷京下游好：「南國易悲秋，西風起高樹。枯荷復送雨，度鴈寧知數。……睠戀此江湖，親年當喜懼。」

○宛陵集卷九、凝碧堂：「今來蓮已枯，碧水墮秋實。……可以持蟹螯，逍遙此居室。」

三月十三日丙辰，歐陽修與試御試進士。十九日乙丑，賜禮部奏名進士合肥楊寘等四百三十五人。王安石進士第四；王禹玉、韓欽聖亦舉進士。

曾鞏再度上書歐陽修，以譽王安石；不果擢，鞏因歸臨川。

秋，九月，歐陽修通判滑州。十月至郡。

慶曆三年癸未（西元一〇四三年） 四十二歲

今年，堯臣在湖州任，依然與人雅遊、唱酬，唯存詩不多。

按：今年堯臣與遊者，如：湖州太守胡宿、供奉潘承勛、徐都官及釋子梵才吉、新長老、說上人等。

仁宗廣言路，修人事，人多薦歐陽修爲臺諫。三月，召歐陽修自滑州。二十一日戊子，呂夷簡罷相，以晏殊爲平章事，兼樞密使。

秋，堯臣因風寒臥疾。旋愈。

○宛陵集卷九、秋日臥疾恭上人來過不及見因以詩答：「溪上秋霧多，溪居曉寒入；呼吸遂生疴，嘔泄不下粒。……伏枕欲經旬，冠帶拈已澀。」

慶曆四年甲申（西元一〇四四年）　四十三歲

堯臣長女七歲。元夕謝氏携之觀燈市。

○宛陵集卷十一、正月十五夜出迴：「却還見兒女，不語鼻辛酸。去年與母出，學母施朱丹。」

按：此詩作於明年元夕，時謝氏已卒。詩句中言「去年」，故知此時堯臣猶享天倫之樂。

春，二月，堯臣仍在湖州任，生活窘迫，已露貧狀，且華髮早生，淺飲卽醉。

○宛陵集卷十、回自青龍呈謝師直：「嗟余老大無所用，白髮冉冉將侵顚。文章自是與時背，妻餓兒啼無一錢；幸得詩書銷白日，豈顧富貴摩靑天。而今飲酒亦復少，未及再酌腸如煎。前夕與君歡且飲，飲纔數琖我已眠。雞鳴犬吠似聒耳，擧頭屋室皆左旋。……與君無復更留醉，醉死誰能如謫仙。」

三月十二日甲戌，參知政事范仲淹等欲復古勸學，數言興學校。十三日乙亥，下詔令州縣皆立學，行科擧新法。

夏，五月，堯臣任湖州監鹽稅，已滿三年，乃解官歸宣城故里。小住月餘，再奉母携妻孥赴京。六月渡江，七月七日途次高郵三溝，妻謝氏歿於舟中，時年三十七。旋次符離，又喪次子十十。堯臣愴慟異常，傷悼之情，五年不絕。

○歐陽修全集卷二、居士集二、南陽縣君謝氏墓誌銘序：「（謝氏）享年三十七。用夫恩，封南陽縣君。二男一女。以其年七月七日，卒於高郵，……葬於潤州之某縣。」

○宛陵集卷十、途次寄羅道濟：「去年五月君到官，紅蕖正開湖水寬；……今年我罷欲歸去，朋酒久來無此歡。……明日抱酲風雨急，野蓮空看寄君難。」

○宛陵集卷二十四、史尉還烏程：「五月辭吳中，六月渡揚子；七月行喪妻，是月子又死。」

○宛陵集卷三十三、五月二十四日過高郵三溝：「甲申七月七，未明至三溝，先妻南陽君，奄化向行舟。……戊子夏再過，感昔涕交流。」

按：高郵，今江蘇高郵縣，在運河畔。符離，今安徽宿縣，在淮河畔。

○宛陵集卷十、悼亡三首：「結髮為夫妻，於今十七年；相看猶不足，何況長相捐。」、「每出身如夢，逢人彊意多；歸來仍寂寞，欲語向誰何。」、「見盡人間婦，無如美且賢；……忍此連城寶，沉埋向九泉。」

○宛陵集卷十、秋日舟中有感：「天乎余甚困，失偶淚滂沱。……嬌兒從自哭，婢駃不能呵。」

○宛陵集卷三十三、寄麥門多於符公院：「佳人種碧草，所愛凌風霜；佳人昔已歿，草色尚蒼蒼。……于今五六年，與我道路長。」

按：此詩作於慶曆八年（西元一〇四八年）中秋後，謝氏歿已五年。

○宛陵集卷二十四、來夢：「忽來夢我，于水之左，不語而坐。忽來夢余，于山之隅，不語而居。……覺而無物，泣涕漣如。」

按：此詩作於明年春，二月。

○宛陵集卷二十四、懷悲：「自爾歸我家，未嘗厭貧窶，……東西十八年，相與同甘苦。……尙念臨終時，拊我不能語。」

○宛陵集卷二十四、師厚與胥氏婦來奠其姑：「雙裾來此室，慟哭拜靈牀，魂衣想髣髴，薄酒湛其觴。含悽拊孤穉，拭淚問平常。」

按：此詩乃明年夏四月所作。謝師厚爲謝氏之兄子，故堯臣稱師厚奠其姑。

○宛陵集卷二十五、七夕有感：「去年此夕肝腸絕，歲月淒涼百事非。一逝九泉無處問，又看牛女渡河歸。」

○宛陵集卷二十五、夢感：「生哀百十載，死苦千萬春。……我非忘情者，夢故不夢新。宛若昔之日，言語尋常覩。及寤動悲腸，痛逆如刮鱗。」

按：此詩作於明年八九月之際。

○宛陵集卷二十六、初冬夜坐憶桐城山行：「吾妻常有言，艱辛壯時業。安慕終日間，笑媚看婦靨。自是甘努力，于今無所攝。老大官雖暇，失偶淚滿睫。」

按：此詩作於二年後，初冬之時。

○宛陵集卷二十六、不知夢：「夢中不知夢，但謂平常時。相與共笑言，焉問久別離。有贈若有得，及覺已失之。」

○宛陵集卷二十六、夢覺：「夕夢多夢之，覺來遂成憶，憶子生平時，事往無一得。」

○宛陵集卷二十七、憶吳松江晚泊、「念昔西歸時，晚泊吳江口，……當時誰與同，涕憶泉下婦。」

○宛陵集卷二十七、椹澗晝夢：「誰謂死無知，每出輒來夢。……初看不異昔，及寤始悲痛。」

○宛陵集卷二十七、靈樹鋪夕夢：「晝夢同坐偶，夕夢立我左。……殁仍憂我身，使存心得墮。」

○宛陵集卷二十七、三月十四日汝州夢：「我歸十九年，飲不負升斗。昨夕夢見之，謂須多置酒，雖慰魂來言，定復不入口。」

按：此詩作於慶曆六年（西元一〇四六年）春，堯臣因暴飲嘔血成疾，彊欲止酒，遂夢亡妻來慰言。謝氏歸堯臣十七年而卒，此言「我歸十九年」者，蓋以謝氏雖卒，猶生於其側也。

○宛陵集卷二十七，「丙戌五月二十二日晝寢，夢亡妻謝氏同在江上早行，忽逢岸次大山，遂往遊陟。予賦百餘言，述所睹物狀。及寤尚記。句有『共登雲母山，不得同宮處』，仿像夢中意，續以成篇」詩（詩題甚長，故加標點符號，以利閱讀。詩句不錄。）

○宛陵集卷二十七、悲書：「悲秋快於刀，內割肝腸痛。有在皆舊物，唯爾與此共。……朝夕拜空位，繪寫恨少動。……吾身行將衰，同穴詩可誦。」

○宛陵集卷二十八、刁經臣將歸南徐許予尋隱居之所及亡室墳地因走筆奉呈：「行當卜結廬，依農事清畎。傍葬吾先妻，同穴晚未免。……我志決不移，君言幸須踐。」

按：此詩作於慶曆六年（西元一〇四六年）夏，堯臣會刁經臣於京師時。未幾，堯臣娶經臣妹刁氏為繼室，而仍思亡妻不改。

○宛陵集卷二十八、新婚：「前日為新婚，喜今復悲昔。……慣呼猶口誤，似往頗心積。」

○宛陵集卷三十一、戊子正月二十六日夜夢：「自我再婚來，二年不入夢；昨宵見顏色，中夕生悲痛。」

○宛陵集卷三十三、八月二十二日迴過三溝：「不見沙上雙飛鳥，莫取波中比目魚。重過三溝特惆悵，西風滿眼是秋蕖。」

按：上引二詩，均作於慶曆八年（西元一〇四八年），距謝氏之歿已五年。由詩中所言，可知堯臣思念之情，一如往昔。

○宛陵集卷二十四、悼子小名十十：「舟行次符離，我子阿十死。前時喪爾母，追恨尚無及。適來朝哭妻……又復夜哭子。我惟兩男子，奪一何太急。」

○宛陵集卷十、書哀：「天既喪我妻，又復喪我子。」

按：由上引諸詩，可知「喪妻失子」，對堯臣打擊甚大，使其生活頓失重心，數年未得平復。

秋，八月中，堯臣抵汴京。少長多病，而一婢又死，老嫗疾重幾卒。至友歐陽修又奉詔之河北，遂千里勞瘁，終無援手。堯臣困頓於京師，十月始得補官，境況甚為悽慘。

○宛陵集卷二十四、史尉還烏程：「嬌兒晝夜啼，幼女飲食止。行路況炎蒸，悲哀滿心耳。青銅不忍照，憔悴鄰於鬼。八月至都下，少長疾未已。一婢復溘然，老媼幾不起。……十月補王畿，受代隔歲紀。閉門陋巷中，悶默閱書史。」

○歐陽修全集卷一、居士集一、病中代書寄聖俞二十五兄：「憶君去年來自越，值我傳車催去闕，是時新秋蟹正肥，恨不一酌與君別。」

按：由上引二詩，可知堯臣抵京在「秋蟹正肥」之八月。而摯友歐陽修恰在八月十四日，奉詔為河北都轉運按察使，無法為之援手。

九月十二日庚午，平章事兼樞密使晏殊，罷為工部尚書，知潁州。

冬，十一月七日甲子，監進奏院劉巽、集賢校理蘇舜欽，坐「用鬻紙公錢，召妓樂，會賓客」，除名館閣。連坐者甚衆。獄事起，韓琦言于帝曰：「舜欽一醉飽之過，止可付有司治之，何至是？」帝悔見於色。堯臣有雜興之作，蓋諷告發之人李定也。此案牽連，遂導致堯臣與范仲淹友情趨於絕裂。

○宛陵集卷十一、雜興：「主人有十客，共食一鼎珍。一客不得食，覆鼎傷衆賓。雖云九客沮，未足一客嗔。古有弒君者，羊羹為不均。莫以天下士，而比首陽人。」

按：「一客」謂李定也。子美事實為堯臣與范仲淹決裂之主因。始仲淹為參知政事，推行慶曆變法，用子美行事。李定則因堯臣之介而識仲淹，今李定告發子美，仲淹大受打擊，是以遷怒堯臣。再則堯臣叔父詢本為呂夷簡黨人，夷簡與御史中丞王拱辰又反對仲淹施政最力，仲淹難免懷疑堯臣亦曾參與彼等行事；而堯臣作靈烏後賦（見宛陵集卷六十），更直言仲淹執政，無甚建樹。堯臣、仲淹二人之友誼，終致決裂。

十一月二十三日庚辰，朝饗景靈宮。時雨雪連日，至是大霽。二十四日辛巳，饗太廟，奉慈廟。二十五日壬午，合祭天地於圜丘，大赦。堯臣有詩讚其事。

○宛陵集卷十一、親郊前三日大慶殿雪中皇帝率羣臣發章聖五后册：「將郊先奉册，拜立未央廷。天表君心孝，人驚曉雪零。……明日來壇下，中宵已見星。」

十二月，蘇舜欽南歸故里，堯臣送之，勉其勿哀記於心。

○宛陵集卷十一、送蘇子美：「勇為江海行，風波曾不懼。……君行聽我言，不聽到應悟。」

○宛陵集卷二十九、寄題蘇子美滄浪亭：「羸子初去國，我勉勿迷津。四方不可之，中土百物淳。今子居所樂，豈不遠埃塵。」

尹洙徙晉。

韓億卒。享年七十三。

慶曆五年乙酉（西元一〇四五年）　四十四歲

春，正月，堯臣在京師，偶與宋次道、宋中道、胥偃、裴如晦等至友相酬酌。堯臣因境況不佳，稅寺旁陋屋而居，欲絕其交遊，閉門獨守，更以稚子無人撫顧，而時念亡妻謝氏。是時，作與友送別詩多首。

○宛陵集卷十一、師厚明日歸南陽夜坐有懷：「明朝子當去，我若雲失龍；……窗鳴不得寐，擁被一悲翁。」

○宛陵集卷二十四、次道約食後同敏叔、中道、平叔、如晦詣景德浴，以風埃遂止：「昔思春服成，浴乎沂水上；已邀二三友，欲往期畢餉；倏然風滿途，塵土阻清曠。」

○宛陵集卷十一、永叔贈酒：「大門多奇醞，一斗市千錢；貧食尚不足，欲飲將何緣？……雖云暫歡適，終久還愁煎。」

○宛陵集卷十一、依韻和師厚別後寄：「吾與爾別未及旬，吾家依舊甑生塵。閉門不出將誰親，自持介獨輕貨珍。……和者彌寡唯陽春。」

按：由上引四詩，可知堯臣今春貧似去歲，暫歡還長愁。衣食缺如，親友離別，惟閉門自守而已。

○宛陵集卷十一、普淨院佛閣上孤鶻：「我新稅居見寺閣，金碧照我破屋前。」

按：由此詩可知，堯臣在京師，居普淨院旁弊屋。

二月，謝師厚生女，堯臣作詩戲贈。謝氏女後歸於洪州黃庭堅。

○宛陵集卷十一、戲寄師厚生女：「生男衆所喜，生女衆所醜。生男走四鄰，生女各張口。男大守詩書，女大逐雞狗。何時某氏郎，堂上拜媼叟。」

三月十四日，尹源卒於河內任，年五十。堯臣作詩一首哭之。

○宛陵集卷二十四、哭尹子漸其弟師魯守潞：「故人河內守，昨日報已亡。同氣泣上黨，悲風生太行。」

○宛陵集卷二十四、永叔寄詩八首并祭子漸文一首因采八詩之意警以爲答：「鎭陽歸夢北潭北，吟此八章誰謂癡。最後有文弔尹子，壽夭難問信所悲。」

夏，四月，謝師厚偕妻來汴京，奠其姑——堯臣亡妻謝氏。

○宛陵集卷二十四、師厚與胥氏婦來奠其姑：「雙禍來此室，慟哭拜靈牀。……含悽拊孤穉，拭淚問平常。」

六月十二日，黃庭堅生。庭堅字魯直，洪州分寧人。

六月二十一日，堯臣將應辟許昌，京師內外諸親，及友人爲之餞行。

○宛陵集卷二十五，「乙酉六月二十一日，予應辟許昌。京師內外之親，則刁氏昆弟、蔡氏子、予之二季；友人則胥平叔、宋中道、裴如晦，各携肴酒，送我于王氏之園，盡歡而去。明日予作詩以寄焉」詩（題長，故加標點以利閱讀。詩句不錄。）

○歐陽修全集卷二、居士集二、梅聖俞墓誌銘序：「簽署忠武、鎭安兩軍節度判官。」

○宋史卷四四三，梅堯臣傳：「簽書忠武、鎭安判官。」

按：忠武軍，唐置，宋因之，治許州。

六月下旬，歐陽修喪女。年纔八歲。堯臣作詩寬慰之。

○歐陽修全集卷三、居士外集二、哭女師：「暮入門兮迎我笑，朝出門兮牽我衣。……八年幾日兮兮，百年難期。」

○歐陽修全集卷一、居士集一、白髮喪女師作：「吾年未四十，三斷哭子腸。」

按：宛陵集卷二十五有開封古城阻淺聞永叔喪女詩一首，堯臣六月二十一日出京，時仍未聞，阻淺開封正値月晦，縣尹殷勤置酒勸飮（見同卷寄謝開封宰薛贊善詩）。故知修喪女在六月下旬。

秋，七月初，堯臣抵許昌，與許昌通判等人酬遊頗繁。生活雖仍困若，心境已轉舒展。

○宛陵集卷二十五、寄宋次道中道：「再來魏闕下，舊友無一人，……前日之許昌，別君已經旬。」

按：六月二十一日，堯臣別京城親友，經旬後乃七月初；宛陵集此詩之後，有七夕有感一首，知堯臣到任，在七夕之前。同卷又有「通判桃花廳」詩，題下注云：「自此詩，許州起，慶曆五年秋，盡六年夏」，益可證堯臣秋抵許昌，已與許昌通判酬唱。

冬，十月二十二日甲戌，歐陽修至夷陵郡。

按：歐陽修全集卷一、居士集一，收有：初至夷陵答蘇子美見寄、冬後三日陪丁元珍遊東山寺詩二首。既云「冬後三日」，則修至夷陵，當在冬（立冬在十月）前。今從南宋胡柯歐陽修年譜所載：「十月甲戌，修至郡。」

慶曆六年丙戌（**西元一〇四六年**）　**四十五歲**

春，正月，堯臣喪妻創慟如新，元日萬家團聚，更增愁悶，遂往汝州，訪舊友王素，旬日而還。

○宛陵集卷二十六有「余之親家，有女子，能點酥爲詩，幷花果麟鳳等物，一皆妙絕；其家持以爲歲日辛盤之助。余喪偶，兒，女服未除，不作歲，因轉贈通判。通判有詩見答，故走筆酬之。」詩一首（詩題過長，故標點，以利閱讀。詩句不錄。）

按：詩題有「余喪偶，兒，女服未除，不作歲，因轉贈通判」等語，可見堯臣之創痛未除，思妻心切之情。辛盤，「五新盤」之略稱。辛，新也。歲供辛盤，取其迎新之意。蓋元旦食品陳於盤中者也。

○宛陵集卷二十六、元旦：「昔遇風雪時，孤舟泊吳埭；……盡室坐相對。……是時値新歲，慶拜乃唯內。草率具盤餐，約略施粉黛。擧杯更獻酬，各爾祝鮐背。……豈意未幾年，中路苦失配；嘉辰衆所喜，悲淚我何耐。曩歡今已哀，日月不可賴。……何當往京口，竹里蕩荒穢。行歌樂暮節，薪菽甘自刈。」

按：堯臣此詩，乃追憶四十一歲時，舟泊吳埭，適逢元日，家人妻兒慶拜新年之樂，而今「中路苦失配」，又逢佳節，情何以堪。

○宛陵集卷二十六、不知夢：「夢中不知夢，但謂平常時；……有贈若有得，乃覺已失之。」

○宛陵集卷二十六、夢覺：「夕夢多夢之，覺來遂成憶。……是覺曷爲眞，覺夢可以惑。」

○宛陵集卷二十六、郟城道中、汝州後池聽水、汝州、春鳩。

按：上列六詩，前二首爲思念亡妻之作，後四首，皆汝州所作。郟城即今河南郟縣，乃許昌赴汝州之中站。春鳩詩云：「杏萼已半紅」，知堯臣是春至汝州。

○宛陵集卷二十六、留別汝守王待制仲儀：「來時柳未芽，去見杏吐萼。相歡無幾日，節候已非昨。邂逅二十年，三遇三睽索。」

○宛陵集卷二十六、資政王侍郎命賦桃花用芳字：「許都二月杏初盛，公府後園梅亦芳。……主人惜春春未晚，遂命官屬攜壺觴。」

○宛陵集卷二十七、二月雨後有蚊蚋：「春夜一二蚊蚋飛，久不見之尚可喜；而今稍喧來聒人，向後更暖奈爾觜。」

按：堯臣之訪汝守王仲儀，由「來時柳未芽」，知在初春；復以「去見杏吐萼」，知二人「相歡無幾日」。又資政王侍郎命賦桃花詩云：「許都二月杏初盛」，知二月時，堯臣已歸許昌，與長官資政侍郎酬遊。二月雨後有蚊蚋，詩題稱「二月雨後」，知當作於閑居許昌之時。卷二十六有汝州詩一首，當作於訪王仲儀時。由上所論，當可論定：堯臣初春曾至汝州一遊。

堯臣既還許州，仍與許州長官資政王侍郎、通判太博某氏酬酢遊賞。因暴飲嘔血成疾，乃止酒。歐陽修時謫滁州，自號醉翁，聞遊瑯琊山，得石刻古篆，因拓印以寄堯臣共賞。

○宛陵集卷二十六、依韻和通判二月十五日雨中：「仲春月既望，物候恰分中。……詩成病酒後，病怯舉杯空。」

按：由詩句可知：堯臣病酒在二月十五日以前。

○宛陵集卷二十六、樊推官勸予止酒：「少年好飲酒，飲酒人少過。今既齒髮衰，好飲飲不多。每飲輒嘔泄，安得六府和。朝醒頭不舉，屋室如盤渦。取樂反得病，衞生理則那。予欲從此止，但畏人譏訶。樊子亦能勸，苦口無所阿。乃知止爲是，不止將如何？」

○宛陵集卷二十六有「感春之際，以病止酒。水丘有簡，云：時雨乍晴，物景鮮麗。疑其未是止酒時，因成短章奉答。」詩一首（詩題過長，故加標點，以利閱讀）：「東風固無迹，何處見春歸。……君但惜晴景，休言止酒非。」

按：由詩題可知，水丘此簡，乃「時雨乍晴，物景鮮麗」堯臣尚未止酒時所寄；故堯臣止酒，或在二月初。

○宛陵集卷二十七、汝州王待制以長篇勸予復飲酒因謝之：「前因飲酒多，乃苦傷營衞。嘔血逾數升，幾乎成肺病。……樊子來勸我，止飲良有謂。公復遺我詩，責我詞甚毅。……在酒功實多，止酒酒何罪。假如壽九十，今子已半世。不飲徒自苦，未必止爲利。……自玆願少飲，但不使疾熾。書此以謝公，公言誠有味。」

按：由此詩可知，堯臣止酒，爲時甚暫，蓋以其「少年好飲酒」，每自豪「飲酒人少過」。雖以病止酒，實非眞意，遂以王仲儀之勸，再又少飲。

○歐陽修全集卷二、居士集二、六一居士傳：「六一居士初謫滁山，自號『醉翁』。」

○歐陽修全集卷二、居士外集一、題滁州醉翁亭：「四十未爲老，醉翁偶題篇。醉中遺萬物，豈復記吾年。」

○歐陽修全集卷二、居士外集一、石篆詩序：「（滁）州之西南，有瑯琊山。……因得見李陽冰篆庶子泉銘。……而銘石之側，又陽冰別篆十餘字，尤奇於銘文，世罕傳焉。……思予嘗愛其文而不及者，梅聖俞、蘇子美也，因爲詩一首，幷封題墨本，以寄二吾。」

○宛陵集卷二十六、歐陽永叔寄琅邪山李陽冰篆十八字幷永叔詩一首予繼作因成十四韻奉答：「我坐許昌塵土中，……忽得書詩連數紙，拜寄陽冰古篆字。……何當少得從公遊，爲公揮筆寧非美。」

二月下旬，堯臣又離許昌，由陸路經椹澗、潁橋，西至汝州，再會王仲素，相聚三旬始別，此時，堯臣仍止酒。

○宛陵集卷二十七、過潁橋懷永叔：「古驛依依老槐綠。」

○宛陵集二十七、椹澗晝夢（詩不錄）。

○宛陵集卷二十七、靈樹鋪夕夢：「晝夢同坐偶，夕夢立我左；自置五色絲，色透縑囊過；意在留補綴，恐衣或綻破，歿仍憂我身，使存心得墮。」

按：潁橋，今河南潁橋鎮；椹澗，今河南椹澗鎮；靈樹鋪，想亦古驛名；前二者皆在許昌西，由此可想見其西行路線。靈樹鋪一首，夕夢亡妻，由「歿仍憂我身，使存心得墮」，可見其思念謝氏既深且切。

○宛陵集卷二十七、汝州王待制以長篇勸予復飲酒因謝之（詩不錄）。

○宛陵集卷二十七、和王待制牡丹詠（詩不錄）。

○宛陵集卷二十七、汝州登慈寺閣望嵩岳（詩不錄）。

○宛陵集卷二十七、三月十四日汝卅夢：「我歸十九年，飲不負升斗；昨夕夢見之，謂須多置酒；雖慰魂來言，定不復入口；俟當返吾廬，且爲貯罌缶；夢寐何敢欺，從笑愚所守。」

按：由上引諸詩，可知堯臣在汝州酬酢遊樂情形。時仍止酒，亡妻雖托夢以慰，「謂須多置酒」，但堯臣依舊「定不復入口」。惜王仲儀勸飲之，竟又「自茲願少飲，但不使疾熾」，食言復飲矣。

三月下旬，堯臣再別仲儀，又返許昌。並聞內姪謝師厚進士及第，因喜而作詩誌之。

○宛陵集卷二十七、再別仲儀：「前別歲月遠，道同情相親。三旬忽相見，愈厚不厭頻。昔云思數面，今無媿古人。睠然東去懷，紛若陌上塵。」

○宛陵集卷二十七、夕發陽翟：「我行陽翟道，暮雨原上急。」

○宛陵集卷二十七、缺月：「缺月來照屋角時，西家狗吠東家疑。」

○宛陵集卷二十七、喜謝師厚及第時第一甲二十八人君名在二十三：「宿雨洗新綠，朝日初聞鶯。風從天門來，吹下玉簡名；列星二十八，經緯何縱橫。」

○續資治通鑑卷四十八、宋紀四十八、仁宗慶曆六年。三月，「壬寅，賜進士穰人賈黯等及第、出身、同出身有差。癸卯，賜諸科及第幷出身。」

按：陽翟，今河南禹縣，堯臣歸許昌途中所經。由缺月詩：「缺月來照屋角時」，何知當在月杪時。再由三月二十二日壬寅放進士榜觀之，堯臣聞知師厚及第，當在三月晦。故堯臣又別仲儀，在三月下旬。

夏，四月初，堯臣旣還許昌，仍與長官酬遊，並時與異地友朋魚雁往返，生活尚爲稱意。唯見稚子失恃之狀，仍時或追念亡妻。

○宛陵集卷二十七、孟夏二日通判太博惠庭花二十枝云是手植因以爲答：「前日春已盡，夏卉抽嫩靑。」

按：由詩題「孟夏二日」及詩句「前日春已盡」，知時在四月二日。又：同卷和江鄰幾見寄詩題，下注云：「自此許州起，慶曆六年夏，盡其年終」，知下引各詩，皆在許州作。

○宛陵集卷二十七、秀叔頭蝨：「吾兒久失恃，髮括仍少櫛。曾誰具湯沐，正爾多蟣蝨。……饕搔劇蓬葆，何暇嗜梨栗。」

○宛陵集卷二十七、憶將渡揚子江：「此身猶在吳，歸夢預到楚。今日念同來，吾妻已爲土。」

○宛陵集卷二十七、夢覩：「閉目光不揚，夢覩良亦審。……白日杳無朕，冥遇嘗在寢。此恨不可窮，悲淚空流枕。」

○宛陵集卷二十七、悲書：「悲秋快於刀，內割肝腸痛。……朝夕拜空位，繪寫恨少動。雖死情難遷，合姓義已重。吾身行將衰，同穴詩可誦。」

按：上引諸詩，皆爲堯臣思念亡妻之作。

○宛陵集卷二十八、和資政侍郎湖亭雜詠絕句十首：「淺淺碧水平，青青稻苗長」（稻畦）、「林間夏雨滋」（苔徑）、「紫角菱實肥」（採菱）。

○宛陵集卷二十八、王德言夏日西湖晚步十韻次而和之：「雨餘殘照在，塘靜獨行行。……寫景未能就，娟娟月上城。」

○宛陵集卷二十七、王德言自後圃來問疾且曰圃甚蕪何不治因答：「雖然自薅薙，抱痾方告休。卽當秋風高。埽薙將遲遊。」

按：上引三詩，皆夏、秋之作，由詩句中，知堯臣卽將外遊。

夏，堯臣再離許昌赴汴京。在京師與二、三友好相聚，並娶刁氏爲繼室。刁氏，經臣堂妹也。歸堯臣時，纔十六、七。堯臣於慶曆二年春，赴吳興任時，初與經臣相遇，值經臣應辟西幕，赴任道上。經臣旣嫁其妹，將歸故里南徐（今江蘇鎭江縣），堯臣乃託其代尋亡妻墳地及隱居之所。

○宛陵集卷二十八、宿安上人門外裴如晦胥平叔來訪：「胥裴喜我至，冒雨夜出城。燈前相對語，怪我面骨生。爲言憔悴志，因意多不平。」

○宛陵集卷二十八、孫曼叔暮行汴上見鶻擊蝙蝠以去語於予：「休笑老鴟飽，銜得腐鼠回。」

○宛陵集卷二十八、送謝師厚歸南陽：「竹館蔭以風，灑水坐猶熱。念子遠歸時，焦煙起車轍。」

按：是年三月，謝師厚、韓子華皆舉進士，裴如晦中省元，當居京師；堯臣旣會裴、胥於城外，又送師厚歸南陽，知已抵京師。再由上引詩句，可知堯臣在夏日雨中至汴京。堯臣此時，奔波勞碌，殊不得志，友好爲其際遇甚感不平。

○歐陽修全集卷六、慶曆六年與梅聖俞書：「蓋以經夏大暑，秋來或聞移南京，或云來與刁氏成親。……今又得刁十六所寄詩書。即日必已還許。冬冷，尊候萬福。」

按：書云「秋來或聞移南京」，由前引論證，知堯臣乃夏日至汴京，非秋季之南京（今河南商邱縣）也。又：由本段引文，可知堯臣婚後即返許昌。

○宛陵集卷二十八、新婚：「前日爲新婚，喜今復悲昔。……幸皆柔淑姿，稟賦誠所獲。」

○宣城志：「錢醇老人云：『刁氏，金陵人，……逾笄歸聖俞。聖俞所與遊，……至門無虛日。刁氏親鼎爨，調滋味，以稱其君子之心。聖俞過諸公飲，已夜乃歸；刁氏迎候屏間，恐不及。』」

○歐陽修全集卷五、歸田錄：「梅聖俞……初受勅唐書，語其妻刁氏曰：『吾之修書，可謂猢猻入布袋矣。』刁氏對曰：『君于仕官，亦何異鮎魚上竹竿耶？』聞者皆以爲善對。」

按：由上引諸文，可知刁氏亦爲秀外慧中之賢內助，故堯臣再婚後，生活較前順暢。

○宛陵集卷二十八、刁經臣將歸南徐許予尋隱居之所及亡室墳地因走筆奉呈：「常觀鮑家詩，心慕已不淺；行當卜結廬，依農事清畎。傍葬吾先妻，同穴晚未免。……我志決不移，君言幸須踐。」

按：南徐，古稱潤州，屬江都郡，即今江蘇鎮江縣，刁經臣之故里也。歐陽修作堯臣亡妻謝氏墓誌銘云：「葬於潤州之某縣某原」，當爲經臣所尋之墳地也。堯臣邂逅經臣之日，可由宛陵集卷八，舟中值雨裴刁二君相與見過、題刁經臣山居時已應辟西幕二詩觀之，當在慶曆二年（西元一〇四二年），堯臣赴官湖州，道次淮南時相識。

秋，八月初，堯臣娶刁氏後，復返許昌舊任。由汴淮而上，途經尉氏縣、潁上縣、正陽驛。九月，抵汝陰，謁潁州守晏殊，相見甚歡，經旬乃別。堯臣並作側字詩為贈。

按：由宛陵集卷二十八所收四詩：尉氏縣阮籍嘯臺，早至潁上縣、正陽驛舍夢鄭并州寄書開之卽三山圖也、潁水費公渡觀飲牛人，可知堯臣之行程。

○宛陵集卷二十八、八月就湖上會飲呈晏相公：「明當是重九，黃菊還開不？」

○宛陵集卷二十八、九日擷芳園會呈晏相公：「今日始見菊，雖見未全開。猶勝昔無酒，持望白衣來。……自不媿佳節，安聽飛鴻哀。」

按：由上引二詩，知堯臣謁晏殊當在重陽前。「八月會飲」詩之「八月」，當為「八日」之誤。

○宛陵集卷二十八有以近詩贄尚書晏相公忽有酬贈之什稱之甚過不敢輒有所敍謹依韻綴前日坐末教誨之言以和詩一首，可知堯臣與殊，唱和甚歡。

○蔡絛西清詩話卷上：「晏元獻守汝陰，梅聖俞自都下特往見之，劇談古今作詩體製。聖俞將行，公置酒潁河上，因言古今章句中，全用平聲製字，穩帖若神施鬼設者；如『枯桑知天風』是也。恨未見側字詩。聖俞既引舟，遂作五側體寄公：『月出斷岸口，影照別舸背，且獨與婦飲，頗勝俗客對。』此詩家一種事也。」

按：詩話所引五側體詩乃宛陵集卷八之舟中夜與家人飲詩也。詩云：「月出斷岸口，影照別舸背。且獨與婦飲，頗勝俗客對。月漸上我席，暝色亦稍退。豈必在秉燭，此景已可愛。」

冬，十月，堯臣抵許昌。

○宛陵集卷二十八、入澤王河口：「遠水路已別，古議未窮源。……更去待月上，猶應可到門。」

○宛陵集卷二十八、西華逢李令子翼：「適從潁水歸，道逢西華長。」

○宛陵集卷二十八、寄送謝師厚餘姚宰：「我從淮上歸，君向海澨去。……頗知飛雲空，到月不得附。月行既不留，雲亦值風故。……君南我起北，日見陽鴈度。」

按：西華縣在潁水上，距許昌約百里許。入澤王河口詩云：「更去待月上，猶應可到門」；寄送謝師厚詩：「月行既不留」、「日見陽鴈度」；知在十月見月之時，堯臣始將抵許昌。

堯臣居許昌，郡內有名勝西湖，風景絕佳，不亞於杭州之西湖，堯臣每與諸友遊泛其中；又於湖畔置屋，題曰「西軒」。時韓氏昆仲八人，因省親而會於許昌，其舅氏王道損仲儀亦在，一時賢儁齊集，雖得盛會，堯臣遂為西軒東主，相邀讌飲，甚為歡暢。堯臣妻刁氏賢淑，衆客來飲，皆能妥貼應付。是以堯臣雖然官運不達，而天倫、友朋之樂，已覺無窮。

按：慶曆六年夏，堯臣過許昌，陪從叔父詢過遊西湖，即已言及西湖景幽。今年堯臣與諸友遊西湖所賦詩，如宛陵集卷二十九：與道損仲文子華陪泛西湖、西湖觀新出鵝兒道損持國晏叔請予賦之，卷三十二道損世則元輔游西湖於卞氏借雙鶴以觀等詩。由詩句中可知西湖之風景。

○宛陵集卷二十九：答韓六玉汝戲題西軒：「吾軒今於水，吾居易爲足。誰與哦其間，風窗數竿竹。雖無泉石清，尚不媿茅屋。」

○宛陵集卷二十九、奉和子華持國玉汝來飲西軒：「我誠官局冷，終日事靡括。每耽古人書，似與世俗闊。同道三四人，來過慰飢渴。」

○宛陵集卷二十九、依韻和持國新植西軒：「開地臨廣衢，崇崇十餘畝，新軒稍偏北，治圃亦西西。……吾軒還處西，脩竹爾後取。」

○宛陵集卷十二：得韓持國書報新作茅廬：「聞君作茅廬，正在西軒西。定移舊蔬圃，稍改新藥畦。」

按：由上引四詩，可知堯臣營建西軒之情形。

○宛陵集卷二十九、次韻和王道損風雨戲寄：「小雪才過大雪前，蕭蕭風雨紙窗穿。」

按：由所引詩句，知作於十月下旬「大雪」之前。

○宛陵集卷二十九、依韻和韓子華陪王舅道損宴集韓氏兄弟八人而七人在座：「雲低雪未成，寒氣已侵席。……此會舉世稀，頻頻奚所惜。」

○宛陵集卷二十九、飲韓仲文家：「坐客十餘人，七子實棣萼。」

按：由上引二詩可知，韓氏兄弟八人及其舅王道損，皆爲與堯臣唱酬者。宴集日，韓仲連因子病未至，故稱七人。

○宛陵集卷二十九、和道損欲雪與家人小兒輩飲：「目前兩稚子，爲慰豈異卿。」

按：謝氏卒後，遺有二男一女，而次子十十又夭，故堯臣云「目前兩稚子」。

○宛陵集卷二十九、奉和子華持國玉汝來飲西軒：「愚妻方罷浴，供飲媿倉卒。凍婢昧煎和，親調首忘鬋。每食客驚顧，誰謂不黔突，倦僕暖吾薪，飢馬飽吾秣。馬無歸嘶聲，僕有顏色活。」

按：由此詩可知堯臣妻刁氏之賢。雖以堯臣好徵逐飲宴，賓從來或倉卒，準備不及，刁氏亦能妥貼應付，非但賓主盡歡，且僕從、乘馬皆各得所安。堯臣愛敬之意，流露句中無遺。

慶曆七年丁亥（西元一〇四七年）　四十六歲

春，韓氏昆仲將各遠任所，又相聚會別。堯臣作詩五首，分贈綜、絳、繹、縝、緯五人；持國仍留許昌，與堯臣遊。

○宛陵集卷二十九、諸韓會別：「諸韓行有日，別思更依依。獨歎從予少，還看似子稀。呼童聊奏酒，泗水爲開扉。蘇合染裘美，雪中闔闔歸。」

按：同卷又有送別詩五首：送韓奉禮、送仲文、送子華、送仲連、送玉汝；此外尚有：依韻和玉汝舟中見懷、依韻和玉汝對月見懷西軒、奉和持國曼叔方叔送師直歸馬上同賦之什、和韓子華寄東華市玉版鮓、依韻和持國新植西軒等唱和詩六首，可見堯臣與彼等情誼之深。

一月，蘇舜欽在蘇州作滄浪亭，並自爲之記。堯臣由歐陽修之書簡，得知其事，乃作詩寄贈。

○宛陵集卷二十九、寄題子美滄浪亭：「聞買滄浪水……置亭滄浪上，……滄浪是何處，洞庭相與親。……昨得滁陽書，語彼事頗眞。曩子初去國，我勉勿迷津。……今子居所樂，豈不遠埃塵。」

三月，尹洙卒於均州任內，年四十七。堯臣作詩哭之。

○歐陽修全集卷二、居士集二、尹師魯墓誌銘序：「徙監均州酒稅。得疾，無醫藥，舁至南陽求醫。疾革，隱几而坐，顧稚子在前，無甚憐之色。與賓客言，終不及其私。享年四十有六以卒。」

○宛陵集卷三十、哭尹師魯：「謫死古來有，無如君甚寃。……平生洛陽友，零落幾人存。」

○宛陵集卷三十三、五月二十日夜夢尹師魯：「昨夕夢師魯，相對如平生。……去年聞子喪，旅寄誰能迎。家貧兒女幼，迢遞洛陽城。何當置之歸，西望淚緣纓。」

按：均州，今湖北均縣，屬襄陽府，距師魯故籍洛陽甚遠，故堯臣云「謫死」、「迢遞洛陽城」。

三月，堯臣妻刁氏病，家無婢僕，又陷困境。故韓持國遺食濟之。

○宛陵集卷三十、持國遺食：「乞食非爲貧，妻病妾且死。晨爨不煖釜，朝飯亦輟匕。遺我我所恤，食我我所恥；我恥曾我求，我恤寧我止。應乏豈在豐，赴意實未鄙。」

秋，七月，堯臣與諸友泛遊西湖。八月，解許州任赴京。九月十六日抵都下，胥平叔與宋中道迎之。

○宛陵集卷三十、同諸韓及孫曼叔晚遊西湖三首：「野蜂銜水沫，舟子剝菱黃。木老識秋氣，徑幽聞草香」、「嘲謔不覺夕，跨馬月中歸」。

按：此詩既云「菱黃」、「秋氣」、「月中」，當在秋季。同卷此詩之前，又有七夕一首，則此詩亦作於七月，堯臣時在許昌，與諸友酬遊。同卷又有七月二十一夜聞韓玉汝宿城北馬鋪，知此時堯臣尚未離郡。

○宛陵集卷三十、自尉氏南至京皆水及人脛：「陸行畏水深，舟行畏水淺。……事與時相違，我慚行處蹇。人生莫爲客，爲客此安免。」

○宛陵集卷三十、九月十六日自許昌迴至京師胥平叔宋中道迓于郊外：「今日至國門，二子來迎我。適遇信陵冢，冢棘秋葉墜。」

按：尉氏縣卽今河南尉氏縣，在開封縣西南方約五十里。由上引二詩知，堯臣九月十六日抵汴京，時值秋水漫野，水患數縣。離許昌當在八月初。

冬，十月，堯臣與宋中道先後生女。

○宛陵集卷三十、宋中道快我生女：「爾嘗喜詛予，生女竟勿怪。今遂如爾口，是宜爲爾快。……慰情何必男，玆語當自戒。」

○宛陵集卷三十二、小女稱稱塼銘序：「吾小女稱稱，慶曆七年十月七日生。」

堯臣有馬，十年前所買；今已老邁難行，故費錢三萬，另置一匹，遂爲詩記之。

○宛陵集卷三十、新馬：「舊馬十年跨，老劣多緩行；新駒三萬錢，頗愛擧蹄輕。……君門趨早朝，風勁力已生。」

新息古邑（今河南息縣北），原有孔子廟，自漢以來　歲享不絕。或遇縣宰不賢，則屋漂不葺。今年清河張君來守此邑，乃重脩孔廟。堯臣賢之，因作詩以賀。

○宛陵集卷三十一、新息重脩孔子廟記：「新息，古邑也。……慶曆七年，清河張君伸爲是邑，……乃脩孔子祠及祭器。」

慶曆八年戊子（西元一〇四八年）　四十七歲

春，正月元日朝會，堯臣與會而慚已無職守，因作詩一首以寄慨。月晦，堯臣得爲國子博士，賜緋服服、銀魚，始償宿願。

○宛陵集卷三十一、元日朝：「萬國諸侯振玉珂，踏雲朝會雪初過。……謬陪王屬曾何補，泛泛慚同上下波。」

○宛陵集卷三十一、賜緋魚：「蹉蹉四十七，腰間始懸魚。茜袍雖可貴，髮短齒已疎。……不知外朝衆，君恩漸有餘。」

閏正月十六日乙卯，歐陽修自滁州徙知揚州。二月二十二日庚寅至郡。

三月二十一日，堯臣幼女稱稱殤，生僅五閱月。

○宛陵集卷三十二、小女稱稱塼銘序：「吾小女稱稱，慶曆七年十月七日生，至八年三月二十一日死。」

按：由此詩知，稱稱生僅五月有十四日。

○宛陵集卷三十二、戊子三月二十一日殤小女稱稱三首：「生汝父母喜，死汝父母傷」、「慈母眼中血，未乾同兩乳」、「高廣五寸棺，埋此千歲恨。……天地旣許生，生之何遽困。」

初夏，堯臣率妻榮歸故里。經汴水、淮河，溯長江返宣城。途次虹縣（今安徽泗縣）、山陽（今江蘇淮安縣）、寶應、揚州、金陵，均有停留。在揚州並訪歐陽修，數日始別。

○宛陵集卷三十二、舟中夜聽汴河水聲：「夏雨漲黃流，夜鳴鄰船柁。乘危冒險人，不識西山餓。」

按：由此詩可知，堯臣離汴京入汴水，時在夏日。

○宛陵集卷三十二、夜泊虹縣同施景仁太博河上納涼書事：「與君爰清風，移榻就明月。月落見星繇，星繇如晝熱。」

○宛陵集卷三十二、施景仁邀詠泗州普照王寺古檜：「來尋淮上寺，老檜莫知年。」

按：由上引二詩，知堯臣抵泗州在孟夏四月中旬。

○宛陵集卷三十二有雜詩絕句十七首，詩題下注云：「自此寶應道中起，慶曆七年夏。」查七年夏，堯臣仍任官許昌，絕無寶應之行，故知「慶曆七年夏」，乃「慶曆八年夏」之誤。由詩題可知知，堯臣途經寶應縣。

○宛陵集卷三十二、五月二十四日過高郵三溝：「戊子夏再過，感昔涕交流。恐傷新人心，彊制揩雙眸。」

按：由此詩可知，堯臣攜刁氏返鄉。

○宛陵集卷三十三、過茱萸堰：「茱萸堰在吳牛死，茱萸堰廢吳牛閑。」

按：茱萸堰在今江蘇江都縣北。堯臣在此地，始與歐陽修相聚；唱和之作有：永叔進道堂夜話、金陵懷古、詠歐陽永叔文石硯屏二首（見宛陵集卷三十三）。

仲夏，堯臣抵鄉里宣城。在外雖不得意，惟仍爲鄉親稱羨。每至昔日所遊之處，輒與里人懽見。

○宛陵集卷三十三、謁昭亭廟：「眷予來故鄉，絜齊陳奠斝。尙想昔丱童，維愚託民社。每從諸父賽，竭至此祠下。」

○宛陵集卷三十三、昭亭潭上別：「行舟晚解去，親戚各還家。淚落正濕衣，腸翻如轉車。……予今遊宦意，曾不學匏瓜。」

○宛陵集卷三十三、宣州環波亭：「冒暑駐輪轂，徘徊北壕上。……今吾太守樂，慰此郡人望。……心閑不競物，興適每傾釀。薄暮詠醉歸，陪車知幾兩。」

秋，八月，晏殊由潁州徙官陳州，辟堯臣簽署陳州鎭安軍節度判官。堯臣行前，應永叔邀約，於中秋節前抵揚州，與永叔、許發運、王舍人等相會，相聚甚歡。

○宋史卷四四三、梅堯臣傳：「簽書忠武、鎭安判官。」

○歐陽修全集卷二、居士集二、梅聖俞墓誌銘序：「簽署忠武、鎭安兩軍節度判官。」

○宛陵集卷三十二、泊姑熟口邀刁景純相見時陳州晏相公辟：「吾與丞相約，安得不顧期。……欲留時已晚，欲去情難持。」

按：姑熟，今安徽當塗縣南。堯臣既應辟赴任，欲留不得，欲去難捨，故有此詩云。

○宛陵集卷三十三、依韻和歐陽永叔中秋邀許發運：「看取主人無俗調，風前喜御夾衣涼。……曾非惡少休防準，衆寡而今不易當。」
按：此詩詩句後注曰：「永叔詩云：『仍約多為詩準備，共防梅老敵難當。』」，是以堯臣有「曾非惡少休防準」戲語。
○宛陵集卷三十六、八月十五夜有懷：「緬懷去年秋，是夜客廣陵；太守歐陽修，預邀三四朋。乃值連連雨，共飲陳華燈。」
按：此詩乃明年堯臣追憶今秋之作。永叔既邀許發運、王舍人等作陪，與堯臣賞月賦詩；以連日陰雨，是夕未見月色，乃陳燈夜飲賦詩。堯臣因有賞月詩數首：秋夜同永叔看月、中秋不見月答永叔、和永叔夜會不見月酬王舍人（見宛陵集卷三十三）。
佳節既過，堯臣又辭永叔北上，八月二十二日已抵高郵三溝。
○宛陵集卷三十三、留別永叔：「舊友競留連，我征時已晚。……明當各相思，念此去且嬾。」
○宛陵集卷三十三、別後寄永叔：「前日辭親淚，又為別友出。愁極反無言，欲言詞已窒。」
○宛陵集卷三十三、寄許主客：「昨日山光寺前雨，今朝邵伯堰頭風。……揚州有使急迴去，敢此寄聲非塞鴻。」
○宛陵集卷三十三、八月二十二日迴過三溝：「重過三溝特惆悵，西風滿眼是秋蕖。」
按：依八月二十二日迴過三溝推測，堯臣約在八月二十日左右離揚州，故與永叔之會或在五日上下。

堯臣溯淮、潁而上，九月晦，抵陳州，又與晏殊每日相酬宴飲。作詩甚夥。

○宛陵集卷三十四、九月二日夢後寄裴如晦：「裴生安健否？試問鴈經過。……昨夜分明夢，持書認篆窠。」

按：此詩列於同卷，昭信淮上、濠梁感懷詩之前，可知初溯淮水在九月初。再由同卷九日抵壽州詩題，知堯臣重陽纔抵壽縣。或沿途吟詩飲酒，觀賞風光，頗得其樂。

○宛陵集卷三十四、將次項城阻風舟不能進：「逆水寒風急，輕舟晚不前；因來泊古渡，聊且上平田。」

按：項城在陳州南約百里，舟行二、三日可至。

○宛陵集卷三十四、十月三日相公花下小飲賦四題，詩中有「九月二十八日牡丹」、「三日讌集」詩二首，可知堯臣至遲當於九月二十八日到陳州。

按：今年，堯臣與晏殊等人唱酬之詩，如：謹和相國屋上菊叢、和十一月八日圃人獻小桃花二絕、和十一月十二日與諸君登西園亭榭懷舊事二首、和臘前、題臘藥（此詩題下自注云：「尚書晏相公臘日投壺，輸詩七首，便以臘日所用物賦，先成四首上呈。」）

冬，十二月，蘇舜欽病卒于吳中，年四十一。

○歐陽修全集卷二、居士集二、湖州長史蘇君墓誌銘：「慶曆八年十二月某日，以疾卒于蘇州，享年四十有一。」

皇祐元年己丑（西元一〇四九年）、四十八歲

春，正月，堯臣在陳州判官任內，仍優遊自樂，以唱和爲事。

○宛陵集卷十二、和立春：「茲日何所喜，所喜物向榮……增年已歎老，斗酒聊自傾。」

○宛陵集卷十二、和謝仲弓廷評新理北園：「更待春風歸，日採花卉長；但願多置酒，應得時一往。」

○宛陵集卷十二、和謝公儀學士正月十七日雨後復雪：「本祈春雨成春雪，應誤小桃先次開。」詩句下注云：「先是七日祈雨，九日霈然至于今。」

○宛陵集卷十二、伐桑：「二月起蠶事，伐桑人阻飢；聊給終朝食，寧虞卒歲衣。月光無隔礙，直照破荊扉。」

按：由上引諸詩，可知堯臣直至二月中旬，蠶事已起，仍宴遊無慮，以唱和爲事。

正月十三日，歐陽修自揚州移官潁州。二月十三日丙子到郡。樂西湖之勝，將卜居焉。

○歐陽修全集卷二、居士集二、思潁詩後序：「皇祐元年春，予自廣陵得請來潁，愛其民淳訟簡，其物產美。土厚水甘而風氣和。於時慨然已有終焉之意也。」

○歐陽修全集一、居士集一、到潁治事之明日行西湖上因與郡官小酌其上聊書所見寄淮南轉運呂度支發運許主客：「柳絮已將春去遠，海棠應恨我來遲。啼禽似與遊人語，明月閑撐野艇隨。」

○歐陽修全集卷六、皇祐元年與韓稚圭書：「某昨以目疾爲苦，因少私便，求得汝陰。仲春初旬已趨官所。……汝陰西湖，天下勝絕，養愚自便，誠得其宜。」

正月朔，堯臣父梅讓卒於宣城。享年九十一。二月下旬，堯臣奔喪歸宣城。

○歐陽修全集卷二、居士集二、太子中舍梅君墓誌銘序：「梅君諱讓，……享年九十有一，康彊無恙。以皇祐元年正月朔，卒於家。」

○宛陵集卷十二、寒食日過荆山：「嗚咽同歸櫓，悲哀欲問天；泣親非泣玉，流淚劇流泉。」

○宛陵集卷十二、過口得雙鱖魚懷永叔：「春風午橋上，始逢歐陽公。……于茲十九載，存沒復西東，我今淮上去，……公乎廣陵來，値我號蒼穹。……失怙哀無窮。烹煎不暇餉，泣血語孤衷。」

按：由上引二詩，可知堯臣奔父喪，寒食已至荆山（今安徽省懷遠縣西南，淮河上），當在二月下旬出發。歐陽修二月十三日到潁州任，堯臣奔喪途中，曾在潁州會之，故有「烹煎不暇餉，泣血語孤衷」之語。又：「過口」當爲「渦口」之誤，渦口在今安徽鳳陽縣，去荆山四十餘里。

三月二十一日癸丑，賜進士江夏、馮京等一百七十四人及第。堯臣親友謝景溫、沈文通亦擧焉。

按：上引資料，見續資治通鑑卷五十、宋紀五十、仁宗皇祐元年三月及宋詩記事所載。今宛陵集收有堯臣與馮京（字當世）唱和等詩三首；與沈遘（字文通）者四首。

三月中，堯臣抵宣城故里，始再與達觀禪師相酬過。並於服喪之際，種胡麻以爲高堂藥補之助。至八月中秋，思去歲此時，於揚州與永叔共度，因有感而作詩以抒其懷；自此始稍見其酬謝之詩。惟哀親之情未嘗絕也。

○宛陵集卷三十六：潁公遺碧霄峯茗：「到山春已晚，何更有新茶，……持作衣囊秘，分來五柳家。」

○宛陵集卷三十六、送達觀禪師歸隱靜寺古律二首：「初見洛陽陌，再見南徐州；所歷幾何時，倏去二十秋；……我詠阮公詩，物靡必沉浮。」、「帶月涉溪水，過山聞寺鐘；未嫌雲衲溼，已喜野人逢。且莫似杯渡，滄波無去蹤。」

○宛陵集卷三十六、依韻和達觀禪師還山後見寄：「雲歸在高嶺，人見是無心。矯矯將棲鳥，遙遙傍故林。南方雖有暖，臘月易成陰。惟恐多風雪，出期未可尋。」

○宛陵集卷三十六、種胡麻：「悲哀易衰老，鬢忽見二毛。苟生亦何樂，慈母年且高。勉力向藥物，曲畦聊自薅。傍枝延扶疎，脩莢繁橐韜。霜前未堅好，霜後可炮熬。」

○宛陵集卷三十六、八月十五懷永叔：「緬懷去年秋，是夜客廣陵。太守歐陽公，預邀三四朋。乃值連連雨，共飲陳華燈。……今來宛溪上，聊以故歲徵。」

○宛陵集卷三十六、記歲：「買臣四十八，猶苦行負薪，我免以樵薪，貧居年與同。道上不謳歌，妻亦無恚嗔。」

皇祐二年庚寅（西元一〇五〇年） 四十九歲

○宛陵集卷三十六、冬至感懷：「銜泣想慈顏，感物哀不平。自古九泉死，靡隨新陽生。」

春，堯臣於宣城守父喪，或閑遊，或吟誦，或與諸弟至昭亭山廣教寺訪寺僧。

○宛陵集卷三十七、晚坐北軒望昭亭山：「少客兩京間，熟遊嵩與華。歸來宛溪上，厭往昭亭下。……不若守弊廬，讀書至中夜。」

○宛陵集卷三十六、寄文鑒大士：「讀書夜寂冷無火，捲卷遂成搖膝吟。……明日呼兒整籃輿，欲煩重過小溪陰。」

○宛陵集卷三十七、與二弟過溪至廣教蘭若：「溪水今尚淺，涉馬不及韉。……行行渡小橋，泱泱響細泉。……飯訖過山後，井傍携茗煎。……弊廬隔城堞，畏暮遽言還。……聊追一日事，書以爲短篇。」

○宛陵集卷三十七、與諸弟及李少府訪廣教文鑒師：「山僧邀我輩，置酒比陶潛。……薄暮未能去，前溪月似鐮。」

秋，七月一日丙戌，歐陽修改知應天府。

多，十月二十一日，許昌太守晏殊與堯臣書。堯臣因少得書信，故爲詩而誌之。

○宛陵集卷三十七、十月二十一日得許昌晏相公書：「哀憂向兩年，朋戚誰與書。敢意大丞相，尺題傳義廬。」

皇祐三年辛卯（西元一〇五一年）　五十歲

春，堯臣守父喪在家，仍與諸友閑遊讌飲。二月中旬，服除，爲生計乃彊赴京師再仕。

○宛陵集卷三十七。潘樂二君對雪寄聲似欲予賦適方知之走筆奉呈：「南方今見雪，北客定思家。任凍不欺酒，競春先著花。……誰問窮居日，西窗壓竹斜。」

○宛陵集卷三十七、留別樂和之：「雪消潭水綠，輕舸下灘時。漸輕青山去，還將故國辭。……君語隋州體，余慚晚始知。」

○宛陵集卷三十七、雪中廖宣城寄酒：「輕舟泛泛昭亭灣，春雪漫漫昭亭山。……宣城太守閔窮旅，雙壺貯醞兵吏頒。」

按：由上引三詩，可見堯臣在宣城與諸友閑遊之樂。

○宛陵集卷三十七、下赤山嶺過渡至石子澗別施八評事：「三歲守廬次，兩迴來澗邊。……今我西歸日，逢君小隱年。重將車馬去，驚起野鷗眠。」

○宛陵集卷三十七、春日拜壟經田家：「田家春作日日近，丹杏破顙場圃頭。……今我還朝固不遠，紫宸已夢瞻珠旒。」

○宛陵集卷三十七、將行賽昭亭祠喜雨：「莫言春作遲，但念寒灘阻。何當發泉源，綠水浸沙渚。不與農者期，自將舟人語。」

○宛陵集卷三十八、依韻和達觀禪師贈別：「今年輒五十，所向唯直誠。……安能苟榮祿，擾擾復營營。近因喪已除，偶得存餘生。彊欲活妻子，勉焉事徂征。徂征江浦上，鷗鳥莫相驚。」

按：由上引四詩，可知堯臣已有赴京求仕之意，且將啓程。

○宛陵集卷三十七、若訥上人彈琴：「祥哀已踰月，遇子彈鳴琴。安得不成聲，子心異吾心；……一聞流水曲，歸思在溪陰。此焉吾所樂，極目送歸禽。」

按：梅讓卒於前年正月朔，而堯臣稱「祥哀已踰月」，當在二月以後。「祥哀」，指大祥之祭，孝子除縗服，服朝服，縞冠。

由上引諸詩，可知堯臣仕心早動，旣除父服，乃備旅赴京。

二月十三日，堯臣離宣城赴京。親友皆送之，方外至友釋達觀、文鑒亦出寺與別。因渡江，溯淮汴而上；沿途阻風，與友唱遊。

○宛陵集卷三十七、發昭亭二月十三日：「春泥深一尺，車馬重重迹。親舊各還城，山川空向夕。……我無農畝懃，千里事行役。寄謝昭亭神，果不吝深澤。」

○宛陵集卷三十七、別達觀文鑒二大士：「雲衲山中來，畫橈江上發。何日到山中，山花應未歇。」

○宛陵集卷三十八、蕪湖阻風：「春風任惡花自笑，白浪不愁頭已白。戢戢大船江浦邊，崑崙五兩誰非客。」

○宛陵集卷三十八、阻風寄刁安國：「江風裂瓦鳴，浦口驚浪作。君駕何不來，客心空寂寞。」

按：浦口在金陵大江對岸。

○宛陵集卷三十八、阻風秦淮令狐度支寄酒：「春風不獨開春木，能蹙浪花高似屋。……遠客今朝愁未平，主人贈榼飲遠足。前時共論酒可禁，急世救弊且勿速。我今正得杯中趣，效陶種秫置心曲。」

夏，四月，堯臣舟次泗縣，會泗守朱表臣，與遊泗州樊氏園。四月晦，因舟中宴飲，得霍病幾卒。

○宛陵集卷四十七：同朱表臣及諸君遊樊氏園：「五年前上去，乃從許公過。舊物此君在，後生新筍多。……一一如當日，乘高奈興何。」

按：此詩作於嘉祐元年三月，堯臣赴京次泗州，會泗守朱表臣所作。故知今年亦過泗州會朱守。

○宛陵集卷十三，四月二十七日與王正仲飲：「我來自楚君自吳，相遇汎波銜舳艫。……醉憶曩同吾永叔，倒冠落佩來西都；……自玆離散二十載，不復更有一日娛。」

○宛陵集卷十三、四月二十八日記與王正仲及舍弟飲：「孟夏景苦長，與子舟中飲；……仲氏又發霍，洞下忽焉甚。……我嘔雖未平，駕走豈遑枕。……吾鄉千里遙，幸免成貝錦。」

按：由詩句可知，因三人宴飲不潔，罹時疫，幾卒。然後三人同行赴京。秋，堯臣四弟禹臣宰南陵；王正仲仕東楚；堯臣皆有詩別之。

又：宛陵集卷三十八有讀月屏詩，詩題下注云：「自此起皇祐三年五月至京後」，故知抵京師在五月。

五月，堯臣抵京師，倉卒無仕缺，乃待職家中，一度窮乏，且貸米於裴如晦，受薪芻於友朋；而仍不改遊唱之好。

○宛陵集卷三十八、貸米於如晦：「舉家鳴鵝鴈，突冷無晨炊。大貧匄小貧，安能不相嗤。……乞米與乞食，皆是前人為。」

○宛陵集卷三十八、杜挺之新得和州將出京遺予薪芻豆：「舉家食粥焉用怪，但願漉酒巾長存。……我才不及二三子，摧藏自媿趨權闈。前時永叔寄秉粟，一秋已免憂朝昏。今君益之薪與菽，老馬病骨生精魄。……却嗟我甑有時匱，莫與太倉黃鼠論。」

○歐陽修全集卷一、居士集一、寄聖俞：「我今俸祿飽餘賸。念子朝夕勤鹽虀，舟行每欲載米送。」

按：由上引三詩，可知堯臣之窘境及友朋之濟助。永叔時爲開封府大尹。

○宛陵集卷三十八、和江鄰幾有酒無菊：「種菊將飲酒，菊開酒無有。雖不負爾目，且已負爾口。昨日三四人，澹坐飢腹吼。徒與哦其傍，誰能置升斗。當時陶淵明，籬下望亦久。幸賴白衣人，不媿采盈手。悠然事頗同，必竟醉則否。」

按：由此詩可見，堯臣與三四窮友，枵腹賞菊吟詩，雅興可愛。

秋，堯臣既待闕京師，大臣屢薦宜在館閣，乃召試於學士院。九月十二日庚申，賜同進士出身，改太常博士。至是，經濟稍加寬裕，乃時爲東主，宴其友朋。

○宋史卷四四三、梅堯臣傳：「大臣屢薦宜在館閣，召試，賜進士出身。」

○歐陽修全集卷二、居士集二、梅聖俞墓誌銘序：「嘗一召試，賜進士出身，餘則不報。」

○續資治通鑑卷五十二。宋紀五十二、仁宗皇祐三年，九月，「庚申，賜國子博士梅堯臣同進士出身，仍改太常博士。堯臣，詢從子，工於詩，大臣屢薦宜在館閣，召試學士院，而有是命。」

○宛陵集卷十三、依韻和集英殿秋宴：「添花慕平一，賜菊異元嘗；身已陪多士，心寧媿下都。薄才何所補，歌詠播殊疆。」

○宛陵集卷三十八、設膾示座客：「汴河西引黃河枝，黃流未凍鯉魚肥；隨鉤出水賣都市，不惜百錢持與歸。……賓朋競至排入扉；呼兒便索沃腥酒，倒腸飫腹無相譏。逡巡缾竭上馬去，意氣不說西山薇。」

按：此詩作於深秋重陽之後，由詩可知，堯臣經濟已較寬裕，或即得任太常博士之後。可以同卷江鄰幾邀食餛飩學書漫成詩證之；該詩云「況乃十月霜侵膚」，又謂「前時我膾斫禎鯉，滿座驚睨卒笑呼」，可見饗客膾鯉是在九、十月之交。

冬，十月十九日丁酉，殿中侍御史裏行唐介，劾宰相文彥博、宣徽使張堯佐，帝怒，責授英州別駕。

魏泰作書竄詩一首，詳言此事，而嫁名堯臣所作。

按：初，彥博以燈籠錦媚貴妃，得相位，再除堯佐宣徽節度使，共相狼狽。唐介因劾之，請改相富弼；帝怒斥曰：「謂彥博因貴妃得執政，此何言也！」唐諍愈切，帝乃大怒，貶春州別駕，再改英州別駕。其後，魏泰作東軒筆錄，收書竄詩一首，言此事始末，而贊唐介；詩後注云：「始堯臣作此詩，不敢示人，及歐陽修編其集，時有嫌避，又刪出此詩，是以少人知，故全錄焉。」此事之僞，劉筱媛著梅堯臣年譜與其文學之書竄詩考節，辨之甚詳，故此略之。

書竄詩，宋詩紀事卷二十有收，詩云：「皇祐辛卯冬，十月十九日；御史唐子方，危言初造膝；曰朝有巨奸……願條一二事……」

皇祐四年壬辰（西元一〇五二年） 五十一歲

春，正月四日，上辛祈穀，堯臣爲獻官。

○宛陵集卷十三、願嚏上辛祈穀堯臣爲獻官：「我今齋寢泰壇下，侘傺願嚏朱顏妻。」

按：古俗以「嚏噴」爲有人思之。

○宛陵集卷十三、和司馬學士上辛祀事出郊寄馮學士：「侵曉度南薰，禁中猶可聞，春郊微有霰，上苑稍藏雲。」

按：上辛，乃每月第一辛日，帝每有祀，祀有「春祀」、「秋祀」之分，詩云「春郊」，知其爲爲「春祀」，是年「上辛」爲正月四日辛亥。

二月晦，歐陽修知應天府任內，約堯臣買潁州田，以爲終老之計。而堯臣以貧匱無資，難於與購。未幾，修丁母憂，歸潁州，乃作罷。

○歐陽修全集卷一、居士集一、寄聖俞（一作「因馬察院至云見聖俞於城東輒書長韻奉寄」）：「凌晨有客至自西，爲問詩老來何稽。京師車馬曜朝日，何用擾擾隨輪蹄。……憶在洛陽年各少，對酒把花傾玻瓈；二十年間幾人在，在者憂患多乖隔。……壯心銷盡憶閑處，生計易足纔蔬畦。優游琴酒逐漁釣……；行當買田清潁上，與子相伴把鋤犁。」

○宛陵集卷十四、依韻和永叔見寄：「春風約柳一片西，欲託鳥翼傳音稽；昨朝偶向東城去，草草又逢驄馬蹄。長鬚御史威正峭，沙堤來坐氣吐霓。……適聞南都接大尹，笑我出處今何迷。……

何時與公去潁尾，湖水漫漫如玻瓈。世間會合固不易，況乃仕宦多相睽。……我貧尚不給朝夕，焉得負郭置稻畦。……儻公他時買田宅，願以藜杖從招攜。吾兒詩書不足教，亦以助力於耕犁。」

○宛陵集卷十四、東城送運判馬察院：「春風騁巧如翦刀，先裁楊柳後杏桃。……寒食已近溝已淘，何當黃流與雨至。……我今出城勤送子，酤酒不惜典弊袍。數塗必向睢陽去，太傅大尹皆英豪。試乞二公評我說，萬分豈不益一毛。」

○歐陽修全集卷一、居士集一、再和答聖俞：「兩畿相望東與西，書來三日猶爲稽。……念子京師苦憔悴，經年陋巷聽朝雞。兒啼妻嚛午飯未，得米寧擇秕與稊。……問我居留亦何事，方春苦旱憂民犁。」

按：由上引四詩，可知數事：

(一)約其買田在二月末。因送馬察院詩云「寒食已近溝已淘」，永叔邀約買田當在此後數日。

(二)堯臣在京師。歐陽修在應天府，兩畿東西相隔，修時爲河南府大尹。故詩稱：「我今出城勤送子，……數途必向睢陽去。太傅太尹皆英豪」（睢陽即今河南商邱縣，古爲應天府，又稱南都，故堯臣送馬察院之睢陽，且謂「適聞南都接大尹」）、「凌晨有客至自西，爲問詩老來何稽，京師車馬曜朝日，……」、「兩畿相望東與西，書來三日猶爲稽。……今子京師苦憔悴，經年陋巷聽朝雞」，是皆二人東西異居之證。

(三)堯臣未能應永叔之邀，但曰：「我貧尚不給朝夕，焉得負郭置稻畦。……儻公他時買田宅，願以藜杖從招攜。吾兒詩書不足教，亦以助力於耕犂。」

㈣由上引諸詩，可證歐陽修續思潁詩序所稱「皇祐二年」有誤。歐陽修全集卷二居士集二之續思潁詩序云：「皇祐二年，余方留守南都，已約梅聖俞買田於潁上。……時年四十有四。」查皇祐二年七月一日，永叔始知應天府（南都），而堯臣早於元年春，已奔父喪歸宣城，三年正月始除服赴京，是知「二年」云云有誤。

三月十七日壬戌，歐陽修母鄭夫人卒，享年七十二。修歸潁州，堯臣作詩二首挽之。

○歐陽修全集卷二、居士集二、瀧岡阡表：「修為龍圖閣直學士、吏部郎中，留守南京，太夫人以疾卒于官舍。享年七十有二。」

○宛陵集卷十五、歐陽郡太君挽歌二首：「夫人有賢子……共為時所稱」、「當時丈人歿，雖少守孤兒。以及成名譽，何嘗厭蒺藜。」

夏，五月二日甲子，范仲淹卒，享年六十四。堯臣雖與其絕裂在先，仍作挽詞三首弔之。

○續資治通鑑卷五十二、宋紀五十二、仁宗皇祐四年，五月，「甲子，知潁州資政殿學士、戶部侍郎范仲淹，行至徐州而卒。」

○宛陵集卷十五、聞高平公殂謝述哀感舊以助挽歌三首：「京洛同逃酒，單袍跨馬歸。明朝各相笑，此分不為稀。」、「雖然門館隔，泣與眾人俱。」

夏，堯臣監永濟倉。倉在汴京城北。堯臣雖得官職，而無補其匱乏。

○宋史卷四四三、梅堯臣傳：「監永豐倉。」

按：「永豐倉」，依宛陵集詩題與歐陽修所作梅聖俞墓誌銘序參照，當作「永濟倉」爲是。

○歐陽修全集卷二、居士集二、梅聖俞墓誌銘序：「監永濟倉。」

○宛陵集卷十五、送何濟川學士知漢州：「吾儕宜慚羞，空自預朝鞸。欲歸無田園，彊住枉歲月。」

按：此詩作於五月，而堯臣已得官職。此職當卽永濟倉監，蓋此職甚微，故堯臣以爲「空自預朝鞸」、「彊住枉歲月」。

○宛陵集卷十五、七月十六赴庾直有懷：「白日落我前，明月隨我後。……高柳對寢亭，風影亂疎牖。……寂寂重門扃，獨念家中婦。乳下兩小兒，夜夜啼向母。……內有子相憶，外有月相守；何似長征人，沙塵聽刁斗。」

按：庾，無牆之穀倉也。直，卽值夜之意。是夜堯臣當值，宿永濟倉，感念家人，遂作此詩。

○宛陵集卷三十九、永濟倉書事：「輸糧來萬國，積庾下千艘。……中州無殍餓，南土竭脂膏。……直宿愁風雨，經年弊褐袍，仲尼猶作吏，我輩勿爲勞。」

○宛陵集卷十六、十一月十三日病後始入倉：「曾非雀與鼠，何彼大倉爲？狐裘破不溫，黃狗補其皮。……予年過五十。瘦寢冰生肌。」

○宛陵集卷十七、五月十四日與子華自內中歸：「君注起居同左史，我爲委吏退延和。」

按：此詩作於次年（皇祐五年）；委吏，主委積倉庾之吏。故知堯臣監永濟倉爲時不短。

○續資治通鑑卷五十二、宋紀五十二、仁宗皇祐三年、九月（二十九日）丁丑，「教坊官王世昌自陳年老，乞監永濟倉門。帝曰：『世昌本亦士人，以無行檢，遂充此職。倉門乃國家糧儲出入之所，豈可令此輩主之！宜與之在京一廟令。』」

按：此事見於去年九月晦，堯臣得太常博士之後。可知斯時永濟倉監門待補，故王氏欲謀其缺。堯臣之監永濟倉，不知與此事有關否？

皇祐五年癸未（西元一〇五三年）　五十二歲

春，元日，堯臣預朝元會，甚喜，故詩以誌之。

按：堯臣雖為太常博士，監永濟倉，屬京內官，然平日少能與朝覲，故歎曰「微聞嘉蓮開，獨與侍臣見：……誰憐與衆歸，博士臣疏賤」（宛陵集卷三十九、二十二日起居退聞宣三館諸公觀瑞蓮）。既得預朝元會，乃思「頻年無入門，今日預期會」，故喜懼交之，「明朝預朝會，畏溼兩梁冠」；會後，喜而謙曰：「我慚短學復在後，收餘掇棄聊以書。」（宛陵集卷十七、元日）

夏，堯臣居京師，雖與諸友唱和宴飲，而衣食常缺，倦意已生，仍不得不仕，遂且思鄉。

○宛陵集卷十七。京師逢賣梅花五首：「大梁亦復賣梅花」、「此去吾鄉二千里，不看素萼兩三年。」

按：由此可知，堯臣已生思鄉之情。

○宛陵集卷十八、五月十四日與子華自內中歸：「君注起居同左史，我爲委吏退延和。共經南陌東風急，側帽偷看意已多。」

○宛陵集卷十八、與蔣秘別二十六年田棐二十年羅拯十年始見之：「我今五十二，常苦離別煎。……三君異出處，相見有後先。……仕宦比我後，官資居我前。……醒來念功名，病螾希蜿蜒。安得有園廬，寬閑近林泉。……飯過飲數杯，令兒誦嘉篇。……去去欲及時，嗟嗟無由緣。」

○宛陵集卷十八、別三十弟彥臣二十八日：「朝辭都城裏，暮止汴頭堤。滿目非相親，寂默對河流。」

按：由上引三詩，可知堯臣因官途失意，欲歸田里。

秋，八月，堯臣生母張氏卒。初，母病方劇，而堯臣無一錢以藥疾。既卒，至友李廷老、劉原甫等，爲出賻帛；裴如晦、楊元明等，爲製銘文，堯臣乃能扶櫬歸宣城故里。

○宛陵集卷四十、寧陵阻風雨寄都下親舊：「獨扶慈母喪，淚與河水流。……予生五十二，再解官居憂。昨者母疾亟，骨肉相聚愁。橐中無一錢，緩急何可求。母當臨終時，囑我貧莫羞。隨宜具棺歛，厚貸墜人頭。……小子雖不令，長養恩曷酬。日夕期速平，後事勿預謀。願母強藥食，更延百千秋。固云莫望我，我魂已飛遊。語畢忽奄逝，撫膺呼裂喉。未能一物備，迷亂將安投。艱窘見風義，乃有令朋儔。致賻或錢帛，最力李與劉（原注：「廷老、原甫」）。禁省及石渠，貪助日不周。裴楊乞銘蓋，文篆古復遒（原注：「如晦、元明」）。潭饒兩大艦，朝索暮泛浮。哀憐荷君子，才德慚未修。三日違大梁，兩宿此遲留。」

按：寧陵卽今河南葵丘縣，在商邱之西，北距開封（大梁）約三數日水程。

○宛陵集卷四十、新霜感：「前日衣上露，今日衣上霜。我母魂何之，膏火糜我腸。隔棺三寸地，如在萬里鄕。……昔時憂我寒，縫衣紉綫長。……又每恐我飢，羹臛自調嘗。此身內外間，莫得頃刻忘。……一念百感生，欲問天蒼蒼。」

按：二十四節氣，「白露」爲八月初，「寒霜」爲九月初，由此詩可證，張氏之卒，當在八月。

○宛陵集卷四十、過淮：「侍親數數來浮汴，護櫬迢迢復渡淮。」

○宛陵集卷四十、阻風宿大信口：「解舟辭姑熟，速欲還吾廬。……靜坐人已眠，我慮久洗如。自起取美酒，獨酌邀蟾蜍。」

按：大信鎭，在安徽當塗縣，大信河口。堯臣此時將抵家門。母初喪而飲美酒，似不合禮。

又：據歐陽修撰梅聖俞墓誌銘序稱堯臣「母曰仙遊縣太君束氏；又曰清河縣太君張氏。」知

堯臣有大母暨生母二人。喪母爲張氏之論如下：

㈠墓誌銘稱聖俞之母，仙遊縣太君束氏在前，清河縣太君張氏在後。前者，應指大母；後者者，應指庶母。

㈡堯臣與永叔相交三十年，其所以不明言何人爲大母，何人爲庶母者，蓋諱言堯臣爲庶出一事。

㈢梅讓卒年九十一，故堯臣大母當亦年事頗高，必不隨堯臣浮泛淮汴，而居宣城故里。故堯臣所謂「侍親數數來浮汴」（宛陵集卷四十之過淮詩）之親長，當指生母張氏而言。

㈣由前引數詩，堯臣記母卒前言語，完全為骨肉至情之流露，且冀「願母強樂食，更延千百秋」，可知為生母無疑。

九月，堯臣既歸故里，守喪哀廬，不見酬遊之作，惟偶思往昔而已。

○宛陵集卷四十、泊昭亭山下得亭字：「久作大梁客，貪留小阮醒……。日暮渡頭立，山歌不可聽。」

○宛陵集卷四十四、紫微亭在池州：「平圃采芳菊，上水酌桂漿。為何言此時，杜子逢重陽。……至今孤亭間，獨有九日章。昔我來齊山，山僧迎道傍。……去逾十五年，游宦韓陳梁。哀哀遘禍殃，乃再居南方。欲往尚未可，追吟寄支郎。」

按：堯臣於景祐二年（西元一〇三五年）始官建德池州令。景祐四年（西元一〇三七年）夏，離建德赴京，距今恰為十五年，而母喪扶櫬歸鄉。齊山，在池州境內。

至和元年甲午（西元一〇五四年）　五十三歲

春，堯臣服經在宣城，與吳正仲、馬都官、王安石昆仲、吳季野、僧文鑑等人酬唱。學士謝公儀卒，堯臣並作挽詩哭之。

按：宛陵集卷四十一載有堯臣與諸人酬唱詩如下：依韻和馬都官春日憶西湖寄陸生、與正仲屯田遊廣教寺、依韻和王介甫兄弟舟次蕪江懷寄吳正仲、依韻和吳季野馬上口占、吳正仲遺新茶、依韻和季野見招、哭謝公儀學士；以上諸詩，皆作於春月。

夏，四月，堯臣靜極思動，始念魏闕，夢與京師至友宋中道、蔡君謨等人酬遊。

○宛陵集卷四十一、夢後得宋中道書四月十九日：「宵夢宋子語，晝得宋子書。……昔我遭家難，逢子亦在廬；我南君大梁，千里非隔疏。……其間乃有夢：及盡皆同墟。身世既若此，合離休歎諸。」

○宛陵集卷四十一有「至和元年四月二十日，夜夢蔡紫微君謨，同在閣下食櫻桃；蔡云：『與君及此再食矣。』夢中感而有賦，覺而錄之」詩一首（詩題過長，故標點之以利閱讀），詩云：「朱櫻再食雙盤日，紫禁重頒四月時。……原廟薦來應已久，黃鶯猶在最深枝。」

五月，歐陽修除舊官職，赴京充龍圖閣直學士。

秋，八月十五日丙午，詔歐陽修修唐書。是日中秋，堯臣以月明獨酌，思永叔而作詩懷之。

○宛陵集卷四十一、中秋月下懷永叔：「有朋無明月，秉燭光彊致。有月無樂朋，獨酌顏易醉。往年過廣陵，公欣來我值。……今宵皓如晝，千里嗟離異。固知理難并，把酒遙相寄。」

九月一日辛酉，遷歐陽修爲翰林學士。二日壬戌，修兼史館修撰。

冬，堯臣與秘校郭祥正唱和多首。時郭氏辭官欲隱，偶過宣城，一見堯臣如舊識，遂偕訪探幽磧，旬日始別。

○宛陵集卷四十三、依韻和郭祥正秘校遇雨宿昭亭見懷：「君乘瘦馬來，骨竦毛何長。」

○宛陵集卷四十三、依韻和郭秘校昭亭山偶作：「知君棄官後，江上尋名山。……昭亭忽來過，覽古興長歎。……幽幽隨猨鳥，渾渾忘區寰。」

○宛陵集卷四十三、送郭功甫還青山：「來何遲遲去何勇，羸馬寒童肩竦竦。昨日棄爲梅福官，扁舟早勝大夫種。……何當交臂須強行，莫作區區事丘壠。」

至和二年乙未（西元一〇五五年）　五十四歲

春，正月二十九日丁亥，晏殊卒於京師，享年六十五。堯臣作賦挽之。

○續資治通鑑卷五十五、宋紀五十五、仁宗至和二年、春，正月，「丁亥，觀文殿大學士、兵部尚書晏殊病劇，乘輿將往視之，……已而卒。帝雖臨奠，以不視疾爲恨，特罷朝二日。」

○宛陵集卷四十四、聞臨淄公薨：「至和癸巳十二月兮，友人語我火犯房芒。射鉤鈐而拂上相兮，禍非弼臣誰可當。……明年孟陬臨淄公薨兮，果然邦國撓棟梁。……公自十三歲而先帝兮，謂肖九齡宜相唐。……臨川松泊安可忘。我爲故吏摧肝腸，灑淚作雨春悲涼。」

二月，堯臣與吳正仲、僧才上人、許發運詩相酬和。時正仲將赴婺州副官任，堯臣一再送之。蓋以正仲在宣城，與堯臣交遊最爲密切。

○宛陵集卷四十三、送才上人還雪竇寄達觀禪師：「春雪滿蓑衣，海邊先燕歸。千林新改葉，百衲舊來衣。」

○宛陵集卷四十三、二月七日吳正仲遺活蟹：「年年收稻賣江蟹，二月得從何處來。」

○宛陵集卷四十四、寄維陽許待制：「當時永叔在揚州，中秋待月後池頭。……而今倏忽已八載，公領府事予居憂。歐陽始是玉室客，批章草詔傳流星。」

按：「當時」乃指慶曆八年（西元一〇四八年）中秋，永叔邀約堯臣、許發運賞月之事。

○宛陵集卷四十四、送吳正仲娶倅歸梅谿待闕：「山水東陽去未去，朋親苕霅朝復朝。……海燕歸齊聲滿屋，谿梅開過子生條。」

○宛陵集卷四十四、再送正仲：「擬君杜鵑花，發當杜鵑時。……千山從此隔，三歲或前期。爾後各寄書，空識滿紙辭。」

○宛陵集卷四十四、送冏上人因往湖州謁吳正仲：「梅谿人可見，重爾似泓公。」

夏，堯臣與馬行之都官、吳季野、宣城張主簿、潘伯恭、歐陽修等人酬和。間或因天雨獨酌。生活頗然。頗思魏闕之職；然一聞進士因利竊販茶，又憤而作詩斥之。又夢與繼室刁氏同謁未央殿。

○宛陵集卷四十四、依韻和行之枇杷予送紅梅予之：「五月枇杷黃似橘，誰思荔枝同此時。」

○宛陵集卷四十四、次韻和吳季野遊山寺登望文脊山山屬宣城：「楚客好山水，五月上高峯。」

○宛陵集卷三十五、依韻酬永叔示余銀杏：「去年我何有，鴨脚贈遠人。人將比鵝毛，貴多不貴珍。雖少未爲貴，亦以知我貧。至交不變舊，佳果幸及新。……何用報珠玉，千里來慇懃。」

按：去年八月，堯臣曾寄鴨脚子與都下親友，並云：「予指老無力，不能苦多書。……後園有佳果，遠贈當鯉魚。」（見宛陵集卷四十二、代書寄鴨脚子於都下親友詩）

○歐陽修全集卷一、居士集一、梅聖俞寄銀杏：「鵝毛贈千里，所重以其人。鴨脚雖百個，得之誠可珍。……物賤以人貴，人賢棄而淪。開緘重嗟惜，詩以報慇懃。」

○宛陵集卷三十五、答宣城張主簿遺雅山茶次其韻：「昔觀唐人詩，茶詠雅山嘉。……江南雖盛產，處處無此茶。……如何煩縣僚，忽遺及我家。……飲啜氣覺清，賞重歎復嗟。歎嗟既不足，吟誦又豈加。」

○宛陵集卷三十五、寄潘歙州伯恭：「我貧性愛酒，有酒無錢沽。新安走牙兵，六月至我廬。…肩上擔瓦壺…救此愁腸枯。開之聊傾樽，渴肺如澆酥。」

○宛陵集卷三十四、梅雨：「三日雨不止，蚯蚓上我堂。……屋後昭亭山，又被雲蔽藏……。妻子笑我閑，何不自舉觴。」

○宛陵集卷四十四、五月十日雨中飲：「梅天下梅雨……四顧無與期；妻孥解我意，草草陳酒卮。三飲頹然兀，左右歎我衰。」

○宛陵集卷三十五、依韻和永叔再示：「而今我獨向田里，秋稼已熟烹黃鷄。自傾白酒坐溪上，誰念往日無粱稊。鄰邦或有寄嘉釀，瓦罌土缶盛玻瓈。」

按：由上引諸詩，可知堯臣不但與友常飲，且獨自無聊時亦飲，故妻孥亦自動為陳后酒。

○宛陵集卷三十四、聞進士販茶自此宣州至和二年五月後：「山園茶盛四五月，江南竊販如豺狼。……浮浪書生亦貪利，史笥經箱為盜囊。……百端得錢事酒炙，屋裏餓婦無餱糧，一身溝壑乃自取。將相賢科何爾當。」

○宛陵集卷三十五、盜儒：「其衣乃儒服，其說乃墨夷。……吾心則孟子，不聽爾矢辭。」

○宛陵集卷四十五有「五月十七日，四鼓，夢與孺人在宮庭謝恩。至尊令小黃門宣諭曰：『今日社，與卿喜此佳辰，便可作詩進來。』枕上口占」詩一首（詩題過長，故標點之以便閱讀。詩句不錄）

秋，堯臣除服，再赴京師。雖欲求仕祿，而自以為鯁直淡泊，不為世用；嗟怨仍有。

○宛陵集卷三十六、依韻公澤察推：「竊常恃賦稟，平直如勁　。是以五十年，長甘守貧賤。……今雖行已晚，多謝勤相唁。」

○宛陵集卷三十六、江口遇劉紀曹赴鄂州寄張大卿：「我同陶淵明，遠憶顏光祿。得錢留酒家，醉臥江蕪綠。故人已貴身獨賤，籬根枯死佳花菊。」

九月中旬，堯臣發舟。順江淮而下，一路閑遊，歲暮始抵揚州。旅次歷陽，遇杜挺之，便約同行入汴。泊秦淮時，曾鞏謁見之，堯臣雖病胃寒，仍與之暢談竟日，不知夜深風寒。

○宛陵集卷三十六、九月十一日下昭亭舟中：「平生山野性，坐臥愛流水。適從昭亭來，與自明河起。」

○宛陵集卷三十六：將離宣城寄吳正仲：「爲寄吳郎吾西發。西歸千里浮輕舟，夜觀蟾光逆水流。……月偏皎皎隨人行，水亦沄沄非浪改。」

按：由前詩可知，九月十一日堯臣仍未離鄉，而後詩則將離宣城而作；云「月偏皎皎隨人行」，知當在月半。

○宛陵集卷三十六、檥舟昭亭送部官暫歸錢唐：「茲對昭亭山，將行還有作。……我爲解羈馬，君乃高飛鶴。」

○宛陵集卷四十五、歷陽過杜挺之遂約同入汴：「去約河隄春柳動，與君吹紫步徘徊。」

按：宛陵集卷四十八之至靈壁鎭於許供奉處得杜挺之書及詩云：「去冬過尋歷陽守，江沙半遮當利口。……淸明君果渡江至，與君繼舳曾無負。」此詩作明年夏日，汴水上，故知堯臣今年離鄉抵歷陽時在冬日。

○宛陵集卷四十五、逢曾子固：「前出秦淮來，船尾偶攙燕。遽傳曾子固，願欲一相見。……昔始知子文，今始識子面。我病不飲酒，烹茶又非善。冷坐對寒流，蕭然未知倦。」

○宛陵集卷四十五、張聖民學士出御書拜法帖共閱之：「冰膠楚舸歲將窮，廣陵別乘憐老翁。殷勤來邀彊一往。虛堂肴酒羅甘豐，我病胃寒不下咽。」

按：由上引二詩，可知堯臣旅泊秦淮，體有微恙。歲暮抵揚州，張聖民早聞其名，特函邀飲宴。

嘉祐元年丙申（西元一〇五六年）　五十五歲

春，堯臣在揚州與諸名士唱和。三月始重揚征帆。

按：堯臣與揚州名士唱遊之作，載於宛陵集卷四十五、諸如下列：新韻曾子進早春、贈江寧王高士、依韻和馬都官齊少卿酬和、答蕭淵少府卷、依韻王寶臣答卷、答孫直言都官卷、張聖民席上聽張令彈琴、答張令卷、次韻和王平甫見寄、依韻和丁元珍見寄等詩。

○宛陵集卷四十六、依韻和戲題：「揚州太守重交情，我欲西歸未得行；寒食尚賒花水近，妻孥煎去到天明。」

○宛陵集卷四十六、依韻和禁煙近事之什：「狂風暴雨已頻過，近水棠梨著未多。」

按：由此二詩，可知時近寒食，堯臣仍在揚州。

○宛陵集卷四十七、先至山陽懷杜挺之：「與君同川塗，舟發偶後先。順風吹我帆，已過飛鳥前。」

按：由卷四十八之至靈璧鎮於許供奉處得杜挺之書及詩所云「清明君果渡江至」，可知清明時，堯臣與挺之已在途中。故離揚州當在三月初。

三月，蘇洵携子蘇軾（年二十一）、蘇轍（年十八），赴京秋試。五月抵京師，館興國寺。時大雨，七月始止。

○續資治通鑑卷五十六、宋紀五十六、仁宗嘉祐元年，六月，「時京師自五月大雨不止，水冒安上門，門關折，壞官私廬舍數萬區。」

閏三月，堯臣入淮水，曾至泗州，訪知事朱表臣。相聚甚久。

○宛陵集卷四十七、閏三月八日淮上遇風杜挺之先至洪澤遣人來迎：「曉出淮口時，夜來風已止。」

○宛陵集卷四十七、泗州郡圃四照堂：「官艫客艑滿淮汴，車馳馬騄無閑時。」

○宛陵集卷四十七、泗守朱表臣都官北園：「樹藝北墉上，直對高城陰。使君朱輪來，歌管樽酒深。」

○宛陵集卷四十七、同朱表臣及諸君遊樊氏園：「五年前上去，乃從許公過。舊物此君在……一一如當日，……」

○宛陵集卷四十七、依韻和表臣見贈：「三月汴水淺，蹇滯無我先。君乃遺我詩，盛稱我爲賢。」

夏，四月初，堯臣既別朱表臣；舟行未幾，阻淺再三，遲至月中漲水始發舟。

○宛陵集卷四十七、阻淺挺之平甫來飲：「泛淮忌水大，我行浩以漫。泝汴忌水淺，我行幾以乾。……窮堤有來客，芬芳可與言。」

○宛陵集卷四十七、依韻和表臣聞挺之宣叔平甫飲：「舟淺不能進，……有酒相與期。……使君羊筍贈，更飲更追隨。」

○宛陵集卷四十七、和再答：「舟行纔及二三里，已復淺流如凍河。」

○宛陵集卷四十七、四月十三日唐店寄錢推官：「昨夜月如水，君能携酒來。」

○宛陵集卷四十八、泊徐城寄杜挺之王平甫：「十里五里一値淺，千愁萬愁過徐城。」

○宛陵集卷四十八、至靈璧鎭於許供奉處得杜挺之書及詩：「暮春泝汴汴流澀，自假輕舟去如走。千憂萬阻經靈璧，留書津吏情何厚。」

五月，堯臣抵都下，歐陽修就舟訪之，堯臣大爲感動。

○宛陵集卷四十八、高車再過謝永叔內翰：「世人重貴不重舊，重舊今見歐陽公。昨朝喜我都門入，高車臨岸進船篷。……自茲連兩泥沒脛，未得謁帝明光宮。……老雖得職不足顯，願與公去歡樂同。歡樂同，治園田，潁水東。」

按：由詩中「自茲連雨泥沒脛」，知堯臣抵京，當在京師大水之五月時分。

○宛陵集卷五十七、永叔內翰見過：「我居城東隅，地辟車馬少。」

堯臣居京師城之東隅，雖夏雨淫濫，居家甚貧，仍與都下衆友讌集唱酬。

○宛陵集卷四十八，「李審言相招與刁景純、周仲章、裴如晦、馮當世、沈文通、謝師直師厚，會開寶塔院」詩（詩題過長，故標點之以利閱讀）：「自君命我飮，朝暮雨傾瓦。城東與城北，大道泥沒馬。敢忘主人勤，顚撲困馭者；衆客亦如期，陳肴藉蘭若。」

○宛陵集卷四九、永叔贈絹二十四：「昔公處貧我同困，我無金玉可助公；今公旣貴我尙窘，公有縑帛周我窮。……自驚此贈已過足，外可畢嫁內禦多。……瘦兒兩脛不赤凍，病婦十指休補縫。」

○宛陵集卷四十九、社日飮永叔家：「遨頭主人邀客飮，玉酒新賜蓬萊宮。」

按：社日乃立春（秋）後第五戊日。今年秋社爲八月九日。同卷依韻奉和永叔社日詩云「長飢不及侏儒腹」，知堯臣境遇仍未改善。

○宛陵集卷四十九、八月十三日觀長星：「長星彗雲出，天狗欲墮鳴。……勸爾長星酒，收禮看太平。」

按：續資治通鑑卷五十六、宋紀五十六、仁宗嘉祐元年，秋，七月載事曰：「是月彗出紫微垣，歷七星，其色白，長丈餘」；八月十四日癸亥又記，「是夕，彗星滅」；可知堯臣所觀是實。

秋，八月，翰林學士趙槩及歐陽修等十餘人，列薦堯臣，因得補國子監直講。

○宋史卷四四三、梅堯臣傳：「大臣屢薦宜在館閣，……爲國子監直講。」

○歐陽修全集卷二、居士集二、梅聖俞墓誌銘序：「嘉祐元年，翰林學士趙槩等十餘人，列言於朝曰：『梅某經行修明，願得留與國子諸生，講論道德，作爲雅頌，以歌詠聖化。』乃得國子監直講。」

○歐陽修全集卷四、奏議集、舉梅堯臣充直講狀：「右臣等忝列通班，無裨聖治；知士不薦，咎在蔽賢。伏見太常博士梅堯臣，性淳行方，樂道守節，辭學就贍，經術通明，長於歌詩，得風雅之正。雖知名當時，而不能自達。竊見國學直講見闕二員，堯臣年資皆應選格，欲望孫復例，以補直講之員；必能論述經言，教導學者，使與國子諸生歌詠聖化於庠序，以副朝廷育材之美。」

按：孫復，舉進士不中，退居泰山講私學，用富弼、范仲淹之薦，補國子監直講。故歐陽修亦冀循例，除堯臣此職。而堯臣雖得補國子監直講，卻無助其生計，仍貧困如昔，是以堯臣無詩言及此事。

八月，堯臣長女歸於絳州薛通，時年十九。嫁後先歸絳州，再隨夫居任所。

○歐陽修全集卷二、居士集二、梅聖俞墓誌銘序：「（堯臣）女二人，長適太廟齋郎薛通。」

○宛陵集卷四十九、送薛氏婦歸絳州：「旣嫁訓爾恭，恭己乃遠恥。我家本素風，百事無有侈。隨宜具奩箱，不陋復不鄙。……看爾十九年，門閫未嘗履，一朝陟太行，悲傷黃河水。車徒望何處，哭泣動鄰里。生女不如男，天親反由彼。」

○宛陵集卷四十九、永叔贈絹二十四：「今公旣貴我尙窘，公有縑帛周我窮。……自驚此贈已過足，外可畢嫁內禦冬。」

○宛陵集卷五十六、送薛公期比部歸絳州展墓：「風雨犂花殘，松柏墓門晚。嗣子千里駒，羊腸九折坂。」

按：由上引諸詩，可知堯臣長女嫁後，先歸絳州，後又隨夫居任所，淸明祭掃則囘夫家祖墳。

冬，十月十五夜，歐陽修作白兔詩，堯臣因與和韻，往來酬答白兔詩多至八首。

○歐陽修全集卷二、居士外集一、白兔：「玉闕金鎖夜不閉，竄入滁山千萬重。……滁人遇之豐山道，網羅百計偶得之。……京洛風埃不霑席，羣詩名貌極豪縱。」

○宛陵集卷五十、永叔白兔：「可笑嫦娥不了事，走卻玉兔來人間。分寸不落獵犬口，滁州野叟獲以還。」

○宛陵集卷五十、戲作嫦娥責：「我昨既作白兔詩，……正值十月十五夜。」

○歐陽修全集卷一、居士集一、思白兔雜言戲答公儀憶鶴之作：「君家白鶴白雪毛，我家白兔白玉毫。……兔奔滄海却入明月窟，鶴飛玉山千仞直上青松巢。」

○歐陽修全集卷一、居士集一、戲答聖俞：「兔蹲而櫐，尖兩耳攢四蹄。……醉翁謂詩老，子勿誚我愚，老弄兔宴憐鶴雛，與子俱老其衰乎。」

○宛陵集卷五十一、和永叔內翰思白兔答憶鶴雜言：「醉翁在東堂，爲他栽桂樹。……憶著家中玉色兔，夜看明月海上來。」

○宛陵集卷五十一、和永叔內翰戲答：「固勝兔子固勝鶴，四蹄攫握長啄啄。」

○宛陵集卷五十、重賦白兔（題下自注云：「永叔云：『諸君所作，皆以嫦娥月宮爲說；頗願吾兄以他意別作一篇，庶幾高出羣類。然非老筆不可。』」）：「兔氏穎出中山中，衣白兔褐求文公，文公嘗爲穎作傳，使穎名字存無窮。」

王安石年三十六，爲羣牧判官，名始盛。黨友傾一時。

○宋名臣言行錄前集卷十、蘇洵節：「嘉祐初，王安石名始盛，黨友傾一時。蘇洵曰：『吾知其人矣，是亦不近人情者。鮮不爲天下患。』洵沒三年，而安石用事，其言乃信。」

嘉祐二年丁酉（西元一〇五七年）　五十六歲

春，正月六日癸未，翰林學士歐陽修權知貢舉。

○續資治通鑑卷五十六、宋紀五十六、仁宗嘉祐二年、春，正月，「癸未，翰林學士歐陽修權知貢舉。時士子尚爲險怪奇澀之文，號太學體。修痛排抑之。……文體自是遂變。」

歐陽修既知貢舉，乃薦堯臣爲禮部試官，同在試闈唱和。正月十五日之前卽已入闈，三月初出闈，共五十日。

○歐陽修全集卷五、歸田錄：「嘉祐二年，余與端明韓子華、翰長王禹玉、侍讀范景仁、龍圖梅公儀、同知禮部貢舉，辟梅堯臣爲小試官。凡鎖院五十日。六人者相與唱和，爲古律歌詩一百七十餘篇。」

按：諸人唱和之詩，歐陽修全集及宛陵集均有收錄；見於宛陵集卷五十一者，有：上元從主人登尚書省東樓、和公儀龍圖戲勉、莫登樓、莫飲酒、和永叔內翰戲答、二月五日雪、感李花二月九日、嘗茶和公儀等首。見於卷五十二者，有：較藝和王禹玉、明經試大義多不通有感依韻和范景仁舍人、出省有日書事和永叔。另有見於歐陽修全集卷一、居士集一者，有二十首：禮部貢院進士就試（題下注云：「自此而下二十首，皆禮部貢院唱和」）、和梅聖俞元夕登東樓、憶鶴呈公儀、答王禹玉見贈、戲答聖俞持燭之句、和聖俞春雪、和梅公儀嘗茶、和較藝書事、出省有日書事、和禹玉較藝將畢、和出省……等。

二月十七日壬戌，杜衍卒，年七十。堯臣爲作挽詞五首。

○續資治通鑑卷五十六、宋紀卷五十六、仁宗嘉祐元年、春，二月，「壬戌，太子太師致仕杜衍卒，年八十。」

○宛陵集卷五十二、太師杜公挽詞五首：「莫怪霑襟血，無由作弔賓。」

三月十一日丁亥，出進士榜。曾鞏布昆弟、蘇軾轍昆弟、黃介夫、張載等人皆及第。

○續資治通鑑卷五十六、宋紀五十六、仁宗嘉祐二年、三月，「丁亥，賜進士建安章衡等及第、出身、同出身。是歲，進士與殿士者，始皆不落。」

蘇軾登科後，上書堯臣而謝之。迨軾返蜀，堯臣因作詩贈別。

○蘇東坡全集卷第二十八、上梅直講書：「軾七八歲時，始知讀書；聞今天下有歐陽公者，……而有梅公者，從之遊，而與之上下其議論。其後益壯，始能讀其文詞，想見其爲人，意其飄然脫去世俗之樂，而自樂其樂也。……執事名滿天下，而位不過五品；其容色溫然而不怒，其文章寬厚敦朴而無怨言。此必有所樂乎斯道也。」

○宛陵集卷五十三、送曾子固蘇軾：「楚蜀得曾蘇，超然皆絕足。父子兄弟間，光輝自聯屬。……二君從茲歸，名價同驚俗。」

秋，永叔仍與堯臣唱酬。七夕並贈其鄭州新酒。同月二十六日，三訪堯臣弊廬。堯臣感激之狀，溢形於詞。

○宛陵集卷五十四、七夕永叔內翰遺鄭州新酒言值內直不暇相邀：「詰朝持鄭醞，向夕望星津。」

○宛陵集卷五十四、依韻和永叔久在病告近方赴直道懷見寄二章：「我今才薄都無用，六十棲棲未歎窮。」

○宛陵集卷五十四、永叔內翰見訪七月二十六日：「內相能來顧，為郎樂有餘。兒童爭拂榻，門巷劣容車。掩扇知秋意，窺牆省舊書。經年三枉駕，未與故人疏。」

○宛陵集卷五十四、八月十日夜廣文直聞永叔內當：「秋聲暗葉雨，殘夢空堂燈。……誰知廣文直，桃簟冷於冰。」

按：堯臣與永叔唱和之作，除上錄四首外，又有：讀永叔集古錄、依韻和永叔秋日東城郊行、依韻永叔內翰西齋手植菊花過節始開偶書見寄、依韻和永叔戲作等數首，皆載宛陵集卷五十四。

堯臣雖有諸摯友酬遊，惟思境遇不順，又媿才薄，老大志銷。

○宛陵集卷五十四、依韻和永叔久在病告近方赴值道懷見寄二章：「我今才薄都無用，六十棲棲未歎窮。」

○宛陵集卷五十四、哭王畿道職方：「我今過五十，萬事日銷磨。」

○宛陵集卷五十四、依韻和楊直講九日有感：「護霜雲不散，吹帽客何貧。」

○宛陵集卷五十四、韓子華吳長文石昌言三舍人見訪：「今日一寒士，能來三侍臣；……鷄瘦莫為具，阮家依舊貧。」

嘉祐三年戊戌（西元一〇五八年） 五十七歲

春，堯臣居京師，元日與朝會。其後仍與詩友唱贈別。三月，以詩送婿薛通歸絳州展墓。

○宛陵集卷五十五、元日閤門拜表遇雪呈永叔：「六花隨表拜東廂，庭下遙呼萬歲長。……素髮垂冠少顏色，衆人休笑老爲郎。」

○宛陵集卷五十五、上元夕有懷韓子華閣老：「一歲老一歲，新年思舊年。……追隨都已倦，強對月明前。」

○宛陵集卷五十六、送次道學士知太平州因寄曾子固：「春浦楊花撩亂飛，春江鮑魚來正肥。」

○宛陵集卷五十六、送薛公期比部歸絳州展墓：「風雨梨花殘，松柏墓門晚。嗣子千里駒，羊腸九折坂。」

堯臣年既老大，又不得意，愈念昔遊。而洛陽舊友凋零殆盡，每思至此，罔不三歎。因以自傷，且生歸鄉之志。

○宛陵集卷五十六、次韻奉和永叔謝王尙書惠牡丹：「大梁有公子，洛陽有遊俠。昔時意氣相憑陵，不問興亡事栽插。……嘗憶同朋有九人，每失一人淚緣睫。唯我與公今且存，無復名園共携榼。」

○宛陵集卷五十七，「永叔內翰見索謝公遊嵩書，感歎希深、師魯、子聰、幾道，皆爲異物，獨公與余二人在，因作五言以敍之」詩（詩題過長，故標點之以利閱讀）：「昔在洛陽時，共遊銅駝陌；……又憶遊嵩山，勝趣無不索。各具一壺酒，各蠟一雙屐；登危相扶牽，遇平相笑噱。……

明年移河陽，簿書日堆積。忽得謝公書，大夸遊覽劇。……凡今三十年，壘冢拱松柏。唯與公非才，同在不同昔。昔日同少壯，今且異肥瘠；昔日同微祿，今且異烜赫。……死者誠可悲，存者獨窮厄。但比死者優，貧存何所益。」

按：上引二詩，皆為思洛陽之作，且因以傷己之不達。謝希深遊嵩山，時在明道元年（西元一〇三二年）秋日。

○宛陵集卷五十九、依韻和宋中道見寄：「時不用兵皆樂鄉，念我貧居天子庠。抱經臨案空循行，貌垢不洗顏蒼蒼。……腸如轆轤轉井牀，內飢外寒膚粟芒。……懷珉安可爭焜煌，舊朋升騰皆俊良。……既不我駕路阻長，我懷炳炳何日忘。」

○宛陵集卷五十七、次韻答黃介夫七十韻：「……幸今時太平。不學遁世士，……貧篋文字盈。到死只凍餒，……今我已過甚，日醉希步兵。……鄙性實樸鈍，曾非傲公卿。昔隨衆一往，或值謗議騰。曰我非親舊，曰我非門生。又固非賢豪，安得知爾名。是時聞此言，舌直目且瞠。」

按：上引二詩皆為自傷困窘，而舊友貴顯之作。前詩尙稱含蓄；後詩已直喊寃甚已矣。

○宛陵集卷五十七、送葛都官南歸：「不羨新為赤縣尹，惟羨暫向江南歸。江南冪冪梅雨時，風帆差差並鳥飛。……家在千山古溪上，先應喜鵲噪門扉。」

按：此詩雖為堯臣贈人送別之作，而歸去來之意，已全見於行間。

夏，六月十一日庚戌，歐陽修權知開封府。行前，嘗至城東訪別堯臣。

○續資治通鑑卷五十七、宋紀五十七、仁宗嘉祐三年、六月，庚戌，「以翰林學士歐陽修權知開封府。」

○宛陵集卷五十七、永叔內翰見過：「我居城東隅，地辟車馬少。忽聞大尹來，僮僕若驚鳥。入門坐且笑，豐頰光皎皎。……固非傲不往，心實厭擾擾。」

多，堯臣得子，喜甚，故遍告親友。永叔因送酒以助洗兒，並作詩賀之。

○歐陽修全集卷一、居士集一、洗兒歌（原注云：「前日送酒，遂助洗兒，輒成短歌，更資一笑。呈聖俞）：「月暈五色如虹蜺，深山猛虎夜生兒。……詩翁雖老神骨秀，想見嬌嬰目與眉。……三十年名天下知，才高位下衆所惜。天與此兒聊慰之。翁家洗兒衆人喜，不惜金錢散閭里。宛陵他日見高門，車馬煌煌梅氏子。」

○宛陵集卷五十九、依韻和答永叔洗兒歌：「夜夢有人衣帔虹，水邊授我黃龜兒（堯臣自注云：「生男前一夕，夢道士贈龜一枚）。……明朝我婦忽在蓐，乃生男子實秀眉。……我慚暮年又舉息，不可不令朋友知。開封大尹憐最厚，待酒作歌來慶之。……盧仝一生常窮困，亦有添丁是其子。」

多，仁宗祫太廟，韓絳薦堯臣制樂章，不報。其時，堯臣在南省監印進士卷，以備明年三月御試用。

○歐陽修全集卷二、居士集二、梅聖俞墓誌銘序：「嘉祐三年，多，祫於太廟。御史中丞韓絳言：『天子且親祠，當更制樂章，以薦祖考。惟梅某爲宜。』亦不報。」

按：續資治通鑑此年卷，未載多祫事，不知何故。

○歐陽修全集卷一、居士集一，有詩，詩題曰：「聖兪在南省監印進士試卷，有兀然獨坐之歎。因思去歲同在禮闈，慨然有感。兼簡子華、景仁」，故知堯臣此時任試卷監印。

嘉祐四年己亥（西元一〇五九年）　五十八歲

春，元日，堯臣與永叔、吳沖卿、范景仁、王景彝、韓子華諸友分別酬和。

○宛陵集卷十九、嘉祐己亥歲旦呈永叔內翰：「階前去年雪，鏡裏舊時人。……獨愛開封府，鍾陵請去頻。」

○宛陵集卷十九、次韻和沖卿元日：「天心欲銷變，元會罷來朝。新歲起今日，舊年猶昨宵。」

○宛陵集卷十九、次韻和景仁對雪：「北風吹雪至，……漫漫欲似糊。……花竟因酥點，砧爭以練鋪。」

○宛陵集卷十九、次韻王景彝正月十六夜省宿過景靈街：「宮街不閉東城月，圓影纔虧夜色春。」

○宛陵集卷十九、次韻和韓子華內翰於李右丞家移紅薇子種學士院：「紅薇花樹小扶疎，春種秋芳賞愛餘。……此地結根千萬歲，聯華榮莫比茅茹。」

二月，歐陽修免開封府，轉給事中。二十八日癸巳，御試進士於崇政殿，歐陽修、韓子華、江鄰幾同爲詳定官。幕次內作詩六篇，出而使堯臣和之。

○南宋胡柯歐陽修年譜：「嘉祐四年己亥，二月戊亥，（修）免開封府，轉給事中。……是月，充御試進士詳定官。」

○續資治通鑑卷五十七、宋紀五十七、仁宗嘉祐四年、春，二月，「癸巳，御崇政殿，試禮部奏名進士及明經、諸科及特奏名進士、諸科。」

○歐陽修全集卷一、居士集一、詳定幕次呈同舍詩，詩題下注云：「嘉祐四年，御試進士時，詳定卷子，幕次在崇政殿後。」

○歐陽修全集卷一、居士集一、和江鄰幾學士桃花詩，詩題下注云：「時在崇政殿後詳定幕次」。

○宛陵集卷二十、和永叔六篇序：「嘉祐四年春，御試進士翰林學士歐陽永叔、韓子華，集賢校理江鄰幾，同爲詳定官。有詩六篇，出而使予和焉。」

按：六篇者，乃：詳定幕次呈同舍、代鳩婦言、看花呈子華內翰、禁中鞓紅牡丹、和鄰幾學士桃花、啼鳥，等六首。

春，堯臣進呈所撰唐載記二十六卷。四月，歐陽修因薦之預修唐書。

○宋史卷四四三、梅堯臣傳：「預修唐書……。撰唐載記二十六卷。」

○歐陽修全集卷二、居士集二、梅聖俞墓誌銘序：「嘗奏其所撰唐載二十六卷，多補正舊史闕謬；乃命編修唐書。」

○宛陵集卷二十一、唐書局後叢莽中得芸香一本：「上當百雉城，南接文昌宮。借問此何地，删脩多鉅公。天喜書將成，不欲有蠹蟲。」

按：此詩同卷前一首，詩題稱「三月十六日范景仁家同飲」，時在三月半；後一首次韻景彝閣後紫微花盛開詩，詩句曰「禁中五月紫薇樹」，時在五月。故知唐書局詩作於三、五月之間，當在四月。時堯臣始預修唐書。

○歐陽修全集卷六、集古錄跋尾二、校後題名：「翰林學士吳奎、知制誥劉敞、祠部郎中集賢校理江休復、工部員外郎直集賢院祖無擇、屯田員外郎編修唐書梅堯臣，嘉祐四年四月六日，於編修院同觀。范鎮景仁後至。」

按：由上引詩文可知，堯臣至遲在四月六日以前，已在唐書局任編修官。

堯臣既預修唐書，閑暇益多。或舐犢怡然，或友朋交酬。但因年事老大，輒念泉下舊識。

○宛陵集卷二十一、中伏日永叔遺冰：「日色若炎火，正當三伏時。……念我老且病，赤痱生枯皮。巨塊置我前，……畏冷不敢食。……我有舐犢愛，自憐小龜兒。」

○宛陵集卷二十一、送張山甫武功簿：「洛陽舊交有七人，五人已為泉下塵。各家生兒立門戶，唯子弟兄先立身。」

○宛陵集卷二十一、送侯孝傑殿丞僉判潞州：「同在洛陽時，交遊盡豪傑。倏忽三十年，浮沈漸磨滅。唯餘一二人，或位冠夔卨。我今存若亡，似竹空有節。人皆欲吹置，老硬不可截。」

○宛陵集卷二十二、九日永叔長文原甫景仁鄰幾持國過飲：「秋堂雨更靜，佳菊粲粲芳。」

○宛陵集卷二十二、十一月二十三日歐陽永叔劉原甫范景仁何聖徒見訪之什：「誰謂四君子，蹈古猶比辰。上馬後苑門，訪我東城闉。為君開蓬戶，沽酒焚紫鱗。銀杯青石盤，共飲不計巡。」

按：由上引諸詩，可知堯臣終年酬飲不綴，且念諸亡友。

冬，十月一日壬戌，朝饗景靈宮。十二日癸酉，大祫於太廟。堯臣預祭，進祫享詩。十二月九日，有詔獎諭，轉都官員外郎，

○續資治通鑑卷五十八、宋紀五十八、仁宗嘉祐四年，冬，十月，「壬申，朝饗景靈宮。癸酉，大祫於太廟，大赦。……戊寅，文武百官並以祫饗赦書加恩。」

○宋史卷四四三、梅堯臣傳：「寶元、嘉祐中，仁宗有事郊廟，堯臣預祭，輒獻歌詩。」

○宛陵集卷六、祫享觀禮二十韻：「卜惟陽月吉，孝享禮方脩。」

按：宛陵集卷六，有祫享詩二首，寶元聖德詩作於寶元元年十一月戊申，朝饗景靈宮時，詳見該年年譜。祫享觀禮二十韻詩云「卜惟陽月吉」，查爾雅釋天：「十月為陽」，知此詩當作於今年十月祫享時。

○歐陽修全集卷四、內制集二、賜屯田員外郎國子監直講梅堯臣獎諭敕書十二月九日：「敕梅堯臣。省所進祫享詩事，具悉。汝行懿而粹，學優而純。以詩自名，為衆所服。矧乃詠祖宗之功德，述禮樂之聲容。宜被朱弦，以薦清廟，載披來獻，深用歎嘉。故茲獎諭。想宜知悉。」

嘉祐五年庚子（西元一〇六〇年）　五十九歲

春，堯臣仍預修唐書。暇時自種草藥而食，以強血氣。歐陽修羸弱，嘗乞藥於堯臣。

○歐陽修全集卷二、居士外集二、乞藥有感呈聖俞：「宣州紫沙合，……乞藥戒羸僮。……爾來三十年，多難百憂攻。君晚得奇藥，靈根漸離宮。其狀若狗蹄，其香比芎藭。愛君方食貧，面色悅以豐。不憚乞餘劑，庶幾助衰癃。」

○宛陵集卷二十三、次韻永叔乞藥有感：「公問我餌藥，石臼將使礱。我餌乃藤根，…其品今頗同。此物俗爲賤，不入貴品中。吾妻希孟光，自春供梁鴻。荏苒歲月久，顏丹聽益聰。雖能氣血盛，不療貧病攻。」

春，堯臣偶與友朋酬遊唱和。惟以暮年老邁，新趣殊乏，常閉門關，留書案而已。時永叔仍欲約其買潁川田。

○宛陵集卷二十三、和王景彝正月十四日夜有感：「隔簾艷色多相照，下馬輕豪更競新。我已暮年殊趣嚮，濃油一琖案邊身。」

○宛陵集卷二十三、次韻和景彝元夕雨晴：「靜閉衡門臥，無心學後生。」

○宛陵集卷二十三、續永叔歸田樂秋冬二首：「我雖愛之乏寸土。待買短艇歸江湖」

○宛陵集卷二十三、次韻永叔二月雪：「看花食蔬仍舉杯，趁取衰遲鬢猶綠。」

按：歐陽修全集卷一、居士集一，有「二月雪」一首；另有「歸田四時樂春夏二首」，詩題下注云：「秋冬二首，命聖俞分作」，春題詩句有「我已買田清潁上，更欲臨流作釣磯」，可知永叔仍未忘懷邀約堯臣買田潁川之事。

夏，四月二十三日己卯，命直集賢院王安石同修起居注。安石以入館才數月，館中先進甚多，不當超處其右，固辭。

夏，京師大疫。四月十七日乙亥，江鄰幾卒於京師，年五十六。同日，堯臣得疾；二十五日癸未，卒。享年五十九。所預修唐書已成，未及奏。

○歐陽修全集卷二、居士集二、江鄰幾墓誌銘序：「（江鄰幾）以嘉祐五年四月乙亥，以疾卒於京師。……享年五十有六。」

○歐陽修全集卷二、居士集二、梅聖俞墓誌銘序：「嘉祐五年，京師大疫。四月乙亥，聖俞得疾，臥城東汴陽坊。明日，朝之賢士大夫往問疾者，騶呼屬路不絕。……居八日癸未，聖俞卒。於是賢士大夫又走弔，哭如前日益多。……命修唐書，書成，未奏而卒。享年五十有九。」

○宋史卷四四三、梅堯臣傳：「預修唐書，成，未奏而卒。」

○續資治通鑑卷五十八、宋紀五十八、仁宗嘉祐五年，「五月，戊子朔，京師民疫，選醫給藥。」

按：由續通鑑所載，知堯臣死於時疫是實；惜上賜醫藥遲在堯臣卒後五日。

六月二十七日甲申，堯臣長子梅增，扶櫬南歸宣城。明年葬於宣城之栢山寺旁。

○歐陽修全集卷二、居士集二、梅聖俞墓誌銘序：「嘉祐五年，……六月甲申，其孤增載其柩南歸。以明年正月丁丑，葬於某所。」

按：墓誌銘序謂堯臣葬於嘉祐六年正月丁丑，查該年丁丑當屬二月二十三日干支，故序文有誤。

○謁墓詩：「宛陵城南栢山寺，行到西廂見舊祠」（滕珂）；「下馬拜荒塋，栢山得其高」（靳汝弼）；「今始拜其墓，栢山寺古碑」（劉瑀）。

按：上引三詩見商務版四部叢刊本宛陵先生集附錄，由此可知堯臣葬於宛陵之栢山寺旁。

秋，七月十一日戊戌，歐陽修上所修唐書二百五十卷。預修者皆得賞賜。堯臣既卒，乃恩錄其子梅增一人。

○宋史卷四四三、梅堯臣傳：「預修唐書，成，未奏而卒。錄其子一人。」

○續資治通鑑卷五十九、宋紀五十九、仁宗嘉祐五年、秋，七月，「戊戌，翰林學士歐陽修等上所修唐書二百五十卷，刊修及編修官皆進秩或加職。仍賜器幣有差。」

○宋史卷三百十九歐陽修傳：「梅家素貧，既卒，歐醵於諸公，得錢數百千，置義田，以卹其家。且乞錄其子增。」

貳、附錄「年譜所見地名一覽表」

安徽

宋名	今名
宣城	宣城
宣州	宣城
宛溪	宣城境內
雙橋	宣城境內
昭亭	宣城境內
廣教寺	昭亭山上
蕪湖	蕪湖
太平	當塗
當塗	當塗
采石磯	采石磯
和州	和縣
歷陽	和縣
廣德軍	廣德
歙州	歙縣
婺源	婺源
建德	至德
舒州	懷寧
池州	貴池
桐城	桐城
廬州	合肥
滁州	滁縣
洪澤	盱眙
濠州	臨淮關
渦口	鳳陽
壽州	壽縣
汝陰	阜陽
潁州	阜陽
符離	符離
宿	宿縣
泗州	泗縣
虹縣	泗縣

江蘇

宋名	今名
高郵湖	高郵湖
徐城	徐州
清河	淮陰
楚州	淮安
山陽	淮安
洪澤湖	洪澤湖
興化	興化
海陵	泰縣
泰州	泰縣
廣陵	江都
揚州	江都
淮南	江都
蕪城	江都
眞州	儀徵
潤州	鎮江
京口	鎮江
南徐州	鎮江

宋名	今名
丹徒	鎮江
金陵	南京
毗陵	武進
常州	武進
晉陵	武進
通州	南通
利豐	南通
吳江	吳江
蘇州	吳縣
姑蘇	吳縣

河南

宋名	今名
新蔡	新蔡
蔡州	汝南
鎮南軍	汝南
唐州	泌陽
鄧州	鄧縣
南陽	鄧縣
襄城	襄城
魯山	魯山
葉縣	葉縣
許昌	許昌
許州	許昌
陳州	淮陽
汝州	臨汝
南京	商邱
應天府	商邱
汴京	開封
東京	開封
河南	洛陽
西京	洛陽
鄭州	鄭縣
鞏	鞏縣
河陰	孟津
嵩山	嵩山
河陽	孟縣
懷州	沁陽
伊川	伊川
滑州	滑縣

浙江

宋名	今名
婺州	金華
新安	衢縣
明州	鄞縣
山陰	紹興
越州	紹興
錢唐	杭州
湖州	吳興
昇山	吳興境內
卞山	吳興境內
秀州	嘉興
桐鄉	桐鄉

陝西

宋名	今名
潞州	長治
澤州	晉城
王屋	王屋
聞喜	聞喜
絳州	新絳
陝州	陝縣
幷州	陽曲

山西

宋名	今名
同州	大荔

蒲城	蒲城
長安	西安
永興軍	西安
櫟陽	臨潼
鳳翔	鳳翔

湖北

宋名	今名
乾德	光化
安陸	鍾祥
荊南府	荊門
隋州	隋縣
鄂州	武昌
復州	沔陽
峽州	宜昌
夷陵	宜昌
永興	陽新
興國軍	陽新

江西

宋名	今名
彭澤	彭澤
饒州	鄱陽
洪州	南昌
撫州	臨川
弋陽	弋陽
虔州	贛縣
廬陵	吉安
建昌	永修

引用參考書目

宛陵集　宋梅堯臣撰，臺灣中華書局四部備要覆清康熙四十一年本。
宛陵先生集　宋梅堯臣撰，上海商務印書館四部叢刋景印明萬曆四年本。
宛陵集　宋梅堯臣撰，民國六十八年新文豐出版公司景印清宣統二年滬本。
梅堯臣詩選注（附年譜）民國夏敬觀撰，民國二十五年商務印書館本。
梅堯臣年譜及其詩　民國劉筱嫒撰，台灣大學碩士論文。
梅堯臣　日筧文生撰，一九七八年東京岩波書局排印本。
周易　民國四十四年藝文印書館景印嘉慶二十年江西南昌府學本。
宋史　元脫脫等撰，商務印書館百衲本二十四史本。
續資治通鑑　清畢沅撰，民國六十四年文光出版社排印本。
宋名臣言行錄　宋朱熹李幼武合撰，民國五十六年文海出版社景印本。
宋遼聘使表稿　傅樂煥撰，民國五十六年文海出版社排印本。
東都事略　宋王偁撰，民國五十六年文海出版社排印本。
文史通義　清章學誠撰，民國六十二年漢聲出版社景印吳興劉氏嘉業堂本。

莊子　先秦莊周撰，晉郭象注，唐成玄英疏，清郭慶藩集釋，世界書局排印本。
日知錄　明顧炎武撰，世界書局排印本。
歐陽修全集　宋歐陽修撰，民國六十四年河洛圖書出版社排印本。附：南宋胡柯撰歐陽修年譜。
苕溪漁隱叢話　宋胡仔撰，民國六十七年長安出版社排印本。
宋詩紀事　清厲鶚撰，民國六十年鼎文書局景印本。
詞林紀事　清陸心源撰，民國六十年鼎文書局景印本。
文選　梁蕭統撰，商務印書館四部叢刋本。
石洲詩話　清翁方綱撰，民國六十年廣文書局景印本。
歷代詩話　清何文煥編訂，民國四十五年藝文印書館景印本。
續歷代詩話　清丁福保撰，藝文印書館景印本。
後村詩話　宋劉克莊撰，民國六十年廣文書局景印本。
風月堂詩話　宋朱弁撰，民國六十二年廣文書局景印本。
詩品注　梁鍾嶸撰，民國陳延傑注，民國四十七年開明書店排印本。
詩品注　梁鍾嶸撰，民國汪中注，民國五十八年正中書局排印本。
詩品　唐司空圖撰，民國六十三年河洛圖書出版社排印本。
中國文學欣賞舉隅　傅氏撰，地平綫出版社排印本。

宋詩研究　民國胡林翼撰，宏業書局排印本。
滄浪詩話　宋嚴羽撰，民國六十一年正生書局排印本。
宋元戲曲考　民國王國維撰，商務印書館排印本。
大復集　明何景明撰，四庫全書本。
水東日記　明葉盛撰，四庫全書本。
陳忠裕全集　明陳子龍撰，清同治五年新建吳坤修皖江刋印乾坤正氣集本。
宋詩鈔　清吳之振撰，四庫全書本。
冷齋詩話　宋釋惠洪撰，叢書集成初編本。
庚溪詩話　宋陳巖肖撰，商務印書館景印說郛卷六十九內。
荆川先生文集　明唐順之撰，商務印書館四部叢刋本。
後村先生大全集　宋劉克莊撰，商務印書館四部叢刋本。
增廣箋注簡齋詩集　宋陳與義撰，胡穉箋注，商務印書館四部叢刋本。
談藝錄　民國錢鍾書撰，香港中華書局排印本。
陳白沙全集　明陳獻章撰，商務印書館四部叢刋本。
文脈　明王文祿撰，商務印書館叢書集成初編本。
呂用晦文集續集　清呂留良撰，清光緒三十四年排印國學叢書第一集本。

西崑酬唱集雜考　民國葉慶炳撰，國語日報編印書和人第一九五期。
儒林公議　宋田況撰，商務印書館景印說郛卷二十。
西崑酬唱集　不著編輯名氏，商務印書館四部叢刋本。
貴耳集　宋張端義撰，商務印書館景印說郛卷八。
少室山房筆叢　明胡應麟撰，四庫全書本。
巳畦文集　清葉燮撰，民國六年郋園先生全書刋本。
原詩　清葉燮撰，民國六年郋園先生全書刋本。
東莊吟稿　清呂留良撰，清宣統順德鄧氏風雨樓叢書排印本。
麟臺故事　宋程俱撰，商務印書館景印說郛卷三十四。
玉海　宋王應麟撰，文海出版社景印本。
李義山詩集　唐李商隱撰，商務印書館四部叢刋本。
臨川先生文集　宋王安石撰，商務印書館四部叢刋本。
四庫全書總目提要　清永瑢等撰，藝文印書館景印原刻本。
蘇東坡全集　宋蘇軾撰，民國六十四年河洛圖書出版社排印本。
陶淵明詩箋注　晉陶潛撰，清丁福保箋注，民國五十三年藝文印書館景印本。
蘇學士文集　宋蘇舜欽撰，商務印書館四部叢刋本。